本书为河南省哲学社会科学规划项目"生态翻译批评研究"
研究成果。

U0614491

生态翻译学理论
应用研究

◎岳中生/著

中国水利水电出版社
www.waterpub.com.cn

·北京·

内 容 提 要

本书在对国内翻译理论进行系统梳理的基础上，进一步对生态翻译学的思想进行梳理和总结，通过这种方式对生态学和相关翻译研究做了全面的概览性的总结，进而以生态翻译学的应用发展为主线，重点梳理生态翻译学在公示语翻译、商务翻译和文学翻译实践中指导与应用，从而进一步解读生态翻译学的主张与优势。

本书适合翻译人员阅读、学习，也可供相关爱好者参考。

图书在版编目（CIP）数据

生态翻译学理论应用研究／岳中生著. -- 北京：
中国水利水电出版社，2018.7 （2024.1重印）
ISBN 978 - 7 - 5170 - 6571 - 5

Ⅰ. ①生… Ⅱ. ①岳… Ⅲ. ①翻译学 – 研究 Ⅳ.
①H059

中国版本图书馆 CIP 数据核字（2018）第 140562 号

责任编辑：陈 洁　　　封面设计：王 伟

书　　　名	生态翻译学理论应用研究 SHENGTAI FANYIXUE LILUN YINGYONG YANJIU
作　　　者	岳中生　著
出版发行	中国水利水电出版社 （北京市海淀区玉渊潭南路 1 号 D 座 100038） 网址：www. waterpub. com. cn E - mail：mchannel@ 263. net（万水） 　　　sales@ waterpub. com. cn 电话：(010)68367658(营销中心)、82562819(万水)
经　　　售	全国各地新华书店和相关出版物销售网点
排　　　版	北京万水电子信息有限公司
印　　　刷	三河市同力彩印有限公司
规　　　格	170mm×240mm　16 开本　15 印张　214 千字
版　　　次	2018 年 8 月第 1 版　2024 年 1 月第 2 次印刷
印　　　数	0001 - 2000 册
定　　　价	60.00 元

前　言

　　生态系统是指在一定空间内生物与环境构成的自然、开放的生态学基本单位，在生态系统中各种生命现象之间在生存过程中相互竞争、相互作用、相互依存，形成健康有序的状态。每个生物单位都处于一定的生态位下，在某种特定的条件下通过"自然选择"和"优胜劣汰"等方式，实现生态系统的自我控制、自我调节和自我发展，实现生态系统的动态平衡。这些重要的生态学概念被广泛运用于生态研究和交叉学科领域，包括翻译学研究。华夏几千年的文化思想中也不乏经典生态智慧，以"天人合一""中庸之道""以人为本""整体综合"为特征的中国传统生态思想包含着丰富的哲理。中国的传统生态思想注重"和谐"，认为"和谐"是"天和"和"人和"及"心和"的总和，是主客关系的有效性协调。生态思想的特点具有整体性、多层性、动态性、互动性、处境性和圆融性，这种学科的思想给翻译理论、翻译实践和翻译教学带来了新的启示。

　　生态翻译学是翻译学和生态学的联姻，提倡从生态学的视角来研究翻译，解读翻译过程。翻译的实质就是一种跨文化交际活动，如何通过翻译中文化的生态平衡来实现文化的多样性，以达到文化的可持续发展是翻译界学者一直在思考的问题。翻译的存在离不开周围的环境，翻译同人类发展、社会进步关系密切。翻译活动的开展处于地球的整个生物圈中，需要社会基础，也需要生物基础。翻译的发展离不开翻译的生态环境，两者之间存在协同进化的关系。翻译的生态环境包括对翻译的产生、存在和发展起着制约和调节作用的多维空间和多元环境系统。

　　笔者结合多年的理论思考和实践经验，借鉴了国内有关生态翻译的研究成果及其经验，就生态翻译学理论应用研究做了详细地阐述。具体来说，本书共六章：第一章为现代翻译理论，简要阐述了有关翻译理论的建构及发展和译者素质；第二章为生态翻译学理论综观，阐述了生态翻译学的起源与发展、生态翻译学的理论基础体系及核心术语体系，从宏观和中观层面介绍了生态翻译学；第三章为生态翻译学与公示语翻译研究；第四章为生态翻译学与商务英语翻译研究；第五章从生态翻译学与文学翻译研究的角度出发，阐述了生态学基本原理在文学翻译中的体现、从诗歌和新闻两种文学体裁来探讨生态翻译学视角的文学翻译实践；第六章为生态翻译学与翻译批评研究。

作者在撰写本书的过程中，借鉴了诸多学者的研究成果，在此表示衷心的感谢！本书也存在一些不足，恳请学界同行以及广大读者斧正！

作　者
2018 年 5 月

目　录

第一章　现代翻译理论

在当今全球化的时代，翻译的重要性显而易见。伴随着翻译活动的日益频繁，翻译理论也日渐丰富。当前的翻译理论主要包括：翻译基本原理、翻译史、翻译思想、翻译原理、翻译批评等。

第一节　翻译理论

从"翻译"的定义来看，翻译即为言语的转换，使读者能够理解。《新华字典》解释为：用一种语文的内容形式依照原来的意义改变成另一种语文的形式；《现代汉语词典》解释为：通过一种语言文字的意义来转化成另一种语言文字并将其意义表达出来。翻译所要表达的基本含义有两个：一是翻译是以忠实于原作的意义和目的来进行的活动；二是翻译是两种语言之间相互转换的活动。

一、翻译理论研究概述

对于翻译理论的研究大致从两个方面来进行阐述，中国的翻译理论发展概况和近代西方翻译理论发展概况。

（一）中国翻译理论发展概况

中国历史上曾经出现过三次翻译高潮：东汉至唐末的佛经翻译、明末清初的科技翻译和鸦片战争至"五四运动"的西学翻译。

东汉末年从月氏国来华的著名僧人支谦，是中国第一个探讨翻译理论和方法的人。他的《法句经序》是我国第一篇论及翻译的文献，涉及翻译原则，先要求"名物不同，传实不易"，再要求"因循本旨"，"实且径达"，主张译经"当令易晓，勿失厥义，是则为善"。据钱钟书考证，严复的"信、达、雅"三字，皆已见此。道安提出了著名的"五失本，三不易"的翻译理论，五失本是：①梵文倒置，译时须改从汉文法；②梵经术质，汉文华丽，为了接受，不得不略加润饰；③梵经同一意义，反复多次，不得不删削；④梵经结束时，要重述一遍，译时删去；⑤梵文说完某事，重述后再说其他，译时删掉重复。"三不易"指的是：①用当时的骈文译古代梵文，难得恰当；②古人的精微哲理，后人难以会通；③后人以今度古，任意揣测，随意翻译，难得正确。

鸠摩罗什在道安的理论基础上创立了意译派，是守国第一个全面主张意译的，主张：翻译不违原文本意，但对原文形式不必复制，只要能存其本，就不妨"依实出华"。

玄类反对鸠摩罗什的意译方法，改用直译兼意译的方法，以信为本，兼顾其他，确切表达佛经的原意，用近乎白话的文体译经，他提出翻译标准后人归纳为"既须求直，又须合俗"，实为后世信达之先驱。此外，他还制定了音译的"五不翻"原则：佛经密语要音译；佛典的多义词要音译；无相应概念的词要音译：沿用约定的古译；为避免语义失真用音译。

两汉至明初翻译有"三多三少"的特点：独立翻译的多，合作翻译的少；外译中的多，中译外的少；编译译述的多，全文翻译的少。

1629 年，明朝徐光启受命创设历局修历，这是我国历史上的第一个科学翻译机构，结束了此前无组织的个人翻译阶段，徐光启与李之藻、李天经及一些耶酥会士共同编译了西方天文学的历书图表等。

清末林则徐组织编译《澳门日报》，组织摘译《反鸦片论》，组织翻译国际法书籍，组织编译《四洲志》。1984 年魏源写成的《海国图志》，其绝大部分的内容来自编译材料。

19 世纪初，传教士也在中国创办翻译机构，如"墨海书馆"，这是外国传教士在我国创办最早、影响较大的翻译出版机构，设于 1843 年。

　　出于外交的需要，清末创立了为清朝政府培养外交翻译官员的同文馆。出于洋务的需要，清朝政府还为近代军工产业配备了相应的翻译出版机构，其中最有名的是江南制造局翻译馆，著名的科学翻译家徐寿和华衡芳是制造局翻译馆的倡议者和创建者，该馆聘请过不少外籍翻译家。另一个较大的翻译机构是江楚编译局，建于 1901 年，设于武昌，张之洞主其局务。1896 年，清朝礼部在《议复整顿各省书院折》中，将翻译人才培养课程分为六科：经学、史学、舆地学、掌故、算学和译学。八国联军入侵北京以后，同文馆并入大学堂，一度易名为翻译科，后定名为"译学馆"。

　　清朝末年，中国的外交官员、政府派赴国外考察和游历的官员以及自费出国考察人员和应邀外访学者，均曾奉命和主动收集并翻译一些国外有关的书刊资料。同时，清朝政府开始向国外派送留学生，许多人回国后成为中外翻译的主力军。如严复 1876 年受派赴英留学，学习军事，但他在国外兼修西方哲学、社会学、进化论、法律、经济学等社会科学，回国后为中国译介了大量的国外社会科学文献。译论方面，严复将变通的艺术用以至极，成了变译集大成者。

　　1897 年梁启超撰《论译书》，指出译书的"二蔽"："徇华文而矢西义""徇西文而梗华读"。并提出对策："凡译书者，将使人深知其意。苟其意靡失，虽取其文而删增之，颠倒之，未为害也"，要求译者"条分缕析，庶易晚畅，省读者心力"。

　　民国时期，留学美国、欧洲和日本的学生纷纷回国，他们都是兼通中文、外文和科学知识的最佳译才，如杨杏佛、王普、马君武、周建人、张资平、王国维、鲁迅、王云五、丁西林、郑振铎等。其中不少人自发创立了早期的科学社团，几乎都把翻译外国科学书籍、统一译名及编纂学科词典作为活动内容之一。而留学法、德、苏人员中不少人译介了大量的马列著作，推动了中国革命的进程和社会科学事业的发展，如王一飞、乌兰大、刘仁静、任弼时、沈雁冰、李大钊、李达、李介三、张闻天、柳直荀、瞿秋白、恽代英等一大批知名人士。民国政府设立了正规的图书编译机构，从 20 世纪 20 年代起教育部和大学院筹备并附设了国立编译馆，成为当时中国编译活动的主力军。

抗日战争和解放战争时期，中共中央开始为了外交做出努力。1940年，在延安开办外语学校，为了新中国的建立开始着手培养大批的外交人才和翻译人才。解放战争时期，为了迎接全国的解放，在华北解放区成立外事学校，并将外事学校和华北大学二部外语系合并为现在的北京外国语学院。共产党在国统区和解放区均有自己的出版机构，翻译出版了大量的马列主义著作及其他科学著作。社会主义现代化的新时期，我国又出现了一次翻译高潮，这次翻译高潮为中国推行改革开放，走社会主义现代化强国之路提供了契机。这次翻译高潮不论在规模上还是在范围上，都是前所未有的，对我国社会发展作出了巨大的贡献。信息时代和市场经济，决定了这次翻译高潮最突出的特点是：信息量更庞大、涵盖面更广泛、题材体裁更丰富、理论研究更活跃。前三次翻译高潮都是以外文译中文为主，而这一次将逐渐改变中国在翻译上的"入超"地位，从而也对所有翻译工作者提出了更高的标准和要求。

（二）近代西方翻译理论发展概况

1. 西方翻译简史

公元前约3000年，古代亚述帝国出现了正式的文字翻译，译员把国王的法令、宗旨翻译给庶民。公元前3世纪末至1世纪初，是希腊和古代欧洲科学史的黄金时代，也是人类历史上第一次翻译高潮，这一时期建立的亚历山大里亚科学文化中心大量吸收了东方的文化遗产。公元1世纪，罗马大量翻译希腊化时期的各种著作是人类历史上又一次较大规模的翻译活动。9世纪中叶阿拉伯帝国统治者专门设立了"智慧之馆"，鼓励阿拉伯学者直接翻译古希腊典籍及印度的科学著作，吸收小国科技精华，这是继盛唐佛经译场之后世界上最大的翻译机构，形成了中古时期世界翻译史上的又一个高潮。中古后期，《圣经》于14世纪首先译成英语，15世纪译成德语，后来译成其他欧洲语言，对欧洲社会生活产生了深远的影响。中世纪的翻译主要为宗教势力把持，翻译思想受到禁锢。文艺复兴时期，翻译活动大增，译论研究向前迈进了一大步。20世纪前后，人类社会的政治生活发生了巨变，20世纪成了信息时代，也成了翻译世纪。1945年联合国成立，英、法、中、俄、西、阿六种语言为联合国工作语言，在此聚集了成千上万名翻译工作者，联合国可谓是"翻译之家"。据联合国教科文组织统计，从20世纪40年代末到70年代初，世界范围内科技译文的数量就增加了4.5倍，80年代初为欧共体各机构工作的译员近2000人。在信息爆炸时代，各国都组织了大规模的翻译活动，国力的竞争实际上已经变成了信息获取与利用的竞争。

语言方面，从希腊语分化出来的古希腊文产生了罗马文，即古代拉丁语。18世纪以前，欧洲外交普遍使用拉丁文，中国与其他国家交往时也是使用拉丁文。随着法兰西、意大利、西班牙、葡萄牙等民族与国家的形成，中世纪后半叶原来各地使用的拉丁口语均与地方言结合，形成了正式的法语、意语、西语和葡语。从东希腊文脱胎出来的拜占庭文字，后来则分化成英语、德语、俄语等。"二战"后英语在外交上的地位进一步提高，几乎全世界通用。但在正式外交事务和谈判中，各国仍然使用本国语言，因此，翻译仍然是必不可少的。

2. 西方译论发展

译论方面，西方最早的翻译理论家是公元前1世纪的西塞罗。他说："我所注意的并不是字当句对，而是保留语言的风格和力量"。他主张翻译不应拘泥于原文词语，而应注重原文的思想，坚持不可逐字死译而要符合译文的语言规则与特性；其后，奥古斯丁提出翻译要注重读者；第一个系统阐述翻译理论的法国学者艾蒂安·多莱，则提出了翻译五原则：理解原著内容，通晓原语和译语，避免逐字对译，采用通俗形式，讲求整体效应。

18世纪是西方翻译理论的重要发展时期，其中最具时代成就的有英国的坎贝尔和泰特勒。坎贝尔认为好翻译有三条原则：正确传达原意、遵守译语特点的同时尽量传达原作的风格、译文如原文自然易懂；泰特勒发表《论翻译的原则》一文，主要论述世界作品的翻译，也提出翻译三原则：译作应完整地再现原作内容、译作风格应与原作相同、译作应如原作自然流畅。泰特勒的《论翻译的原则》被认为是西方翻译史上第一篇较为完善的翻译理论文章。

而译学的奠基之作是 1953 年苏联语言学家、翻译学家费道罗夫的《翻译理论概要》，这是当代第一部专论翻译科学的理论性著作，首次阐明了可译性与确切性原则。

20 世纪 60 年代最有影响的译论著作有 1964 年法国乔治·穆南的《翻译理论问题》和 1965 年英国卡持福德的《翻译的语言学理论》，前者运用结构主义语言学理论，分析了翻译的语言障碍，揭示了与翻译活动密切相关的词汇结构化、句法和语境、语言符号的蕴涵意义、言语交际行为、语言与人类文化的共性等问题，对可译性理论进行了系统而深入的阐述；后者从语言学和概率论角度，首次从系统功能语法角度，围绕"对等"概念，探讨了翻译的性质、类型、方法、条件和限度等问题，并运用层次、范畴以及阶级等语言学概念来论述语际转换的根据。其认为翻译实践的核心问题是寻找对等成分，对行文对等与形式对应、形式关系与上下文关系、翻译的层次转换和范畴转换以及语言与文化的可译限度等作了深入分析，所提出的翻译的语言综合情境模式以翻译的所指功能或叙事功能为出发点，注重双语的同义替换与逻辑联系，具有很高的实用价值，运用了翻译理论研究的新途径。

1964 年和 1969 年美国翻译学家奈达先后出版了两部代表性著作《翻译科学探索》和《翻译理论与实践》，从语言的交际功能出发，将乔姆斯基的转换生成语法应用于翻译理论研究，试图建立最有效、最科学的三阶段翻译转换模式：①将原语句子简化为意义最清楚的核心句；②翻译核心句；③将译语核心句转换成译语表层句子。他明确提山了"动态对等"的翻译观，其核心是认为翻译应是"最接近原文的、自然的信息对等"，后来又修订为"功能对等"，并肯定这种对等必须以读者反应为据，其翻译风格的选用主要取决于读者的要求。

20 世纪 70 年代中期至今，西方译界形成了多个主要的翻译学流派："多元系统"学派、"描写"学派、文化学派、"综合"学派、"解构"学派、"后殖民主义"学派等。其中文化学派的代表人物是英国人巴斯奈特和比利时人勒弗维，1990 年他们合编了《翻译、历史与文化》一书提出了"翻译的文化学转向"口号，他们特别强调文化在翻译中的地位以及翻译对于文化的意义，指出翻译的目的是使译文在译语文化中起到原文在原语文化中同样的功能。而"解构"学派，则认为文本意义并不确定，不存在"核心"或"深层结构"，极力提倡异化翻译，认为这是对民族中心主义、种族主义、文化自恋主义和文化帝国主义的一种抵制；"后殖民主义"学派则呼吁后殖民地的人民要正视"翻译话语权"问题的严重性，认为传统翻译学关于对原作忠实的观点阻碍了翻译理论去思考译本的力量。

二、翻译学的发展历史

翻译活动与社会的各个方面息息相关，能促进各国的文化交流，加快历史的进程，推动民族文化的历史性进步。因此，翻译在我们的日常生活中发挥了不可忽视的作用。

（一）翻译学早期历史

有关翻译的记述可以追溯到很久以前，翻译实践在文化与宗教的文本和概念的早期传播中起了关键作用。在西方，多位学者曾就翻译方法问题展开讨论，其中包括马库斯·图留斯·西塞罗（Marcus Tullius Cicero）和昆图斯·贺拉斯·弗拉库斯（拉丁语：Quintus Horatius Flaccus）（公元前 1 世纪），以及圣哲罗姆（St. Jerome）（4 世纪）。他们的思想直到 20 世纪都具有深远的影响。以圣哲罗姆为例，他将《圣经》的《七十子希腊译本》译成拉丁语，影响了后世《圣经》的翻译。事实上，在西欧，前后 1000 多年，特别是 16 世纪宗教改革时期，圣经翻译一直是不同意识形态冲突的战场。在中国，佛经的翻译从 1 世纪起就揭开了此后多年关于翻译实践的讨论。

虽然翻译实践历史悠久，但翻译研究到 20 世纪后半叶才发展成一门学科，在此之前，翻译往往仅被视作语言学习的一部分。确切地说，自 18 世纪末至 20 世纪 60 年代及后来，许多国家中学的语言学习一直沿用所谓的语法翻译法（Cook 2010:9-15）。这种方法起初用于学习古典拉丁语，后来用于现代外语的学习，强调对语法规则和句型结构的死记硬背，再通过翻译句子来练习和测试。这些句子通常是专门设计的，仅用来体现所学的语言结构，彼此间毫无关联。这种方法至今仍在一些语境中使用，下面这些英语句子翻译练习可谓典型。所有句子都非常奇怪，完全脱离语境，而目的是为了练习西班牙语时态的用法。这些句子摘自 K·梅森（K. Mason）编著的《高级西班牙语教程》（*Advanced Spanish Course*），直到 20 世纪 90 年代，这本教材仍然在英国一些中学使用：

（1）The castle stood out against the cloudless sky.

（城堡矗立在无云的天空下。）

（2）The peasants enjoyed their weekly visits to the manet.

（农民很喜欢每周赶集。）

（3）She usually dusted the bedrooms after breakfast.

（她通常吃过早餐后打扫卧室。）

（4）Mrs Evans taught French at the local grammar school.

（艾文斯太太在当地文法学校教法语。）

翻译与语言教学的结合在一定程度上解释了为什么学术界轻视翻译。翻译练习被视作学习新语言的途径，或者作为，在尚未能阅读原文之前阅读外语文本的方法。故此，自 20 世纪六七十年代，尤其在一些讲英语的国家，随着直接教学法和交际教学法的兴起，语法翻译法越来越遭人诟病。交际教学法强调学生学习语言的本能，努力在课堂复制"真实"的语言学习环境。该方法往往更侧重学生的口头表达能力，而非笔头表达能力，至少教学早期如此。而且一般避免使用学生的母语，结果语言学习完全抛弃了翻译。自此，就教学而言，翻译更多地局限于高级和大学语言课程，或者专业的翻译培训，只是到近年来才在语言教学中重新使用翻译。

20 世纪 60 年代的美国，自爱荷华和普林斯顿开始，翻译工作坊的概念促进了文学翻译。这一概念源自 20 世纪 20 年代剑桥文学评论家艾弗·阿姆斯壮·理查兹（I. A. Richards）举办的阅读和实用批评工作坊，以及后来的创意写作工作坊。翻译工作坊主要为了向目标语文化引进新的译作，并对翻译过程中以及解读文本时的一些细致原则展开讨论。❶ 同样促进文学翻译的还有比较文学，对文学进行跨国和跨文化的比较研究，当然也就需要研读一些翻译作品。

翻译也是对比语言学的研究对象。该学科主要针对两种语言进行对比，试图找出两者间的一般和特殊差异。自 20 世纪 30 年代起，对比语言学在美国发展成为系统的研究领域，20 世纪六七十年代为其鼎盛时期。翻译作品及翻译实例为这些研究提供了大量的数据。这种对比的方法虽然没有融合社会文化和语用元素，也没有充分吸收翻译作为交际行为的思想，但它对一些重要的语言学翻译研究，如维奈（Vinay）和达贝尔内（Darbelnet）及卡特福德（Catford）的理论产生了重大的影响。长期以来，翻译学研究一直沿用语言学研究模式本身就表明语言学与翻译之间显然存在着固有的联系。在所采取的具体模式中，有生成语法、功能语言学以及语用学。

更具系统性的语言学方法在 20 世纪五六十年代开始出现，其中一些研究如今已经成为经典，例如：

维奈和达贝尔内合作出版了《法英比较文体学》（*Stylistique comparée du frangais et de l'anglais*），对英语和法语进行对比，首次提出用于描述翻译的一些关键性术语。这部著作 1995 年才译成英语。

阿尔弗雷德·马尔布朗（Alfred Malblanc）针对英语和德语翻译做了同样的研究。

乔治·穆南（George Mounin）出版的《翻译的理论问题》（*Les problèmes théoriques de latraduction*）探讨了翻译的语言学问题。

尤金·A·奈达（Eugene A. Nida）吸收了乔姆斯基当年非常时髦的生成语法，作为其著作的理论基础。他的这些著作最初是作为指导圣经译者的翻译指南。这种更为系统的研究方法开始标示出翻译的"科学"研究领域。奈达 1964 年出版的专著《翻译的科学探索》（*Toward a Science of Translating*）在书名中使用了"科学"这个词。相对应地，在德语中，萨尔布吕肯的萨尔兰大学的沃尔弗拉姆·威尔斯（Wolfram Wilss）在教学和科研中也使用了翻译科学

---

❶ 关于这一背景知识更深入地讨论，见 Gentzler（2001：Chapter 2）.

（übersetzungswissenschaft）这个概念。另外，海德堡的温拿·科勒（Werner Koller）、奥托·凯德（Otto Katie）和阿尔布特·纽伯特（Albert Neubert）等非常活跃的莱比锡学派学者都采用了这个词。当时，这个刚刚出现的学科名称尚未确定，也有学者建议用其他名称，如 lltranslatology，以及该词的德语对应词 Translatologie，法语对应词 traductologie，西班牙语对应词 traductologia。

（二）霍姆斯、图里的"翻译学结构图"

翻译学在发展成为一个独立学科的过程中，詹姆斯·霍姆斯的论文《翻译学的名与实》影响深远（Holmes 1988b/2004）。据根茨勒在其专著《当代翻译理论》中描述，"大家普遍认为霍姆斯的论文是该学科的奠基之作"。玛丽·斯内尔·霍恩比也持相同看法。值得注意的是，如上所述，该学科多由其他学科演变而来，霍姆斯最终出版的论文却是其 1972 年会议演讲稿的扩充版，其正是在哥本哈根举办的第三届国际应用语言学大会翻译分会场发表的演讲。霍姆斯指出了当时这个学科所面临的局限，因为当时的翻译研究全部散见于一些更古老的学科（语言、语言学等），没有自己的"家"。他还强调要建立"其他的沟通渠道，冲破学科壁垒，将从事这个领域研究的学者组织起来，不论他们是什么背景"。

起到决定性作用的是，霍姆斯提出了一个整体框架，描绘了翻译学的范围，而这个框架后来由以色列著名翻译学者图里（Gidoen Toury）用图 1-1 呈现出来。

霍姆斯对这个框架作了如下解释，纯理论翻译学的目标是：①描述翻译现象；②确立普遍原则，解释和预测这些现象（翻译理论）。"理论研究"分支又分为普遍理论及专门理论，根据霍姆斯的说法，"普遍理论"是指试图描述或解释各种翻译活动，并且归纳出适用于所有翻译的理论。"专门理论"的适用性则取决于媒介、文本类型等。

（1）产品导向研究，考察现成的翻译作品。可以对单一原文单一译文文本进行描述或分析，也可以对同一原文的多个（同一语言或不同语言）译文进行比较分析。这种小型研究可以累积成大量的翻译分

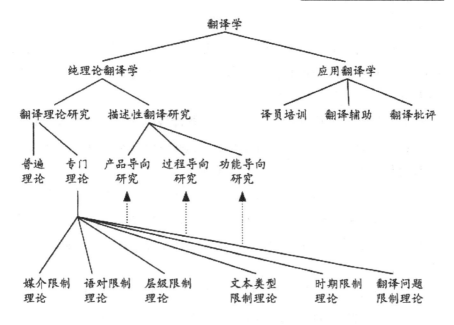

图 1-1　霍姆斯的翻译学结构图

析，考察特定的翻译时期、语言或者文本（语篇）。例如 21 世纪的英汉互译，或者 21 世纪的科技报告的翻译。稍大型的研究可以作历时研究（追踪发展的过程），也可以作共时研究（专注某个时间点或时段）。霍姆斯预测"产品导向研究的目标之一或许是一部翻译通史——尽管这一目标现在显得过于庞大"。

（2）功能导向研究，霍姆斯指的是描述"译文在目标语社会文化中的功能：重点在语境而非文本"。可以研究的问题包括：翻译了哪些文本，何时何地翻译的，产生了何种效果。例如，可以研究莎士比亚在欧洲语言中的翻译与接受问题，或者研究当代动漫电影的阿拉伯语字幕翻译问题。霍姆斯把这个领域的研究称作"社会翻译研究"，现在可能称作翻译社会学或翻译历史学。霍姆斯发表论文时该领域的研究还较少，但在当今翻译学研究中却是个比较热门的研究问题。

（3）过程导向研究，在霍姆斯的框架中关注的是翻译的心理学问题，即译者大脑的思维活动，这种认知角度的翻译过程研究包括有声思维研究（译者一边翻译，一边说出大脑所想，并全部录制下来）。近年的研究采用了诸如击键记录、视频记录、视线跟踪等新的科技，通过这些，我们可以了解到在现代是如何实现该领域更为系统的分析方法的。

描述性翻译研究的结果可以支持理论翻译研究，衍生出普遍理论，或者更有可能衍生出针对各种翻译限制的专门理论，具体分类（如图1-1 所示）。

（1）媒介限制理论可以细分为机器翻译或人工翻译。机器翻译再细分为完全由机器/计算机完成翻译（机器翻译/自动翻译）或者由机器/计算机辅助人工完成翻译（计算机辅助翻译，缩写为 CAT）。人工翻译再细分为笔译和口译，而口译又可分为交替口译和同声口译。

（2）语对限制理论局限于某些或某种特别的语言和文化。霍姆斯提出语对限制理论（如英语与日语）与对比语言学和文体学关系密切。

（3）层级限制理论是限于某个层级，通常是单词或句子层面的语言学理论。霍姆斯写作其论文时，篇章语言学，即篇章层面的语言分析已经崭露头角，这种方法今天已经变得非常流行。

（4）文本类型限制理论专注话语类型与体裁，例如文学、商业和科技翻译。文本类型翻译理论在 20 世纪 90 年代兴起，主要倡导人有赖斯和弗米尔。

（5）时期限制理论，顾名思义，是指特定时间段和特定时期的翻译理论和作品，翻译史就属于这个范畴。

（6）翻译问题限制理论可以指某些特定的问题，例如"对等"的问题（20 世纪六七十年代突出的问题），或者是否存在所谓的"翻译共性"的问题。

尽管霍姆斯作出了上述分类，他一再强调不同的理论可以同时起作用。因此，本书第二章中分析的马塞尔·普鲁斯特（Marcel Proust）小说的新版英译本的前言就属于语对限制理论（限于巴黎法语英译的问题）的范畴，又属于文本类型限制理论（小说的前言）范畴，还属于时间限制理论范畴（1981—2003 年）。

霍姆斯框架中的"应用翻译学"分支主要是指与翻译实践相关的应用研究，包括：

（1）译员培训：教学法、测试技巧、课程设置。

（2）翻译辅助：如词典和语法书。

（3）翻译批评：对译作所作的评估，包括对学生作业的批改以及对正式出版译作的评论。

霍姆斯还提到另一个领域，即翻译政策，他认为翻译学研究者可以帮助确定翻译的社会地位。这包括翻译在语言教学课程设置中是否应该占有一席之地。

这个翻译学框架也存在问题。图 1-1 中的总体分类从许多方面来看都只是人为的分类，霍姆斯自己也指出，翻译理论研究、描述性翻译研究、应用翻译学彼此并不孤立。但正如图 1-1 里所述，这样分类的最大好处是对翻译研究的不同领域的工作进行清晰划分，而在这之前它们的关系一直都模糊不清。图 1-1 里的分类还是具备相当的灵活性的，能将该学科的最新发展，如近年的翻译技术的进步，吸收进来。

只要粗略地看一下图 1-1，我们就会发现应用翻译学分支没有充分展开，然而展开并不困难（见图 1-2）。

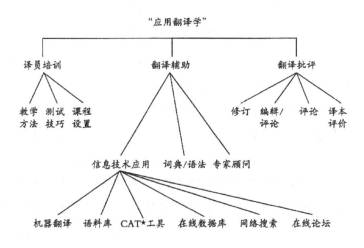

图 1-2　应用翻译学展示示意

★为计算机辅助翻译工具，如翻译记忆系统。

图 1-2 中我们保留了原来的分类，但补充了一些细节，鉴于计算机辅助翻译工具（CAT 工具）和自动翻译的普及，我们特别补充了翻译辅助部分。霍姆斯的论文也许已经过时，但其重要性在于阐述了翻译学的全部潜能。这个结构图仍然经常作为许多研究的起点，尽管其

后的理论研究都尝试改进其中部分内容。另外，当今的研究已经完全改变了1972年翻译学的立足点。霍姆斯花了三分之二的篇幅阐述翻译理论研究和描述性翻译研究的"纯理论"方面的内容，这显然表明了他的研究兴趣，但并不表示应用翻译学缺乏发展的潜能。"翻译政策"如今更多与决定翻译的意识形态相关联，包括语言政策和霸权相关，而非霍姆斯当年描述的情形。

（三）20世纪70年代以来的发展

20世纪70年代以来翻译学发展迅速，霍姆斯所描绘的许多领域都已突显出来。对比语言学一度受到了冷落，但由于语料库翻译研究取得的成就，又重新受到关注。以语言学为导向的翻译"科学"在德国仍然异常兴盛，但与之紧密相关的对等概念受到了质疑，并不断更新。德国兴起了围绕文本类型和目的的翻译理论。韩礼德（Halliday）的系统功能语法将语言看作是社会文化语境中的交际行为，这一理论及其关于话语分析的学说在20世纪90年代初期对翻译的影响特别明显。尤其在澳大利亚和英国，多位学者将其理论应用于翻译研究，如贝尔（Bell 1991）、贝克（1992/2011）、哈蒂姆和梅森（Hatim&Mason 1990，1997）、卡尔扎达·佩雷斯（Calzada Pérez 2007）、芒迪（Munday 2008）。20世纪70年代末至80年代初，源于比较文学和俄国形式主义的描述性翻译研究开始兴起。特拉维夫是开创此研究的中心，在这里伊塔马·埃文—佐哈尔（Itamar Even-Zohar）和图里倡导文学多元系统的理论，该理论强调不同文学和体裁之间，包括翻译文学和非翻译文学可相互竞争，争取主导地位。这些多元系统学者与比利时的一个研究小组紧密合作，包括何塞·朗贝尔（Jose Lambert）和已故的安德烈·勒菲弗尔（André Lefevere），同时与英国学者苏珊·巴斯内特（Susan Bassnett）和西奥·赫尔曼斯（Theo Hermans）联系也很密切。其中一部重要文集是由赫尔曼斯编著的《文学的操纵：文学翻译研究》（Hermans 1985a），因此才有了"操纵学派"这个名称。后来巴斯内特和勒菲弗尔共同编著的《翻译、历史与文化论集》又引入了"文化转向"一词，这个动态的、以文化为导向的研究路径主导了之后十年的翻译研究。

　　20 世纪 90 年代出现了一批崭新的研究方法和概念，包括以雪莉·西蒙（Sherry Simon）为领军人物的加拿大翻译与性别研究、埃尔斯·维埃拉（Else Vieira）倡导的巴西食人主义学派、杰出的孟加拉学者特贾斯维莉·尼南贾纳（Tejaswini Niranjaria）和佳亚特里·斯皮瓦克（Gayatri Spivak）推动的后殖民翻译理论。在美国，劳伦斯·韦努蒂（Lawrence Venuti）从文化研究角度分析翻译，呼吁更加彰显译者身份，认可译者的贡献。进入新千禧年以后翻译学发展的速度就更快了，而且特别关注下列问题，翻译、全球化和抵制的问题，翻译社会学和翻译历史学，翻译培训，以及过程导向的研究（如 O'Brien）。新科技给翻译研究和翻译实践都带来了革命性变化，这包括视听翻译、本地化以及基于语料库的翻译研究等新领域的出现。此外，翻译学也扩展到许多其他国家，尤以中国和阿拉伯世界为最甚。

三、翻译理论的局限性与特点

　　翻译理论追求的是系统性的理论建构，只有系统性才能从宏观到微观层面，从不同维度和深度逐渐揭示翻译客体的属性特征，深究实践对象的本质特征，全面认识改变实践客体的对策与方法。因而，"理论就是概括地反映现实对象的本质和规律性的概念和命题（原理）体系"❶。理论的特点如下：

　　（1）理论是人们思维对现实的一种反映，以语言概念、数学公式、图表等符号形式作表征和交流。

　　（2）是以概念、命题（原理）假说等形式所构成的有机体系，是系统化了的理性认识和知识体系，或是经过一定实践检验或逻辑证明的真命题体系。

　　（3）作为一个有机概念、命题（原理）系统，总是在某个科学家的思维中，在他进行研究的某个具体历史环境中实现出来的，是精神

❶　彭漪涟. 逻辑范畴论 ［M］. 上海：华东师范大学出版社，2000.

实体，有其客观基础。

（4）作为一定历史时期人类思维所创造出来的精神实体，表明它乃是人类的一种重要的历史活动的成果，因而，它总是受到一定历史条件的制约和影响的，只能是历史地发展着的。

从历史发展的角度看，翻译理论具有实证性与扬弃性的特点。一个真正的科学理论必须能在实践和科学实验中得到证实或证伪。翻译理论基于实践，是对实践对象本质或规律的反映和认识，应在众多的群体实践中检验其正确的程度性。宏观层次的理论阐释应能在微观层次得到论证，微观层次的理论也应能给予相应的印证。理论的扬弃性要求实践主体对于理论中那些滞后的方面和因素加以改造、扬弃、做到吐故纳新，在实践中结合理论去发现一系列新的事实并且能自觉地保持其互动性，在不断反馈调节中避免理论僵化和停滞。

从翻译理论的形态特征看，翻译理论概念讲求简明性和有效性。简明性是指理论概念的高度抽象和概括性，在表述形式上又具有简洁易懂的特点，如"信、达、雅""忠实""通顺""神似""化境""等效""等值""异化""归化"等；此外，理论概念的定义与表征也需简明性。所谓有效性是指理论概念所具有的理论职能的"度"，在特定范围内在多大程度上体现出其理论特性，理论的有效性具有相对性特征，对理论概念论域内事物的本质或规律的解释或说明具有效度性。理论概念具有自身的说明性和规约性所界定的范围和典型对象，超出自身所辖的范围，其理论的有效解释性则大大降低，甚至失效。如翻译的"神似"理论概念有效性限于对文学作品中那些刻画人物外在形貌和内在情感活动，以及描写矛盾关系冲突等情节性场景的翻译对策，而对于一般性的语句翻译则无所谓"神似"；"等效"的有效性常见于文本中那些特殊表现形式或具有不同修辞审美功能的语言形式的翻译对策，超出了典型的语言现象，其理论概念的效度性则大打折扣，甚至不具有效性。这就是为什么这些概念都受到过各种批评，从而引出翻译理论的局限性问题。

翻译理论的局限性特征主要体现在散论式的理论认识形成的概念。由于理论需要概念来表征，而概念又是对事物本质的反映，一旦形成概念就成了静态的观念构成，其概念的内涵规定性指向的可能是特定事物的某种本质特征，而并非全部。这是因为事物是发展变化的，人们的认识也随着认识工具和科学理论技术的发展而发展，因而特定的翻译理论概念也就暴露出其局限性。如传统理论概念中的"忠实"或取"信"作为一般原则，一方面被人们所遵循，另一方面又由于翻译中的艺术创造性、译者主体性的发挥，使得人们对这两个原则概念的规约性及其合理性产生了质疑，提出要摒弃这些理论概念。那么，如何辨证地看待传统理论的局限性及其有效性？这就需要从理论范畴体系建构上予以深化认识，对传统理论概念进行重构，赋予其新的内涵规定。

第二节　翻译的内涵及意义

所谓翻译，是把一种语言文字的意义用另一种语言文字表达出来的语言转换过程或结果。就题材而言，翻译可分为文学翻译（literary translation），如诗歌、戏剧等的翻译，以及应用翻译（pragmatic translation），如科技、商务或其他资料翻译。根据工作方式，翻译可分为口译（interpretation）、笔译（translation）、机辅翻译（machine-aided translation）。口译又可分为交替传译（consecutive interpretation）和同声传译（simultaneous interpretation）。根据处理方式，翻译还可分为全译、摘译、编译、译述、缩译、综述、述评、改译、阐译、译写、参译等。

一、翻译及相关内涵阐述

对于翻译的内涵，可以从翻译的含义、翻译的标准、翻译的审美原则、翻译的审美方法等几个方面来进行阐述。

（一）翻译的含义

从广义的角度看，翻译指语言与语言、语言变体与语言变体、语言与非语言等的代码转换和基本信息的传达。例如，英语和汉语之间的相互转换，语言和福声音、体势语之间的相互转换。从狭义的角度看，翻译是一种语言活动，是把一种语言表达的内容忠实地用另一种语言表达出来。我们把一种语言所要表达的内容，用另外一种语言的形式表达出来，是一种形式上的转换，是意义的传递。

范仲英教授给翻译下的定义是"翻译是人类交流思想过程中沟通不同语言的桥梁，使通晓不同语言的人能通过原文的重新表达而进行思想交流；是把一种语言（即原语）的信息用另一种语言（即译语）表达出来，使译文读者能得到原作者所表达的思想，得到与原文读者大致相同的感受"；[1] 费道罗夫（Federov）认为翻译是"用一种语言手段忠实、全面地表达另一种语言表达的东西"，尤金•A•奈达（Eugene A. Nida）认为翻译是"在接受语寻找原语信息尽可能接近的、自然的对等话语"等。所有这些，都道出了翻译的本质，即忠实地传达原义。因为语言不仅仅是交流的工具，它还是文化的载体，它本身也有意义。所以把翻译当成一个过滤装置，一经翻译只存意义，滤出语言形式（表达手段）的作法往往会使我们失去很多有价值的东西。极度强调译法会抹去许多语言风格、艺术、文化的特征，从而影响译文的真正价值。

（二）翻译的通用标准

关于翻译的标准，可谓众说纷坛。中国翻译界流传、遵循最广的翻译标准至今仍应该是清末翻译家严复提出的"信、达、雅"三字说：

信——承用原作内容，取信于读者；

达——译文酣畅地道，为译文读者喜闻乐见；

雅——强调译语包装，增强译文的可读性。

按鲁迅先生所说，翻译，就是"给洋鬼子化个妆"，但是"不必剜眼、割鼻"。即是说，翻译只是相当于为外国人融入本国做化妆、

---

[1] 范仲英. 实用翻译教程［M］. 北京：外语教学与研究出版社，1994.

变装、换口音甚至教语言的工作。而不论他外表变得多厉害，人总还是原来那个完整的外国人，只是能够融入中国社会，可以与中国人沟通、产生共鸣了。这实际是从本质上肯定了翻译的第一要义——忠实。细思之，也还有"达""雅"的意思蕴含在内。此论，是笔者比较认可、推崇的简要精当而又形象贴切的翻译标准。

（三）翻译的审美原则

关于翻译的审美原则也有很多论述，笔者在此只想强调两条：

一是必须确立翻译审美标准的相对性。不能简单地把一种语系之间的转换规律说成是另外一种语系之间的转换规律。由于，语系转换规律具有相对适应性，因此，审美标准也就要具有相对性。比如，同一语系之间的双语转换可以容许有较多的模拟式形式美，不同语系间的则应努力探求对应式或重建式的形式美。这点是针对当下理论界的"唯洋派"而说的。

二是必须确立翻译审美标准的依附性。翻译不是创作，不能不顾原文，一味臆造。译者必须选择与原文审美构成相适应的审美再现手段。这点是针对当下理论界的"译者主体性""译作自创论"而说的。

（四）翻译的审美方式

（1）模拟。模拟即按照原文的语言形式美和文章气质美模仿复制译文。

（2）对应。对应要求译者善于捕捉原文模糊性审美构成，还必须对目的语具有较强的审美意识，能在目的语中找到与原文的美相对应的表达方式。

（3）重建。重建是高层次的审美再现手段，前提是审美主体必须充分发挥自己的审美功能，完全进入意境，才能对原文美重新加以塑造。

二、翻译的意义和价值

对于英语翻译来说，其是一个比较完美的审美过程。翻译者在进行翻译的时候，经过对原文的意境、内涵认真地进行揣度，深入地探索读者的审美需求，借助译文将原文的审美价值充分的体现出来，这样读者就会比较容易了解原文的美学意义。

（一）翻译的意义

从翻译的历史来看，翻译就是一部政治经济与文化交流的历史。从远古时期，翻译工作就已经开始了，世界各民族之间相互往来、开展文化交流、互通商业贸易、进行宗教传播。与我们的文学史和文化史一样，我国有着两千多年的翻译史，这是我国文化的瑰宝，为我们积累了宝贵的文化财富。对于优秀的译者来说，首先要了解翻译的意义，这样才能加强对翻译事业的了解，做好翻译这份工作。

对于翻译工作，可谓是仁者见仁、智者见智。有人说一句话译出来，有褒有贬，吃力不讨好。从古至今对于翻译的认识，都有着不同的看法，有弘扬赞美的，有贬低讽刺的，各家之言，十分精辟也十分有趣。

翻译大师鸠摩罗什说："翻译犹如嚼饭喂人，不但失去真味，还带上我们的口水和爪齿的污秽。"

鲁迅说："翻译是从别国窃得火来，本意却在煮自己的肉的，以为倘能味道较好，庶几在咀嚼者那一面也得到较多的好处，我也不枉费了身躯。"

意大利有句谚语：翻译者就是叛逆者。塞万提斯通过堂吉坷德的口说："阅读译本就像从反面看花毯。"

歌德则把翻译比作"下流的职业媒人"。

翁显良曾说："翻译本来就是为他人作嫁衣……。"

普希金说："翻译是矛盾而辉煌的悲剧。"

郭沫若也比喻其说："创作为处女，翻译不过是媒婆"。

以上这些观点，都是从贬抑的方面对翻译进行评价的，这些译者结合自己的切身感受与时代特征，对翻译的地位进行了一个个具有时代意义的评价。那么，翻译果真像这些译者所述的一样吗？翻译能够成为一项让我们为之奋斗的事业吗？从哲学的观点来看，任何事物都是一分为二的，翻译也不例外。

毛泽东就十分重视翻译，他曾经说："没有翻译就没有共产党。"他还曾指出，"鲁迅是民族化的。但是他还是主张过硬译，我倒赞成理论书硬译，有个好处——准确。"他还说"我们要熟悉外国的东西，读外国书。但是并不等于中国人要完全照外国办法办事，并不等于中国人写东西要像翻译一样。"因为所处的时代不同，翻译所带来的地位与作用不同，那么，译者对于翻译的认识肯定就会有所变化。也许有人会说，特定的时代特征使得当时的翻译有了与众不同的意义，翻译才会受到肯定。

随着经济的发展，国与国之间的交流日益加深，我们也深切地体会到翻译在当今社会的重要性，而且这种重要性还有进一步加强的趋势。每年市场需求的新译者数量都在不断增加，各个行业各个领域都需要翻译人才。意识到翻译的重要性之后，我们才能够更好地在翻译领域做出努力，才能更好地看到自身价值体现。

（二）翻译的价值

对于英语翻译来讲，不仅具有美学价值，还体现在社会文化层面、社会的变革、文化的发展方面的社会价值，以及它对于翻译研究和翻译理论的价值。

1. 美学价值

意境为语言艺术作品通过形象描写所表现出来的境界和情调。它是所描述的景象和所表现的情意相交融的产物。意境的追求和创造，是修辞上获得最佳表达效果所必须的。在文学翻译中，译者以追求原作的意境为己任，以再创造等同的意境为目标，以实现翻译之美学价值。具体而言，译者不仅要动笔，而且要动情。莎士比亚的"和泪之作"，与曹雪芹的"一把辛酸泪"，同是文情相生，挥笔挥泪！创作是如此，翻译也应该如此，进行再创作。译者要通过翻译走近创作者的创作过程，了解他们的心理活动、心理状态和个性，甚至追求自己的艺术思维，获得其美学形象。成功的美学作品，永远能够真正反映出人格特质的灵魂的创造者。翻译者从作品中学习作者，知道作者，甚至成为作者，和作者达成共识，这是一个从浅到深的理解过程。作者的理解和作者心理同构的音译已经跨越了。了解作者在认识工作的过程中，知道作者反过来更好地了解工作；进一步了解工作，深化翻译，同时进一步了解作者。传统心理学将人们的知识定义为"知识""爱""意义"和精神运动，即通过逐渐和广泛深入的理解（感性），然后具有相应的输入情感体验（情感混合），然后随着意识行为的意志（主体意识），在艺术欣赏和创作的过程中，翻译者的心理活动从意识到无意识，然后再从意识到意识的方向转变。

翻译者在不知不觉中与作者以及作品心物交融，然后翻译者脱离作品本身，回到自我意识上从感知形象到抽象思维，与作者达成了美的共识，然后实现艺术再创造。这是一个渐进的形象过程。在认知过程中，翻译者在心理上不断地整合作品的各个部分。翻译者通过对作品的不断整合形成美学形象，感受到审美形象，这是一种较高层次的感知，与感知开始的感觉不同。新的感觉将进一步作用于意向的心理综合，直到形成整体意向。

文学翻译的艺术再现活动是"超然的"，其中译者所操作的不是有形结构，而是超越时空的物象。因此，作者通过直觉和形象整合抽象地总结形式结构的含义是必要的。在译者和作者之间达成默契的共识。根据从作品中获得的感性信息，译者构建与作者相似的审美形象，并与作者的思想达成共鸣，以"看"原创的艺术境界，这是心灵的共鸣。随着这种共鸣，译者将跟随作者的想象力，按照作者的想法，进入原作的审美意境。

2. 社会化价值

翻译的价值还主要体现在社会文化层面，社会的变革，文化的发展，往往和蓬勃开展的翻译活动有关。翻译可以引发对特定文化乃至社会制度的变革，也可以推动不同文明向前演进。古罗马的希腊文学翻译导致了拉丁文学的诞生，"五四"时期的西学东渐及大规模翻译活动促进了现代白话文的形成和发展，这些无疑都是翻译的社会文化价值的最佳佐证。再者，从社会文化的角度来考察翻译现象，可以使不同时期的翻译文学得到更为合理的解释。

3. 理论价值

翻译本身并非理论，它的所谓理论价值，并不是指它作为理论的价值，而是指它对于翻译研究和翻译理论有价值。换言之，翻译作为翻译理论的直接研究对象，是翻译理论赖以发生和发展的"物质基础"，因而它对于翻译理论有价值。翻译理论乃至翻译学作为独立学科的健全和发展，在很大程度上都依赖于翻译这一"物质基础"的存在和发展。离开了这个基础，翻译理论的存在和发展就无从谈起。反过来，翻译理论通过翻译的描写和总结，又可以给这个活动提供指导，带动翻译实践更好地发展，使它在人类文明向前发展中不可或缺的作用得到更好的彰显。在这个意义上，翻译实践是前提，它不会因为翻译理论的存在而存在，但因为有了它的存在，翻译理论的存在才能成为可能。同时又往往因为它的发展，翻译理论的发展才成了有源之水、有本之木。翻译对于翻译理论的价值也在于此。

第三节　译者的素质与准备工作

翻译的职业化使职业翻译教育的重要性日益提高。职业翻译教育的最终目的是提高译者的综合素养。本节探讨译者综合素养和翻译的准备工作，是翻译能力和译者素质的结合，对如何在职业翻译教育中培养译者的综合素养提出建议。

一、译者应具备的素质

外行人似乎以为，翻译很简单，仿佛学过英文的都有一双全自动翻译扫描眼，看一眼就知道怎么译。其实，并不尽然。目前市场上对于翻译的需求量很大，以各种形式从事翻译工作的人也不少，高端翻译奇缺。大量没有足够翻译能力和经验的人员也加入翻译队伍之中，由于知识结构单一，又缺乏翻译经验与技巧训练，造成翻译质量的混乱和大范围的低劣翻译；翻译从业单位和人员的行业自律性差，行业质量管理混乱且普遍低下，使翻译行业长期陷于低水平的循环中，得不到良性的发展。当代文学翻译青黄不接，其中不乏外语专家，但是少见通才。

造成上述现状的原因是对翻译的误会。在中国，外行包括学习外语专业的人，都普遍认为翻译既然是两种语言之间的转换，只要掌握了母语和一门外语，就可以从事翻译工作。这种观点流行范围广，危害性大。这种"懂外语就能翻译"的误会，使得"翻译质量"问题成为瓶颈，影响中国文化走向世界。而人类文明得以延续和发展，必须借助翻译。

这与我国高等教育一直注重培养外语人才而忽视培养翻译人才有很大的关系，而导致外语专业的过分异化。在这种情况下，忽视了深层次的中外文化的熏陶，外语人才逐渐失去了以语言与文化为特征的传统特色。把专业翻译教学混同于外语教学体制内的翻译教学，以为翻译不需要专门的训练，学生只要学好了外语，就意味着他学会了翻译。这样，在许多高等院校的外语院系的翻译课教学里，教师的注意力也就一直集中在或停留在训练学生的外语能力上，所谓的翻译课实际上也就是外语课的延伸，其目的是通过翻译，加强他们对外语语言的认识，提高学生的外语水平。

英国著名翻译理论家彼得·纽马克（Peter Newmark）曾经说过："…Any old fool can learn a language…but it takes an intelligent person to become a translator."（任何傻瓜都能学会一门语言，但是要想成为一名译员非聪颖者莫属。）

翻译能力是语言能力的一部分，两者密切相关。但是，在翻译含有文化内容的源语文本时，较强的外语能力并不能够保证好的翻译；而好的翻译通常还要受到其他一些因素的制约，翻译活动的复杂性使得翻译能力涉及各领域的技能研究，包括了语言知识、文化知识、特殊领域的知识、翻译技巧等。译者不仅要精通外语，还要精通外国文化。从对外传播的角度讲，翻译本身既是语言的沟通，又是文化的沟通。成功的翻译不只是在两种语言之间进行简单的转换，而是一种文化转化的再创作。

翻译专业教学已经成为一门独立的学科，对学生的培训除了两种语言文字的转换能力的基本训练外，还应该教给学生在翻译中运用现代科技手段的能力，教给学生作为一个专业翻译工作者应该遵守的职业操守和道德伦理，教给学生语言服务市场的意识。当然，还要教给学生广博的国内外相关文化知识，包括国际政治、国际经济，甚至一些最新的现代科技进展。只有这样，才能为当前这个翻译的职业化时代培养出合格的专门翻译人才。

外语能力包括三个层面，即抽象的陈述性的知识体系、运用语言知识的技能（即自动化的程序性知识技能）和语言的实际应用。翻译能力也包括三个层面：翻译才能（理解和表达语言内容的能力）、翻译语能（指导和运用翻译表达形式的能力）、翻译熟能（翻译过程中涉及的个体智力因素）。

傅雷曾告诫傅聪：要做一个钢琴家，首先要做一个文化人，之后做一个艺术家，再之后要做一个音乐家，最后才是做一个钢琴家。我们同样可以说，要做一个文学翻译家，首先要精通一门外语，有可能还要懂一门或几门别的外语，之后要能娴熟运用母语，再之后做一个杂家，具备各方面的知识，最后才是做一个文学翻译家。翻译家学养不足，是翻译的硬伤。

因此，为培养合格的翻译人才，必须突破外语专业、翻译专业的学科界线。正是这种"唯学科化"的意识导致对翻译人才的培养认识较片面，翻译研究成果虽多，但无助于提高文学翻译人才的培养质量。从增强国家文化竞争力的高度来思考如何培养文学翻译人才，必须走复合式培养的模式。对未来文学翻译人才实行多元化的、真正意义上的跨学科、复合式培养，应采取"中文专业＋外语＋翻译核心课程"的培养模式。培养文学翻译人才迫在眉睫，急需文学翻译人才充当中译外的使者。准确向外传播中国文化、向外国译介中国文学作品的任务要依靠中国译者，这样才能增强中国文化的国际竞争力。通过翻译让外国人了解中国文化，了解中国人的思维方式，正是中国文学"走出去"的目的所在。

二、翻译的准备工作

对于一个合格的译者来说，双语的基本词汇、语法、逻辑是先决条件。一定的翻译理论、翻译技巧和经验，双语对比、双语文化是基础。当然，还要有严谨的治学态度和"板凳坐得十年冷"的定力和耐力。具体说来，就是需要具备以下素质及能力。

(一) 心理和生理素质

翻译不仅是两种语言的转化，更是复杂的心理过程，受语言意识、性别思维及心理机制的影响。

1. 对汉语的理解力

仅仅有爱是不够的，还要有素质。翻译是一种综合能力，这直接反映在对汉语的理解力上。读汉语，存在理解障碍，这是因为还没有较高深的概括能力和抽象能力。概括能力和抽象能力是与生活经验和阅读经验分不开的，甚至会影响你的判断力。似懂非懂的东西译成似懂非懂的东西，似懂非懂的人觉得没问题，但有经验的人一看就是误译。这也解释了一个现象，其他领域都有神童或早熟的天才，翻译领域里没有。虽然人的阅历和理解力会增加和提高，但不会随着时间的推移而自动生成。我们应该认识到熟知并不等于真知。对于这一问题的对策是要学而时习之，经常性地思考。

2. 对于外语的判断力

这是将来能否成为一位优秀译者的关键。一个优秀的译者，首先应当是一个优秀的中文读者，其次（或更准确地说，同时）应当是一个优秀的外文读者，做到能够看标题就知文章，读文章第一段就能判断优劣。

3. 对于原文的审美力

在翻译文学作品时，译者还要感受原作的美学特征，才能成为美的使者，延长原作的生命力。

4. 对于译文的控制力

"魅"这个字为什么会有一个"鬼"字边呢？因为它是一种说不

清道不明有点诡异的东西。译作的魅力可能跟译者个人的思想、阅历、家教、信仰有关。表现在译者对译作的拿捏上，增一分太多，减一分太少。控制力就是功力，任何艺术创作，最能体现功力的，就是控制力。

5. 身体能力

确保身体有充足的营养。翻译对脑力的消耗很大，搬大词典，也是个体力活儿。翻译过程中，需要全神贯注，殚精竭虑，耐心细致，遇到难字难句，可网上搜寻大量相似或相近的例句，根据其在上下文中的意思，来确定难字难句的意思。若花很多时间还解决不了，应暂时搁置。过一段时间之后，你的搜寻方式和思路都可能已经改变了，另外互联网资料日新月异，你可能有机会在下一次把难题解决掉。

（二）专业操作能力

信息时代需利用在线词典、搜索引擎、电子语料库、翻译软件、翻译网站论坛等现代信息资源和技术培养外语专业学生的信息素养，有效提高英语专业学生的翻译操作能力化。

1. 语言对比能力

熟悉双语在语音、语法、词汇、句法、修辞和使用习惯上的种种差异。打破双语之间的天然壁垒，既要会"因循本质"，又能"依实出华"，收放有度，把地道的原文转换成为规范的译文。

2. 跨文化能力

翻译是一个需要"know something about everything"的专业，也就是"You don't need to know everything about something, but you need to know a little bit of everything"。译者知识结构应该是越宽越好。当然，样样精通也是做不到的，但是，"译一行通一行"却是可能的。对于原语的文化和译入语的文化都要有一个系统的了解。在中国有一个十分独特的赞美词：学贯中西。学好中国文化不容易，学好西方文化也不容易，同时学好中国文化和西方文化，还能将两者融会贯通，更是难上加难。尽管在现实生活中，能配得上这个词的人少之又少，但是它还是毫无疑义地成为我们衡量一个人是否广学博识的重要标准——

它于无形中鞭策每个国人尽力将求知的视阈延伸至外国文化的各个领域。跨文化能力的核心内涵是：尊重世界文化多样性，具有跨文化同理心和批判性文化意识；掌握基本的跨文化研究理论知识和分析方法；熟悉所学语言对象国的历史与现状，理解中外文化的基本特点和异同；能对不同文化现象、文本和制品进行阐释和评价；能得体和有效地进行跨文化沟通；能帮助不同语言文化背景的人士进行有效的跨文化沟通——翻译。

国学，又称"中国学""汉学"，是中国传统文化精华和当代中国文化精华。国学以学科分，应分为哲学、史学、宗教学、文学、礼俗学、考据学、伦理学、版本学等，其中以儒家哲学为主流；以思想分，应分为先秦诸子以儒、道、释三家等，儒家贯穿并主导中国思想史，其他列从属地位；国学以《四库全书》分，应分为经、史、子、集四部。

3．母语能力

大量阅读汉语的经典著作。阅读量的增长，自然会对汉语语法和表达法认识得更为深刻。倘若自己常常练笔的话，提高会更快。

4．外语能力

大量阅读英文报刊、著作和英译本。大量阅读汉译著作，汉译著作因是借由翻译而来，或多或少地会保留一些原文的语言结构、句式和表达法，这是直接培养翻译语感的最为直接和有效的途径。

（三）字、词典的运用

1．会查词典和工具书

语言能力本来就低，却又爱偷懒，不查词典，或不会查词典，是无法做翻译的。如果想弄通每一个句子的结构和意义，就得耐心查词典，耐心看例句。每一个翻译的句子都要有根据，每个姓名每个地名也都得有根据，每本书名和作者名也都得有根据。你会发现这本词典缺那个姓名，那本词典缺这个地名，这本词典缺那个词的解释，那本词典缺这个词的例句。

互联网是一个庞大而方便的图书馆和工具系统。基本词典，包括英汉词典、人名及地名词典、百科词典，等等。一般网页上的文章，都是不大可靠的，应以实体出版物为根据。如果有疑问，就查原刊物或原书，而原刊物和原书如果网上能查到，当然最方便快捷，如果查不到，要上图书馆查，或购买原著。

英汉词典与互联网作为工具书和资料库，两者是互补的，缺一不可。如果不会用英汉词典的话，那么翻译水平和理解力就会有所欠缺；如果不善于从网上查各种资料，那么翻译水平和解决问题的能力也同样会有所欠缺。为一个词而把大词典的整页解释和例句都看一遍，应视为最起码的步骤。

2．校对

校对是对耐性的最大考验。太多人对自己的文章连多看一两遍的耐心都没有，何况是拿着原文和译文极不方便、极折磨人地一遍又一遍对照检查。基本步骤有中文通读、原文与译文对照、原文通读。

常常有人问我："应该读些什么书来提高汉语水平？"我的建议是，先读传统经典的文学作品，这样可以把古汉语、成语、典故"一网打尽"。再读现当代的经典文学作品，熟悉现代汉语的使用方法。

第二章　生态翻译学理论综观

"生态翻译"既可以指以生态视角综观翻译整体，也可以指以自然生态隐喻翻译生态；既可以指维护翻译语言和翻译文化的多样性，也可以指运用翻译促进生态环境保护和生态文明发展；既可以指以生态适应来选择翻译文本，也可以指以生态伦理来规范"翻译群落"；当然也会包含以生态理念来选择翻译文本以及翻译生态自然世界。

第一节　生态翻译学的起源与发展

生态翻译学在翻译理论研究的整体推进中显示出越来越明显的贯通融合性。它以生态学作为翻译学理论研究的基础和前提，确立了生态思维与翻译活动之间的有效契合，并通过生态取向的整体主义方法为翻译活动提供一种新思路，它所独有的生态范式和生态结构，赋予翻译活动整体的研究视野，这使它与传统翻译学形成鲜明对比，为当代翻译学的理论建构提供了可资借鉴的方法和路向。

一、生态学的内涵与发展

生态学中的重要概念包括生态平衡、生态系统、生态位。生态平衡是指在一定时间内生态系统中的生物和环境之间、生物各个种群之间，通过能量流动、物质循环和信息传递，使它们相互之间达到高度适应、协调和统一的状态。换句话来说，生态平衡是指处于顶级的稳定状态的生态系统的形成。

（一）生态学

生态学是研究生物与环境之间相互作用的一门学科，包括：生物个体之间、群落之间、生物和非生物之间的相互作用。该词是由自然学家亨利·索瑞于1858年提出的，但他没有给生态学以明确的定义。德国著名博物学家艾伦斯·海克尔在其所著的《普通生物形态学》中初次把生态学定义为"研究动物与其有机或无机环境之间相互关系的科学"，特别是动物与其他生物之间的相生相克关系。该词由希腊语"oikos"和"logos"发展形成，"oikos"表示住所，"logos"代表知识，因此对生物"居住"的研究是生态学的本义。

在这之后，作为现代科学体系中的一个关键学科——生态学，得到了确立并慢慢发展起来。一般情况下，研究环境系统是生态学的范畴。"环境"是指相对于人类创造的世界而言的自然世界。生态学研究自然界的各要素以及各要素之间的互动，包括生存、生命、生产之间的密切关系，体现了整体性、总体性和全面性的特征。

（二）生态学的发展

生态学的发展是一个循序渐进的过程，大致经历萌芽期、形成期、发展期三个阶段，每一阶段都有各自的特征。

1. 萌芽期

17世纪初之前都是生态学的萌芽期。人类在长期务农、游牧、捕捞和狩猎过程中不断总结经验，不断积累简单的生态学知识。例如，季节气候对作物生长的影响、土壤水分和常见的动物习惯等。这个阶段形成了素朴的生态学观点，也为生态学的创建奠定了知识和思想上的基础。

2. 形成期

生态学的形成期是从17世纪到20世纪50年代。这个时期生态学家提出了许多有价值的生态学理论，研究方法从个体生态观察研究，过渡到生态系统研究。达尔文提出了自然选择理论，由于环境与生物进化的相互作用，导致人们高度重视环境和生物关系，也促使生态学进一步发展。

"生态学"的定义首先由海克尔提出，生态学是指"研究有机体与其周围环境相互关系的学科"。20世纪30年代生产的许多生态学文献，阐述了生态位、群体生态学、食物链、生物量、生态系统等生态学的一些基本观点和相关概念。所以，生态学是一门独立的学科，它已经具备了特定研究对象、理论体系和研究方法。

3. 发展期

在20世纪60年代以后是生态学的发展期，主要表现出以下几方面的特点：

第一，学科自身发展条件和趋势方面。发展过程中，化学工程技术科学、物理、数学等学科的研究成果融入到了生态学中。举例来说，像地理信息、高精度和分析测定技术等，为生态学的发展提供了向精确、定量方向前进的条件。

第二，生态学的理论发展方面。将生物生态学、种群生态学、生态系统生态学和群落生态学等要点分为宏观、中观和微观三个层面，更为详细具体。

第三，生态学的运用方面。主要是由于人类活动影响着世界生态系统，交织在一起的生态系统和社会经济生产体系，从而构成了一个庞大的复杂系统。食品、自然资源、人口与环境等因素随着社会经济和现代工业化的快速发展，对社会生产和生活产生了深远的影响。因此，人们通过不断地对生态学的方法进行相关的研究和实践，只是为早日找到解决这些问题的有效措施和科学依据。

(三) 现代生态学的发展趋势

近年来，现代生态学在慢慢地进步和创新。从一个角度来看，传统生态学是数学、化学、生物学、物理学、工程科学研究的结合；另一个角度则打破了传统生态学的研究领域，而是向复杂、广阔的人类社会系统扩展。在拓展的过程中，它具有三个方面的特征：

第一，生态学交叉渗透力的增强。在人类社会系统研究的各个方面，学术界应用了生态学方法和理论，出现了诸如文化生态学、农业生态学、人类生态学、经济生态学等跨学科，也使生态学成为学界用于揭示人类社会系统基本规律的重要方法论之一。

第二，生态学融合力的加深。人文社会科学研究促进了现代生态学的发展进步。为了促进自然生态系统和人类社会制度的价值，以及自然生态系统之间的相互作用关系，形成了生态伦理学、自然资源经济学、生态哲学、生态文化等生态学学说和分支领域。对生态学的基本观念进行深化，进而将生态学的运用领域得以扩展，从而促使传统生态学的理论体系走向成熟。

第三，全球生态学与环境运动的兴起。伴随着后工业文明时代所带来的各种各样的问题，以"人类社会发展与全球环境变化关系"为主旨的全球生态学研究一直在进行。与此同时，伴随着在全球环境运动，相应的可持续发展理论、生态主义等也在慢慢地发展。总而言之，从静态描述到动态分析，从定性到定量研究，从单一层次到多层次的综合研发是生态学的整体发展趋势。

二、中国传统生态思想

中国的传统文化是世界文化宝库中一颗璀璨的明珠，其博大精深，领域宽广，儒、道、佛三家的文化是其中最重要的组成部分。在儒、道、佛三家深邃思想中，都包含有丰富的生态思想，老祖宗的这些生态思想是生态文明建设的重要理论来源之一。

（一）儒家的天人合一、仁爱万物思想

儒家的"天人合一"思想整体回答了"如何理解"以及"怎样处理"人与自然的关系这两个重大问题，为生态文明建设提供了重要思想资源。作为一种价值理念和思维模式，"天人合一"的核心是把人与自然视为一个生命共同体和道德共同体，以实现人与自然的和谐为最高理想。

1. 儒家文化及其"天人合一"思想

以孔子为代表的儒家学说，重视血亲人伦和现世事功，追求道德

完善与实用理性，反映了东周时代人们追求安定生活的普遍社会心理。春秋战国时代，"礼乐征伐自诸侯出""天下无道"，四海幅裂，神州板荡，孔子看到"礼崩乐坏"的不堪现实，遂致力于恢复周代的礼乐制度，希望借此能够推进社会秩序的良性生成。孔子学说的源头在于中国上古传说，将唐尧、虞舜三代社会美化到极致。尧、舜、禹、汤、文、武都是圣明天子，代表了最伟大的人格，足以成为万世楷模。贤人政治是孔子的理想政治设计蓝图，德政、礼治是儒家认定的实现国泰民安的良方。孔子之后，儒家分为八个流派，其中对后世产生重要影响的是经过曾子、子思三传至孟子的那一支派。有"亚圣"之称的孟子进一步发展了孔子的仁爱思想，他主张实行王政，让破产的农民得到土地，并营造一个比较安定的生产环境，具有浓厚的富民思想。孟子主张恢复井田制度，希望借此从根本上解决土地问题。荀子又对儒家思想做了一些改动，尤其是当时的社会现实让他认识到法治手段的必要性，这与孔子视法治为"猛于虎"的苛政已有根本性的改变。从孔子到荀子，儒家的"王道"思想主张在当时显得过于理想化，缺乏现实实践性，因此不能成功。秦朝覆灭之后，西汉王朝建立，儒家学说得以在一个和平环境里实施。儒家著作逐渐成为当时的经典，尤其是到了汉武帝时代，封建经济已高度发展，强大的中央集权政府需要从文化上统一全中国。正所谓"王者功成作乐，治定制礼"。时代呼唤以维系尊卑贵贱的宗法等级制度为宗旨、长于制礼作乐的儒家文化来统一人们的思想。董仲舒以儒学为中心，借鉴了道家哲学和阴阳五行思想，通过注释儒家经典来全面阐述他的"三纲五常"理论，宣扬"君权神授"的天命观念，从此"罢黜百家，独尊儒术"。在先秦儒学、两汉经学之后，儒学发展的第三个高峰是宋明理学。宋明理学糅合了儒、道、佛的理论精髓，将人的自我完善放在首要位置，强调"存天理，灭人欲"的极端重要性，对人与人之间的相互关系作了深入的研究，一系列在中国文化史和中国思想史上产生重要影响的道德规范和修身养性方法，就是在那时产生的。此后，儒家文化发展从高峰走向低谷，渐趋式微。尤其至五四新文化运动之际，"打倒孔家店"的口号响彻云霄，儒家文化成为封建文化的代名词。直到 20 世纪 80

年代以后，随着世界经济格局的重新调整，海外新儒学运动重新振兴，儒家文化日益受到重视，在传统文化的现代转换过程中显现出日益重要的思想意义和文化价值。

　　"天人合一"是"天人合德""天人相交""天人感应"等众多表现形式的统称，是人与自然之间和生和处的终极价值目标。孔子"天人合一"思想的实现，依靠的是"中"的法则的指导，自然与人在"中"之法则的指导下发生联系，趋向统一。孟子的"天人合一"是"尽心、知性、知天"和"存心、养性、事天"的"天人合一"。"尽其心者，知其性也。知其性，则知天矣。存其心，养其性，所以事天也。"（《孟子·尽心上》）董仲舒的"天人合一"思想则明显地带有了政治需要的痕迹，是"人格之天"或"意志之天"。"人副天数""天亦有喜怒之气，哀乐之心，与人相副。此类合之，天人一也。"（《春秋繁露·阴阳义》）宋明时期程明道："天人本不二，不必言合"；朱熹："天道无外，此心之理亦无外"；陆象山："宇宙即吾心，吾心即宇宙"。在这里，人就是天、天就是人，人与天达到了同心同理的"天人合一"的境界。"天人合一"的"天"可以分为"主宰之天""自然之天"和"义理之天"。"主宰之天"与人们观念中的"神""上帝"相一致。董仲舒的"天人感应"之"天"含有"主宰之天"之意。"自然之天"是"油然作云，沛然作雨"的天，是"四时行焉，万物生焉"的天。"义理之天"是具有普遍性道德法则的天。"惟王其疾敬德，王其德之用，祈天永命。"（《尚书·召诰》）君主应该崇尚德政，以道德标准来判断是非，才是顺天应命，才能够得到"天"的护佑。宋明时期的"理学之天"实际上是对孔孟"义理之天"的进一步发挥，所以，"理学之天"基本上就是"义理之天"。在上述关于"天"的三种解释中，"义理之天"占据了主要位置，它为人们的生产生活提供各种伦理道德规范，是文化世界的一部分。"主宰之天"和"自然之天"也为人们提供适应社会生活的各种伦理价值，即人的社会政治活动受制于自然法则，自然法则含有社会伦理学的因子。①天人合德是儒家天人合一思想的第一种重要形式。儒家认为动植物是人类的生存之本，而这些动植物资源又是有限的。荀子肯定了自然资源是人类赖以生存和发展的物质基础，"夫天地之生万物也，固有余足以食人矣；麻葛茧丝鸟兽之羽毛齿革也，固有余足以衣人矣"。（《荀子·富国》）"故天之所覆，地之所载，莫不尽其美，致其用，上以饰贤良，下以养百姓而安乐之"。（《荀子·王制》）对大自然不能够采取杀鸡取卵、涸泽而渔的态度，一旦这些资源枯竭，人类也会自取灭亡。自然资源的有限性和人类需求的无限性构成了矛盾统一体，两者既相互对立，也相互统一，限制其矛盾性的方面，发展其统一的方面，只能在相互影响与促进的过程中共同发展。

2. "天人合一"思想的生态智慧

儒家的"天人合一"思想包含着丰富的生态智慧，它为人自身的道德修养规定了合理的尺度，体现出整体性的思维方式，开辟出通过适度活动达到天人和谐的现实路径，把握了生态保护的自然规律。

第一，儒家"天人合一"思想为人自身的生态道德修养规定了合理的尺度。中国传统社会是一个特别注重道德修养的社会，道德理想和人生修养在漫长的历史发展过程中，始终是儒家学说论述的主要内容。人的道德实现一直是传统中国人的人生实践意义，以及人的价值实现的全部内容。儒家进而将道德人格从社会生活实践中进一步扩充延伸到政治生活领域，倡导"修身、齐家、治国、平天下"，由此表现出传统社会浓郁的伦理政治特征。儒家"内圣外王"的以道德修养作为人生根本的思路，决定了"天人合一"思想在解决外在的自然界存在的问题时，不得不带有强烈的内在道德色彩。正如张世英所指出的"儒家的天人合一本来就是一种人生哲学，人主要不是作为认识者与天地万物打交道，而是主要作为一个人伦道德意义的行为者与天地万物打交道，故儒家的'天人合一'境界是一个最充满人伦意义的境界，在此境界中，哲学思想与道德理想、政治理想融为一体，个人与他人、与社会融为一体。"②儒家终其一生都致力于道德修养，那么人

① 陆自荣. 儒学和谐合理性［M］. 北京：中国社会科学出版社，2007.

② 张世英. 天人之际［M］. 北京：人民出版社，1995.

生道德修养的最高境界是什么？道德修养的终极价值尺度是什么？在儒家看来，这种最高境界和终极价值尺度就是"天人合一"。儒家的"天人合一"学说在这个方面具有丰富的生态思想资源可供开发和利用。

第二，儒家"天人合一"思想萌生了生态保护的整体意识。儒家"天人合一"思想的整体性思维表现在两个方面：一方面，儒家强调人与自然的混沌一体；另一方面，儒家也认为思维主体和思维客体是混沌不分的。这种整体性思维方式有其产生的社会根源，传统社会的经济基础是农业经济，科技发展缓慢，由于人们对自身内部结构无法认识清楚，于是便将自身的认识局限在德性修养的领域之内。而对于外界的认识，则容易将万物与"天"联系起来，"天"在传统历史中就成为解释一切的终极原因。这与今天社会中人与自然的深刻的、绝然的分化对立是截然不同的。《周易》把阴阳矛盾的对立统一看作自然界和人类社会发展的基础，由阴阳交感而化生万物，气化凝结生成万物，"一阴一阳之谓道"就是这种认知的理性提升和总结。以孔孟为代表的儒家将天、地、人看成世界、宇宙中的统一整体，其中的各个元素的变化都影响、制约着其他元素的发展，这种整体性思维方式无疑对我们当下的生态文明建设具有重要的启示性价值。

第三，主张通过适度发展最终实现动态的和谐。在儒家"天人合一"的哲学观念看来，"人与自然是统一和谐的整体，两者彼此相通，一荣俱荣，一损俱损。人与自然混为一体。人性与天道和谐一致"。儒家文化视宇宙为一个统一的生命大系统，天、地、人都有自己的生长和发展规律。孔子说："喜怒哀乐之未发，谓之中，发而皆中节，谓之和。中者天下之大本也，和者天下之达道也，至中和，天下位焉，万物育焉。"荀子认为，"万物各得其和以生，各得其养以成"，天地万物皆为一体，互相关联。适度是儒家"天人合一"思想的实践原则。《中庸》提倡"执两用中""中和"。孔子主张中庸，孟子主张适度，"可以仕则仕，可以止则止，可以久则久，可以速则速"。通过适度发展最终实现动态的和谐，这是儒家整体性思维中关于未来社会发展的理想图景。

第四，发现了保护生态良性发展的规律和原则。孔子说："道千乘之国，敬事而信，节用而爱人，使民以时"（《论语·学而》）。"节用爱人""使民以时"就是对自然资源和人力资源的合理使用，他反对对自然资源进行掠夺性的过度开发和利用。孟子说："不违农时，谷不可胜食也。数罟不入洿池，鱼鳖不可胜食也。斧斤以时入山林，材木不可胜用也。谷与鱼鳖不可胜食，材木不可胜用，是使民养生丧死无憾也。养生丧死无憾，王道之始也。五亩之宅，树之以桑，五十者可以衣帛矣。鸡豚狗彘之畜，无失其时，七十者可以食肉矣；百亩之田，勿夺其时，数口之家可以无饥矣；谨庠序之教，申之以孝悌之义，颁白者不负戴于道路矣"（《孟子·梁惠王》）。在掌握大自然规律的基础上，我们要合理开发和利用资源，才可以保证生态良性发展。荀子主张："不夭其生，不绝其长"，这是人对于大自然的"仁"，最终其实也是对自己的"仁"。斧斤不入山林、罔罟毒药不入泽、四季不失时等，人类在某些方面的有所"不为"，才能保证天人关系的和谐。儒家思想家的这些主张，根源于他们对生态良性发展重要性的正确认知，根源于他们对生态良性发展规律的正确把握，这些保护生态资源的举措在当下仍然不失其现实意义。

3. "仁爱万物"思想及生态诉求

从持续发展和永续利用的基点出发，儒家萌生了"爱物"的生态理念，主张爱护自然界中的动植物，有限度地开发利用资源，反对涸泽而渔式的破坏性使用。孟子进一步阐发了孔子的"仁爱"思想，提出了"君子之于物也，爱之而弗仁；于民也，仁之而弗亲。亲亲而仁民，仁民而爱物"（《孟子·尽心上》）。孟子认为，道德系统是由生态道德和人际道德组成的。即爱物与仁民，是一个依序而上升的道德等级关系。[1] 何谓"义"（道德），"夫义者，内节于人而外节于万物也"（《荀子·强国》）。把外节于万物的生态道德和内节于人的人际道德看成是道德统一体的两个不同方面，并且把它们的关系定位于道德的外与内的关系，说明儒家不仅重视人际道德，而且提出来德与物之间不

---

[1] 张云飞. 试析孟子思想的生态伦理学价值 [M]. 中华文化论坛, 1994.

可分割的联系。因而，将义运用到人际关系上，表明的是对人与人之间产生的行为关系的规范和评价，这是人际道德固属于内；而将义运用到人与自然的关系上表明的是对人与自然之间产生的行为关系的规范和评价，这是生态道德固属于外。《易传》中"君子以厚德载物"的思想启发人们应该效法大地，把仁爱精神推广到大自然中，以宽厚仁慈之德包容、爱护宇宙万物，践行"与天地合其德"与"四时合其序"的价值观。孔子主张"钓而不纲，弋不射宿"，反对使用灭绝动物的工具，提倡动物的永续利用，含有"取物不尽物"的生态道德思想。

　　荀子明确提出了以"时"来休养生息，保护自然资源的思想："春耕夏耘秋收冬藏，四者不失时，故五谷不绝，而百姓有余食也……斩伐养长不失其时，故山林不童，而百姓有余材也"（《荀子·王制》）。同时提出了关于环境管理的"王者之法""山林泽梁以时禁发而不税"（《荀子·王制》）的思想。所谓的"以时禁发"，就是根据季节的演替来管理资源的开发和利用。曾子曰："树木以时伐焉，禽兽以时杀焉。"夫子曰："断一树，杀一兽，不以其时，非孝也。"（《礼记·祭义》），就是按照季节变化和动植物的生长规律有节制地砍伐和畋猎。① 荀子注重从政治制度上管理自然资源，要有专门的环境保护的机构和官吏，王者之治和王者之法才能够有可靠的保证。只有环保机构和主管人员认真贯彻执行自然保护条例，才能够达到"万物皆得其宜，六畜皆得其长，群生皆得其命"（《荀子·王制》）的天人和谐的理想境界。

　　（二）道家自然无为、天地父母思想

　　"自然无为"是老庄哲学的基本要义，自然无为指的是人类"复归其根"自然属性的反映。它要求人们以"自然无为"的方式与自然界进行交流，从而实现顺应天地万物的状态。"人法地，地法天，天法道，道法自然"（《老子》第25章）。"道恒无为而无不为"（《老

---

① 乐爱国. 道教生态学［M］. 北京：社会科学文献出版社，2005.

子》第 37 章)。"道"把"自然"和"无为"作为它的本性，既有本体论特征，也有方法论意义。这里的"自然"既是"人"之外的自然界，也是"人"生命意义的价值所在。而"道"是人性的根本和依据，决定了人性本善的归宿，是人自然而然的存在，体现出老庄哲学中深刻的人文价值关怀。这里的"无为"，既是对根源于"道"的自然本体属性的认识，也是对人的内在的自然本体属性的认识。"无为"思想体现出了老庄思想的矛盾性，矛盾的统一性表现在个体的自然本性与"道"的本质属性的同一性，矛盾的对立性表现在个体的社会属性与"道"的对立性，即人的"有为"与"道"的"无为"的对立。既然"无为"是"道"的本质属性和存在方式，那么，"无为"也是自然界的本质属性和存在方式，这里的自然界包括了人类在内。人类要想"复归其根"，与"道"合而为一，"自然无为"是根本的途径（《老子》第 25 章）。"道"对于天地万物是无所谓爱、恨、情、仇的，植物的春生夏长，动物的弱肉强食，气候的冷暖交替等都是自然现象。道家的"无为"并不是什么都不干，躺在床上等死的颓废，而是一种"无为即大为"的境界，是一种更高层次的"为"。道家的"有为"则是指无视自然本性的"妄为"。"妄为"远离了人的自然本性，靠近了人的功利和狭隘，不可避免地导致人本性的异化，诞生大量的虚伪与丑恶。单纯地从保护生态环境的角度来论证"道法自然"的思想是朴素的、有限的，但它所蕴含的人与自然和谐共生的积极理念，则为我们解决生态危机提供了新的哲学基础，而现代工业文明所缺乏的恰恰是这种思想。

道家把天与地比作父与母，于是就有了"天父地母"的说法，"一生天地，然后天下有始，故以为天下母。既得天地为天下母，乃知万物皆为子也。既知其子，而复守其母，则子全矣"，并且"地者，乃大道之子孙也。人物者，大道之苗裔也"[①]。道家借用父母与子女的关系来比喻道与天地、万物的关系。道家把天地这个大自然系统看成是有生命活力的有机整体，并且表现出人格意志的思想特征，其中包

① 无名氏. 太上老君常说清静经注［M］.《道藏》第 17 册. 上海：上海书店出版社，1988.

含着明显的生态伦理意蕴。天地万物和人之间的关系如同家长和子女的关系，人作为子女理应承担起照顾好作为父母的天地自然，承担起作为家庭成员应有的伦理责任。天地生养万物，是人类衣食之源，生存之本，按照此理推论，人类对天地应该始终抱有感恩之心。但是，有些人正反其道而行，他们破坏自然生态环境，目的就是为了想富足自己。"凡人为地无知，独不疾痛而上感天，而人不得知之，故父灾变复起，母复怒，不养万物。父母俱怒，其子安得无灾乎？"① 利奥波德在《沙乡年鉴》中对大地的看法为"至少把土壤、高山、河流、大气圈等地球的各个组成部分，看成地球的各个器官，器官的零部件或动作协调的器官调整，其中的每一部分都具有确定的功能。"② 生态女权主义者卡洛琳·麦茜特表示"地球作为一个活的有机体，作为养育者母亲的形象，对人类行为具有一种文化强制作用。即使由于商业开采活动的需要，一个人也不愿意戕害自己的母亲，侵入她的体内挖掘黄金，将她的身体肢解得残缺不全。只需将地球看成是有生命的、有感觉的，对她进行毁灭性的破坏行动就应该视为对人类道德行为规范的一种违反。"③ 道家对人们不加节制地开采地下水，破坏自然的现象表示了担忧，"天下有几何哉？或一家有数井也。今但以小井计之，十井长三丈，千井三百丈，万井三千丈，十万井三万丈……穿地皆下得水，水乃地之血脉也。今穿子身，得其血脉，宁疾不邪？今是一亿井者，广从凡几何里？"④ 在传统的农耕社会里，上述行为产生的危害是区域性的，不具有整体性，但在现代社会中，为了开采矿山而穿凿土地以及污染地下水的行为却对整个水生态循环系统产生了破坏性影响。

（三）佛教的"众生平等"

佛教提倡一种整体论的宇宙观，认为事物之间相互联系、圆融无

---

① 王明. 太平经合校 [M]. 北京：中华书局，1979.

② 雷毅. 生态伦理学 [M]. 西安：陕西人民教育出版社，2000.

③ 卡洛琳·麦茜特. 自然之死——妇女、生态和科学革命 [M]. 吴国盛，等，译. 长春：吉林人民出版社，1999.

④ 王明. 太平经合校 [M]. 北京：中华书局，1979.

碍,世界是一个有机联系的整体。佛教生态伦理的基本内容,包括佛教的平等思想、慈悲思想和敬畏生命的思想。佛教生态伦理的现代价值有助于协调人与自身、人与人、人与自然的关系。

1. 佛教文化

佛教是世界三大宗教之一,产生于公元前6世纪的印度,创始人是乔达摩·悉达多。佛教的基本理论包括四谛说、十二因缘说、业力说、无常说和无我说等。佛教教义的核心,宣扬人生是一场漫长的苦难旅程,只有信奉佛教,加强修炼,才能上升至视世界万物和自我为"空"的境界,由此才能摆脱世间痛苦,以灭绝欲望的方式实现"涅槃"。佛教修行的方式是"戒"——约束身心;"定"——增强磨炼受苦的能力;"慧"——达观镇静。范晔《后汉书》中记载,"世传明帝梦见金人长大,项有光明,以问群臣。或曰:'西方有神,名曰佛,其形长丈六尺,而黄金色。'帝于是遣使天竺,问佛道法,遂于中国图画形象焉。"佛教从东汉初期开始传入中国,后来经过长期的传播发展,最终形成具有中国民族特色的中国佛教,对中国知识分子和普通民众产生过长期的、重要的、深远的影响。尤其是因果报应、三世轮回思想,在庙堂和民间社会都产生过深刻影响,某种程度上已经内化为中国文化的重要组成部分。

古印度佛教主要分为两大门派:一派是大乘佛教;另一派是小乘佛教。

大乘佛教以拯救众生为志趣,只有当一切生灵皆脱离苦难成佛之后,自己才能成佛;小乘佛教主张通过自己的修行,斩断人间烦恼,超脱生死之忧,就可以成为"阿罗汉"。到隋唐以后,小乘佛教在中国日趋式微。真正在中国兴旺发达的八个宗派,都属于大乘佛教系统。这八个宗派分别是:律宗、密宗、禅宗、三论宗、天台宗、华严宗、法相宗、净土宗,简称"八宗"。

东汉以后,由于传入中国的时间、路径、地区各异,加上各民族文化、社会历史、语言环境等条件的不同,佛教在中国逐渐形成为三大派系,即汉地佛教(汉语系)、藏传佛教(藏语系)、云南上座部佛教(巴利语系)。

汉地佛教。佛教传入中国汉族地区，起源于东汉明帝时期从西域取回佛教经典著作《四十二章经》。当时佛教的传播地域主要在长安、洛阳一带。

洛阳白马寺是中国最早的寺院，也称中国佛教的"祖庭"。"金人人梦白马驮经；读书台高浮屠地迥"，东汉时期绝大多数的佛经都是在白马寺翻译过来的。"南朝四百八十寺，多少楼台烟雨中"，佛教在魏晋南北朝时期得到持续发展，佛教信众激增，佛塔、寺院遍布丛林。此期佛教石窟艺术达到巅峰状态，举世闻名，如敦煌、云冈、龙门等地的雕塑、壁画，堪称世界艺术瑰宝。在佛经翻译方面，鸠摩罗什、法显等名僧辈出。梁武帝笃信佛教，在位 14 年曾经四度舍身为寺奴，当时共有寺院 2860 所，僧尼 82700 余人。唐朝是中国佛教发展的鼎盛时期。唐太宗时期高僧玄奘西行求法，历时 19 年，长途跋涉 50000 余里，前往印度取回佛经，并在大雁塔翻译出佛经 75 部 1335 卷，还写出了记载其艰辛求法经历的《大唐西域记》。北宋、南宋时期，佛教持续发展。元朝蒙古民族崇尚藏传佛教，对汉地佛教也采取了保护政策。明太祖本身就曾经做过僧人，即位后自封"大庆法王"，宣扬佛法。清朝皇室崇奉藏传佛教，汉语系佛教仍在民间流行。晚清至民国时代，杨文会、欧阳竟无、大虚、康有为、谭嗣同、章太炎、梁启超等都曾经研究过佛学，将中国佛学研究提升至新的高度。

藏传佛教。藏传佛教俗称"喇嘛"教。藏语"喇嘛"意为"上师"。藏语系佛教始于公元 7 世纪中叶，藏王松赞干布迎娶尼泊尔尺尊公主和唐朝文成公主时，两位公主都带去了佛像、佛经。松赞干布在两位公主的影响下皈依佛教，建筑了大昭寺和小昭寺。8 世纪中叶，佛教从印度传入西藏地区。10 世纪后期，藏传佛教正式形成。13 世纪开始流行于蒙古地区。此后发展形成为各具特色的分支教派，普遍信奉佛法中的密宗。在西藏，上层喇嘛逐步掌握了地方政权，最终形成政教合一的藏传佛教。西藏最著名的佛教建筑是布达拉宫。

云南上座部佛教。公元 7 世纪中叶，佛教从缅甸传入中国云南，形成云南上座部佛教。云南上座部佛教流传于云南省傣族、布朗族等居住区，其佛教传统信仰与南亚佛教国，如泰国、缅甸等大致相同。

　　魏晋南北朝以来的中国传统文化，已经无可争辩地带上了佛教文化的影响印迹，儒、道、佛三家汇合已成为中华文化的发展主流。佛教蕴藏着深刻的人生智慧，"它对宇宙人生的洞察，对人类理性的反省，对概念的分析，有着深刻独到的见解"：在世界观上，佛教认为世间万物都处在无始无终相互联系的因果网络之中；在人生观上，佛教提倡将一己的解脱与拯救人类结合起来。① 在中国文学、艺术、哲学、语言、思想史等领域，佛教文化的影响几乎无处不在。

　　2. 佛教的"众生平等"思想及其生态学意义

　　"众生平等"是佛教的一个基本观念，产生于公元前 6～5 世纪的印度佛教。当时的印度思想界被婆罗门教所主宰。婆罗门教推行种姓制度，在诸种姓中婆罗门位于第一，下等种姓要绝对服从上等种姓。这种等级观念在普通民众的心灵深处根深蒂固，一直持续到佛教产生后才发生了明显的改变。早期佛教徒主要来源于印度四种姓中的刹帝利和吠舍阶层，他们反对婆罗门教的种姓制度和等级观念，认为人所出生时的阶层属性并不能决定其身份的高低贵贱，"众生平等"，人人皆可以通过修行最终成为贤人。《别译杂阿含经》云："不应问生处，宜问其所行，微木能生火，卑贱生贤达"《长阿含经》记载，"汝今当知，今我弟子，种姓不同，所出各异，于我法中出家修道，若有人问：'汝谁种姓？'当答彼言：'我是沙门释种子也。'"佛教徒游历各地，或者在茂密的森林中苦修，或者在四散的村落中传教，依靠人们布施的食物生活。早期佛教徒被称为游历者、遁世者、苦行者、比丘等。佛教徒旗帜鲜明地主张平等观念，反对婆罗门教的种姓不平等理论。佛教徒提倡不问身份和出身，主张人人平等，人人皆可以修道成佛。

　　佛教"众生平等"的思想观念还由人类推及到宇宙众生之间的"平等"。佛教主张缘起论，他们认为，现象界的一切都是由各种条件和合形成的，而非孤立的存在。《杂阿含经》说："有因有缘集世间，有因有缘世间集；有因有缘灭世间，有因有缘世间灭"。现象的世界是因缘起故，世间万象"此有故彼有，此生故彼生，此无故彼无，此

―――――――――

① 　上海古籍出版社. 中国文化史三百题［M］. 上海：上海古籍出版社，1987.

灭故彼灭"。也就是说，宇宙间的万事万物都是相互依存、相互联系、互为因果的，万法依因缘而生灭。因此，佛教认为人与人、人与动物、人与植物，都是息息相关、相依相存的，不能断然分割，不能单独存在。人不能离开大自然单独存在，大自然对于人的意义极其重要。营造良好的生态环境，其目的和意义都是为了人自身。在佛教看来，众生依据其生存状态可以分为两种：有情众生与无情众生。凡是有情识的，如人与动物等，都叫有情众生；没有情识的，如植物、宇宙、山河、大地、河流等，都归为无情众生。一切有情众生都在三世六道中轮回。"三世"即是指过去、现在、将来三个世界，在每一个世界里又有地狱、饿鬼、畜生、阿修罗、人、天六道之分。佛教认为，有情众生无一例外地要在过去、现在、未来三世之间无穷流转，同时在六道中不断轮回，所以又称"三世六道轮回"。有情众生的"正报"，必然同时伴随着无情众生的"依报"。有情众生依据在过去世中的行为所产生的"业力"，在现世中得以获得"果报"，佛教称作"正报"。而所谓"依报"是指有情众生所依据的环境，也就是生命主体赖以生存的宇宙大地、山川河流、树木花草等无情众生。佛教认为"正报"必然依靠"依报"，任何生命体都必须依靠其生存环境，因此环境与生命体自身的存在是紧密相关的，二者之间的关系是不可分割的，所以称之为"依正不二"。由此可见，佛教把人类生命体与其赖以生存的自然环境看作是一个不可分割的整体。根据佛教缘起论，在三世六道中轮回的众生，本质上都是相同的，在畜生、阿修罗、人、天之间可以互换角色，正所谓"今生为人，来世做牛做马"。因此，在佛教的视域中，"众生平等"，在本性上是相等的，没有高下贵贱之分。《长阿含经》云："尔时无有男女、尊卑、上下，亦无异名，众共生世故名众生。"

唐代天台宗大师湛然提出"无情有性"论，他认为没有情感意识的山川、草木、大地、瓦石等，其实都具有佛性。佛性本身是不变的，体现于万物之中，每一个事物之中都蕴涵着佛性，因此都具有平等的价值。禅宗强调说："郁郁黄花无非般若，清清翠竹皆是法身。"大自然的一草一木，无不是佛性的具体体现。佛教将自然看作佛性的显现，因此要珍爱自然，珍惜我们生存的家园。佛教的"无情有性"说，与当代生态学有颇多相通之处。如美国的莱奥波尔德认为，"大地伦理学扩大社会的边界，包括土壤、水域、植物和动物或它们的集合：大地"，"大地伦理学改变人类的地位，从其是大地-社会的征服者转变到其是其中的普通一员和公民。这意味着人类应当尊重他的生物同伴而且也以同样的态度尊重大地社会"。英国历史学家汤因比发挥了佛教的"无情有性"说，指出，"宇宙全体，还有其中的万物都有尊严，它是这种意义上的存在。就是说，自然界的无生物和无机物也都有尊严。大地、空气、水、岩石、泉、河流、海，这一切都有尊严。如果人侵犯了它们的尊严，就等于侵犯了我们本身的尊严。"佛教对于生命的理解具有启示性意义，宇宙间的每个生命都是平等的，因为"一切众生，悉有佛性"，而佛性是平等的，是没有高下之分的，"上从诸佛，下至旁生，平等无所分别"。佛教生命伦理的核心是众生平等和生命轮回。根据这种理论，世界上没有任何事物可以离开因缘，每个人都与众生息息相关，众生具有存在的同一性、相通性。佛教的"众生平等"思想是一种最彻底的平等观，一种终极意义上的平等观。所以，佛教提倡善待一切生灵，戒杀、慈悲、放生、报众生恩。《大智度论》云："诸罪当中，杀罪最重；诸功德中，不杀第一"。人如果触犯杀戒，灭绝人畜，无论是亲杀，还是他杀，死后都将坠入畜生、地狱、饿鬼三恶道。

佛教理想的生态世界图式就是西方极乐世界。佛经对西方极乐世界的描述，可以视为佛教徒对于未来理想生态世界的描摹。在西方极乐世界里，一切皆井然有序，欢乐祥和。极乐世界中秩序井然。《称佛净土佛摄受经》云："极乐世界，净佛土中，处处皆有七重行列妙宝栏木盾，七重行列宝多罗树，及有七重妙宝罗网"。极乐世界中有丰富的优质水源，"极乐世界，净佛土中，处处皆有七妙宝池，八功德水弥满其中。何等名为八功德水？一者澄清，二者清冷，三者甘美，四者轻软，五者润泽，六者安和，七者饮时除饥渴等无量过患，八者饮已定能长养诸根四大，增益种种殊胜善根，多福众生常乐受用。"极乐世界里有茂密的森林、鲜艳的花朵，"诸池周匝有妙宝树，间饰行列，香气芬馥"。极乐世界有优美的音乐，"极乐世界，净佛土中，自然常有无量无边众妙伎乐，音曲和雅，甚可爱乐。诸有情类，间斯妙音，诸恶烦恼，悉皆消灭。无量善法，渐次增长，速证无上正等菩提。"极乐世界里天花缤纷，四时不败，有益身心健康，"净佛土中，昼夜六时，常雨种种上妙天华，光浑香洁，细柔杂色，虽令见者身心适悦，而不贪著，增长有情无量，无数不可思议殊胜功德"。极乐世界里有各种杂色美丽的鸟群，"极乐世界，净佛土中，常有种种奇妙可爱杂色众鸟，所谓鹅、雁、鹙、鹭、鸿、鹤、孔雀、鹦鹉、羯罗频迦、共命鸟等。如是众鸟，昼夜六时，恒共集会，出和雅声，随其类音宣扬妙法"。极乐世界里有纯净的空气，"极乐世界，净佛土中，常有妙风吹诸宝树及宝罗网，出微妙音"。由此可见，佛教关于西方极乐世界的描绘，蕴涵着丰富的生态学内容，为我们展示出美好的生态发展前景，充分体现出佛教的生态理想观。

佛教"众生平等"的生态思想也体现在其日常生活中。我们知道，中国佛教徒都有植树造林、养林护林、栽花种草的优良传统。古诗有云："曲径通幽处，禅房花木深。"佛教寺院通常都会修建在林木葱郁、环境清幽、背山面水、鸟语花香的丛林之中。这既是其生态思想的体现，也是"庄严国土，利乐有情"的佛学理念的具体体现，只有在安静和谐的环境中才能更好地参禅修道。在佛教寺院内外，教徒们广植花木花草，颇得园林之幽趣，表现出佛教对于人类心灵的净化，对于自然环境的保护的积极意义。从某种意义上来说，寺庙园林就是佛教对于西方净土的具体表现，充分体现出佛教徒对于生态环境的重视。此外，佛教徒生活俭朴，饮食节制，注重修行，物质上无限贫乏，以确保精神上的无限富有。在简朴的生活中实现心灵的提升，这是中国传统文化的共同旨趣，殊途同归。佛教徒注重节约、节俭的优秀美德，与当前方兴未艾的绿色环保运动不谋而合，有颇多异曲同工之处。

三、生态翻译学的起源与发展

生态翻译学研究和发展经历是一个循序渐进的过程。在生态翻译学的构建过程中，如果将本书最终所构建的理论话语系统当作该"过程"的输出结果的话，那么，这种输出就必然会有其输入，即必然会有生态翻译学发生、发展的基础、前提和条件，等等。同时，过去是未来的前奏，知晓生态翻译学发展的历史，也就把握了生态翻译学发展的未来。

（一）生态翻译学产生的背景

很多理念都是在深刻的时代背景和社会思潮影响下提出的。在现代社会和学术发展的引导下，生态翻译学也在逐渐产生和发展。

它是在翻译学研究的影响下经济社会进行的转型。众所周知，人类社会自 20 世纪 60 年代以来由工业文明向生态文明的转变。20 世纪 70 年代以后，中国逐渐开始重视生态环境问题。此后提出了科学发展观和可持续发展政策的概念，同时提出"人类文明处于从工业文明向生态文明过渡"的观点。为了适应社会的发展，在不同的翻译研究领域，将会引入"生态"维度。

从认识论到本体论，从人类中心到生态整合转型，这是当代哲学必须面对的。不难看出，这使翻译研究人员从"翻译生态学"的角度跨越思想领域，扩大了翻译活动的视角，形成了生态翻译的研究路径。

翻译适应选择的理论基础是从生物与生态环境的关系入手，从本质上讲是生态学路径的，这一点从 2001 年研究起步时就定位了，此后按照该路径的其他研究也是这样发展起来的。但 2003 年至 2004 年之间的翻译适应选择论研究中的"适者生存"理论以及"自然选择"理论之间的梳理明显缺乏，依赖于两个学科（生态学和生物学）关系的研究也没有进行深入。这在一定程度上是根据翻译理论的适应性选择的延伸而产生的影响，这使未来生态翻译在建设过程中遇到困难。

对相关文献进行研究发现最早的生态学是从植物生态学开始的，相应的动物生态学是伴随着植物生态学的发展才得以发展。众人皆知，生物学的研究对象既包括动物又包括植物。生态学不是孤立地研究环境和生物有机体，是研究生物有机体和环境以及互为环境的生物之间的辩证关系。

　　作为系统的翻译理论研究，从生态学的发展角度来看，前期的翻译适应选择论和后期的生态翻译学，它们是"同源"的，是一种继承的关系，本质上是一致的。

　　前期的翻译适应选择论研究定位在系统的翻译理论，但翻译理论研究本身与翻译学研究是不在一个层面上的。换句话说，翻译适应选择论研究相对于整体的翻译学来说，还只属于"中低端"的研究。随着生态学视角翻译研究的深化和拓展，现在有了宏观生态理念之下的整体翻译生态体系研究，而这种宏观的、整体的翻译生态体系研究实际上就涉及翻译学研究的层面了。由此看出，在整体的生态理念的观照之下，很有可能的是，前期翻译适应选择论的"中观"和"微观"研究与宏观的整体翻译生态体系研究相关联。也就是说，这将有可能使翻译研究的"译学架构""译论体系""译本形成"的三个层次研究有机地"打通"，使得微观的翻译文本操作研究、中观的翻译本体理论研究、宏观的翻译生态体系研究实现统一，其产生的结果是，二效合一的、"三位一体化"的生态翻译学的理论体系构建便有可能顺理成章了。

　　生态翻译学起步探索于 2001 年，立论奠基于 2003 年，倡学整合于 2006 年，全面拓展于 2009 年，可谓之"三年一小步""十年一大步"，显示出它艰难的研究历程。

　　对于生态翻译学的产生和发展，不仅仅有中国因素，还有全球因素；不仅仅有内部因素，还有外部因素；不仅仅有人为因素，还有客观因素。同时，生态翻译的起源和发展也是一种社会需要、文化需要和学术需要，促进翻译学习领域的视野需要进一步发展。因此在新世纪初期翻译学就开始发展了。

　　生态翻译学的三个立论基础可以概括为生态翻译学的可持续性、存在性和客观性。生态翻译学逻辑思路是：正是由于有"关联序链"的指向和启发，进而进行翻译活动（翻译生态）和思考自然界（自然生态）的相互关联问题；正是由于自然界（自然生态）和翻译活动（翻译生态）相互关联问题的深层次的研究，从而能够在翻译学中适度地引用适用于自然界的"适应/选择"学说；正是由于将"适应/选择"学说引入到了翻译学研究，因此，翻译适应选择论的理论体系得以建立；正是因为翻译适应选择论的理论体系的建立，以此为基础，生态翻译学"三层次"的研究分别是宏观翻译生态体系、中观翻译本体理论、微观翻译文本转换的研究。最终正是由于生态翻译学"三层次"的研究，才因此形成了相对完整的生态翻译学理论体系的构建。这是一个循序渐进、由局部到整体、由较小到较大、逐渐归为系统化的发展过程。

经过 21 世纪第一个十年的研究和积累，生态翻译学的研究成果不断累积，研究思路和发展取向日益明确，生态翻译学的宏观译学、中观译论、微观译本的"三层次"研究格局已形成。同时，随着理论应用和实证研究范围的逐步扩大和学术影响力逐步提升，研究队伍显现壮大之势，国际、国内的交流与合作计划也在实施之中。总之，生态翻译学正在一步一个脚印地稳步发展。

（二）持续不断地发展

没有生命力的理论行之不远，而理论的生命和活力又在于人们持续不断地关注与应用。这种判断和追求，可以说对任何领域的研究或任何学科的发展都是一样的。

对于生态翻译学来说，学界的关注和应用是多方面的，除发表论文、出版著作、相关研究或列入会议议题，以及安排大会主旨发言之外，主要还体现在以下两个方面：当生态翻译学的研究成果和著作面世以后，海内外翻译学界开始了多方面的评论。与此同时，为使翻译适应选择论及生态翻译学进一步完善和发展，也已相继出现了对相关理论视点和描述的再思或异议，也都从一个侧面表现出翻译研究学者对生态翻译学发展的关注、鞭策和促进。

走过十多年风雨历程的生态翻译学，其发生与发展已成为一个事实一个客观存在，并日益引起国内外广泛的关注和兴趣。目前来说，经过了十年的发展，整合"倡学"、探索"立论"、拓展"创派"是生态翻译学三个发展阶段。生态翻译学研究者们近年来一直在刻苦的努力，不断地拓宽自己的视野，以更加广阔的见识为基础，推进生态翻译学发展的脚步，使生态翻译学在科研开发、理论建设、国际交流、基地建设和队伍整合等各个方向，呈现出良好的发展态势。

在发展进入第二个年头的生态翻译学研究，生态翻译学的观点相同的学者们将在"先国内、后国际"的发展战略之下，慢慢地从国内进行发展，直至发展到国外。一方面，学者们将于近年内出版几部拟订的专题著作；另一方面，针对国际生态翻译学研究会的性质，学者们要不断努力建立和健全工作机制，对"国际生态翻译学"网站进行良好的利用。在今后几年内最主要的是人才战略储备，但这种人才战略储备是可持续的，我们会采用多种形式集中培养生态翻译学研究方向的博士、博士后研究员，从而提高生态翻译学的"续航力"，促使"生态翻译学学派"得到良好的发展，进而在国际翻译学界占据有一定的地位。

第二节　生态翻译学的理论基础

生态文明是人类发展的重要理念，对人类活动产生着重要影响。伴随着时代思潮，生态翻译学于 21 世纪初应时而生。

一、生态学理论梳理

西方生态学理论的实质是关于科学治理人与自然之间生态关系的理论。总体而言，西方生态学理论自 20 世纪中叶渐成时代潮流以来，已经经历了三个重要的历史发展阶段，即生存主义理论阶段、可持续发展理论阶段、生态现代化理论阶段。

（一）生存主义理论阶段

生存主义理论阶段是西方发达国家生态文明的觉醒时期，环境保护的意识及理论开始逐步成为全社会关注的目标。

这一阶段的理论成果以蕾切尔·卡森的《寂静的春天》和罗马俱

乐部的《增长的极限》为主要标志。它们第一次把环境问题理解为总体性的生态危机，推动以生态环境问题为研究对象的大量著述涌现出来。与之相应，西方社会的生态环境运动也风起云涌，开始形成了较大的声势。这些研究成果，主要阐发现代工业社会面临的严重生存危机，全面批判资本主义工业文明的生产生活方式，深刻提出现代经济生活假定增长和扩张可以没有限制地继续，但实际上，地球是由受到威胁的有限资源和因我们过度使用而处在危险之中的承载能力系统组成的。自此，环境问题由一个经济发展领域的边缘问题逐渐转变为全球经济发展的中心课题。伴随着公害问题的加剧和能源危机的出现，人们逐渐认识到把经济、社会和环境割裂开来谋求发展，只能给地球和人类社会带来毁灭性的灾难。激进环境主义支持者认为，除非发生根本性变革，否则现代类型的发展与增长将不可避免地导致生态崩溃。

生存主义理论批判了既有经济增长模式的前提假定——自然资源是可以无限利用和扩张的，同时提出经济发展存在"生态门槛"，地球资源和环境容量是有限的等问题。在生存主义理论渲染生态危机论的影响下，西方社会开始探寻在人类、自然和技术大系统内一种全新的经济发展模式。这种模式关注资源投入、企业生产、产品消费及其废弃的全过程，这就是美国经济学家鲍尔丁的"宇宙飞船理论"。他认为，地球就像在太空中飞行的宇宙飞船，靠不断消耗自身有限的资源而生存。如果人们继续不合理地开发资源和破坏环境，超过了地球承载力，就会像宇宙飞船那样走向毁灭。人们必须在经济过程中思考环境问题产生的根源，从效法以线性为特征的机械论规律转向服从以反馈为特征的生态学规律。[①] 这就是循环经济思想的源头，即把传统的依赖资源消耗的单向线性增长经济方式转变为依靠生态资源的闭合循环发展经济方式。这一时期，人类在剖析自身生存方式和发展方式的道路上迈出了可喜的一步，为可持续发展理念的形成奠定了坚实的理论基础。

---

① 吴未，黄贤金，林炳耀. 什么是循环经济［J］. 生产力研究，2005.

（二）可持续发展理论阶段

20 世纪 80 年代中后期以来，全面系统的可持续发展理论逐步形成并发展。这一阶段，以 1987 年联合国世界环境与发展委员会报告《我们共同的未来》和 1992 年在里约热内卢举办的联合国环境与发展大会为主要标志。1987 年，《我们共同的未来》第一次正式提出了"可持续发展"的概念和模式，称"可持续发展是既满足当代人的需要，又不损害后代人满足其需要的能力的发展"①。20 世纪 90 年代以来，国际社会对可持续发展的概念又进行了丰富和发展。例如，1993 年对上述定义做出重要补充，即一部分人的发展不应损害另一部分人的发展。实际上，可持续发展的科学内涵不局限于生态学的范畴，它将自然、经济、社会纳入了一个大系统中，追求人类与自然之间、人与人之间的公平、持续发展。在"自然—社会经济"复合系统内部，可持续发展要求在生态环境的承载能力下，维持资源的可用性，促进经济的不断提高，以提高人们的生活水平，保持社会的稳定发展，以保持生态、经济、社会三方面的可持续发展。"可持续发展"理念逐渐成为一种普遍共识，成为指导全人类迈向 21 世纪的共同发展战略，并逐步完善为系统的理论。

可持续发展的原则主要包括：公平性原则、可持续原则、共同性原则、整体协调性原则。可持续发展是"自然—社会—经济"大系统动态发展的过程，其发展的水平要用资源的承载能力、区域的生产能力、环境的缓冲能力、进程的稳定能力、管理的调节能力五个要素来衡量。② 具体而言，第一，生态环境的可持续发展。它主要包括自然资源的可持续利用与生态系统的平衡发展。对于自然资源的利用，尤其是不可再生资源的利用，不仅要考虑满足当代人的需求，还要考虑子孙后代的需求；不仅要考虑发达国家的发展需求，还要考虑不发达国家的发展需求。同时，生态环境的可承载能力也是可持续发展考虑

① 世界环境与发展委员会. 我们共同的未来 [M]. 北京：世界知识出版社，1989.
② 杜向民，樊小贤，曹爱琴. 当代中国马克思主义生态观 [M]. 北京：中国社会科学出版社，2012.

的范畴。对生态系统进行保护，将人类的发展控制在维护生态系统平衡发展的范围内，为人类经济社会的发展提供生态保障。第二，经济的可持续发展。经济发展不仅满足了人们生存发展的需要，也为环境保护提供了经济支持。经济的可持续发展不仅追求数量上的增长，也追求质量上的提高。追求从粗放型生产消费模式转向集约型经济发展模式，从"唯经济至上"的观念转向"人的可持续全面发展"的观念。第三，社会的可持续发展。它主要强调社会稳定与和谐发展，追求人类生活质量的提高和改善。

总之，可持续发展要求在"自然—社会—经济"的系统中，以自然资源的永续利用和生态环境的可承载力为基础，以经济的持续增长为条件，以社会的和谐发展为目的，强调三者协调统一发展。

（三）生态现代化理论阶段

20 世纪末，在一些西方发达国家产生了生态现代化理论，它反映了这些国家在社会经济体制、经济发展政策和社会思想意识形态等方面的生态化转向。这一阶段，以 2002 年在南非约翰内斯堡召开的联合国可持续发展世界首脑会议为标志。

作为一种现代化理论与可持续发展理论的结合体，西方生态现代化理论逐渐发展成为一个理论基础稳定、发展方向明确的学术体系和社会思潮。它起源于对资本主义现代生产工业设计的重新审视，寻求并力证资本主义生态化与现代化的兼容。生态现代化理论主要立足于资本主义的自我完善功能、环境保护的"正和博弈"性质、社会主体的科学文化意识等基本假设。[①] 从整体上看，西方生态现代化理论表明，现代化进程中所产生的问题，只能在现代化进程中加以解决。它认为，"本世纪以及下一个世纪已经（或将要）由现代化和工业化引起的最具挑战的环境问题的解决方案必然在于更加——而不是较少——现代化以及超工业化"[②]。为此，生态现代化理论提出了以下基

---

① 周鑫. 西方生态现代化理论与当代中国生态文明建设 [M]. 北京：光明日报出版社，2012.

② F. Buttel, Ecological Modernization as Social Theory, Geoforum, 2000.

本主张。

（1）推动技术创新。技术创新在生态现代化理论中的地位十分关键。以约瑟夫·休伯为代表的学者十分强调技术创新在社会发展中的作用，认为这是产生生态转型的根本所在。有学者进一步指出，社会和制度的转型才是生态现代化理论的核心，而科学和技术的变革性作用只是这种转型的重要内容之一。

（2）重视市场主体。"市场以及经济行为主体被看作是生态重建与环境变革的承载者，在生态现代化的理论和实践中具有重要的地位"。① 生态现代化理论表明，在环境变革阶段，经济行为主体和市场动力发挥着建设性作用。但是，出于经济利益最大化原则，市场主体主动参与生态现代化进程时需要满足一定的前提条件。值得一提的是，"生态现代化理论所强调的成熟市场，并非是一种纯粹的自由主义的市场，而是一个以环境关怀为基础、以环境政策为导向的规范性市场。但这并不意味着要抹杀市场的个性与活力，只是指明经济生态化目标的一种发展方向"②。

（3）强调政府作用。随着可持续发展理论的兴起及其与现代化进程结合的日益紧密，主张生态现代化理论的学者们逐渐认识到应该重新审视政府在环境保护中的作用。有学者认为，政府干预的协商形式可以在环境保护中发挥重要作用。生态现代化理论认为，积极的政府在生态现代化进程中具有非常重要的作用。政府的干预可以引导有效的环境政策的制定，政府能严格地治理环境并能激励创新。这是生态现代化的一个重要原则。

（4）突出市民社会。生态现代化理论重视市民社会在生态现代化进程中的作用，认为其是实现整个社会生态转型所必不可少的要素。就市民社会在生态现代化进程中的具体作用而言，其是联结政府和市场行为主体的纽带，其对经济创新、技术创新的认可与压力是推动生

---

① 周鑫. 西方生态现代化理论与当代中国生态文明建设［M］. 北京：光明日报出版社，2012.

② 周鑫. 西方生态现代化理论与当代中国生态文明建设［M］. 北京：光明日报出版社，2012.

态现代化发展的重要动力。因此，"市民社会的发达与否，既是考察和衡量生态现代化发展水平的一个重要参考值，也是促进其发展的要素之一"①。

（5）关注生态理性。西方生态现代化理论充分地利用和发展了生态理性。生态理性在生态现代化理论中的主要作用是：①在生态理性的支配下，环境活动与经济活动可以被平等地评估；②在自反性现代化中，生态理性逐渐以一系列独立的生态标准和生态原则的形式出现，开始引导并支配复杂的人与自然关系；③生态理性可以被用来评价经济行为主体、新技术以及生活方式的环保成效；④生态理性的运用并不局限于西、北欧的一些国家，也可以运用于全球范围。在实践中，生态理性在生态现代化理论的推行中也被广泛运用。

综上所述，生态现代化理论的最终目的是实现整个社会的生态转型，或者说是追求一种经济和社会的彻底的环境变革。这是一项复杂的系统工程。其中，生态理性是主线，技术创新是手段，市场主体是载体，政府作用是支撑，市民社会是动力。这些具体的主张共同促进了环境变革这一系统工程的发展。

综观整个西方生态学理论的发展阶段，它的历史演进主要呈现以下特点：其一，从实践层面上看，由以个别学者为主体发展到以国际组织、机构为主体。具体而言，西方生态学理论对人与自然生态关系的关注，在早期，大多由学者著书立说或演讲宣传来推进，而后期的生态文明探讨，则大多以国际组织、机构来进行组织并推动。其二，就思想层面来讲，由"深绿"发展到"浅绿"。具体而言，早期西方的绿色生态运动的主导思想是"深绿"的，即"深生态学"，它大多批判工业革命对自然界的掠夺、对生态环境的破坏，进而反对人类中心主义，批判技术中心主义。而后期的绿色生态运动的主导思想则是"浅绿"的，它以生态中心主义为指导，既拒绝狂妄的、以技术中心主义为特征的早期粗糙的人类中心主义，也远离极端的生物中心主义、

---

① 周鑫. 西方生态现代化理论与当代中国生态文明建设 [M]. 北京：光明日报出版社，2012.

生态中心主义。①

（四）有机马克思主义——一种最新的生态学思潮

近年来，美国兴起了一种新的生态学思潮——有机马克思主义。它以探讨生态危机根源和寻求解决当代生态危机的途径为目的，将马克思主义、中国传统智慧、过程哲学有机融合，进而形成了一种新形态的马克思主义。有机马克思主义最早是由美国学者菲利普·克莱顿、贾斯廷·海因泽克在《有机马克思主义：生态灾难与资本主义的替代选择》一书中提出的。这本书的作者通过深入分析当代资本主义的内在缺陷，指出资本主义的生产方式和政治模式是导致生态灾难的根本原因（但不是唯一原因）。资本主义面临着它自身根本无法解决的危机，"有机马克思主义"作为资本主义的替代选择被提了出来。这是一种开放的新马克思主义，是使整个人类社会免遭资本主义破坏的主要希望所在。这一学说的核心原则主要是：为了共同福祉、有机的生态思维、关注阶级不平等问题及长远的整体视野。在此基础上，它提出了走向社会主义生态文明的发展道路，以及一系列原则纲领和政策思路，并对包括生态文明建设在内的中国特色社会主义道路给予了高度评价，认为在地球上所有的国家当中，中国最有可能引领其他国家走向可持续发展的生态文明。而后，柯布在《论有机马克思主义》一文中对有机马克思主义进行了更为全面的阐释。

有机马克思主义在理论主张上不同于生态马克思主义，它没有将生态危机的根源完全归结在资本主义制度上，主张多种因素导致现代生态危机的出现，将理论重点放在分析现代性即西方现代世界观和现代思维方式上。有机马克思主义提出，若简单地判定社会制度是生态危机的根源，那么一些包括中国在内的社会主义国家存在的生态危机则无从解释。此外，有机马克思主义还特别强调自身与中国优秀传统文化的内在契合性，认为中国优秀传统文化强调流变、系统和整体性，是一种社会整体取向的思维方式，这与有机马克思主义可以说是异曲

---

① 周鑫. 西方生态现代化理论与当代中国生态文明建设 [M]. 北京：光明日报出版社，2012.

同工。①

有机马克思主义者对于我国生态文明建设给予了较高评价。克莱顿等人认为，环境问题的解决不是轻而易举的，而在于文明的转变，因此必须走向生态文明；而中国的生态文明建设既不同于资本主义，也区别于传统社会主义的"第三条道路"，是强调社会和谐与生态文明的中国式社会主义道路。柯布明确提出"中国是当今世界最有可能实现生态文明的地方"②。他认为，中国共产党十七大报告高度重视生态文明建设，率先把建设生态文明作为中国的战略任务，这是"历史性的一步"。③

作为一种新的思潮，有机马克思主义还在不断生成和发展中，需要逐渐完善，但它提出的一些思想和主张对推进马克思主义研究和我国生态文明建设是有益的参考。

二、生态翻译学理论的思想来源

生态翻译学理论的思想主要来源于生态整体主义、东方生态智慧和"适应/选择"理论三个方面，下面就对这三个方面来逐一阐述。

（一）生态整体主义

生态整体主义（ecologicalholism）④ 的核心思想是：把生态系统的整体利益作为最高价值而不是把人类的利益作为最高价值，把是否有利于维持和保护生态系统的完整、和谐、稳定、平衡和持续存在作为衡量一切事物的根本尺度，作为评判人类生活方式、科技进步、经济增长和社会发展的终极标准。

由于生态学是奠基于整体主义的科学，其研究方法强调相互关联、

① 王凤珍. 有机马克思主义：问题、进路及意义 [J]. 哲学研究，2015.
② 柯布，刘昀献. 中国是当今世界最有可能实现生态文明的地方——著名建设性后现代思想家柯布教授访谈录 [J]. 中国浦东干部学院学报，2010.
③ 王凤珍. 有机马克思主义：问题、进路及意义 [J]. 哲学研究，2015.
④ 王诺. "生态整体主义"辩 [J]. 读书，2004.

相互作用的整体性，生态学的整体观又是当代生态理论的核心观念，所以不论把生态翻译学理解为一种生态学途径的翻译研究，还是生态学视角的翻译研究，以生态学的整体观为方法论而进行整体性研究是生态翻译学研究的重要指导思想，对翻译生态系统的综合性论证与整合性研究是生态翻译学研究的重要内容。从这个意义上可以说，生态翻译学又是一个隐喻类比、综观透视和整合一体的翻译研究路径。

生态翻译学认为：翻译是一个整合一体、和谐统一的系统。由于系统内各个组成成分之间相互作用，使系统成为一个统一的整体，并且这个整体所表现出来的功能不等于各个组成成分功能的简单相加，而是大于各个组成成分功能之和。这种整合一体的、"牵一发，动全身"的特征，可以充分说明一种生态行为的产生会受到全局性的多因素影响，这都是整体效应的体现。

翻译生态系统是涉及社会、交际、文化、语言等诸多方面的系统，应该如生态系统，具有一定的空间结构和时间变化，同时具有自动调控功能并且具备开放性。我们可以仿照生态系统的定义而把它定义为：在一定的时间和空间范围内，语言与语言之间、翻译要素与非翻译要素（如社会、交际、文化等）之间，通过不断的物质循环和能量流动而形成的相互作用、相互依存的一个翻译学功能单位。我们也可以把翻译生态系统狭义地理解为"翻译的环境研究中的外部控制与语言内部控制"机制的协调发展，进而把它放到一个更宽广的视野中进行讨论，一切与翻译发生联系的活动都可以纳入这个系统加以考察。翻译史研究也表明，无论是译者个人或一个民族或历史时期翻译标准的形成，还是译者翻译材料和翻译策略的选择或一个民族的翻译思想传统的形成，无论是某一特定历史时期翻译的整体特征或者翻译政策的制定，还是翻译所产生的历史作用等，都不是孤立存在的，都有必要从翻译生态环境的视角进行整体的综观与审视。

总之，基于生态学视角的翻译研究十分强调"整体综合"思想，其整体观着眼于翻译生态系统及其内部结构的整体性研究。这种"整体综合"的生态翻译学整体观，既有利于在整体的翻译生态系统中相关元素形成互利共进的关系，形成整体和谐的生态美，又必然会影响到翻译理论研究，即不同译论理念在形成和发展过程中的相互借鉴、嫁接、适应、渗透、交锋、替代、演变，经过古今中外的比较与综合，最终走向"多元统一"和"整合一体"。

（二）东方生态智慧

这里的"东方"，主要指中国，以华夏生态智慧为核心。

之所以由中国翻译界学者首倡生态翻译学观念，其关键之一在于中国有着可资借鉴的丰富的古代生态智慧。"中国文化在开端处的着眼点是生命"。"生命的体悟"可以视为华夏文化思想的主流，这其中自然含有对"生""生存"或"生态"的体悟。因此，中国传统文化中的经典生态智慧便成为生态翻译学的一个重要理论支点和思想依归。这些生态智慧以"天人合一""中庸之道""以人为本""整体综合"为特征，包含着丰富的哲理与思辨。这是一种中华智慧、生命智慧、生态智慧。

"天人合一"的思想概念是中国古典哲学的根本观念之一。天人合一的思想重在和谐。这种和谐是"天和""人和""心和"的总合，是主客关系的和谐圆满。天人合一的思想体现到生态翻译学中，首先，表现为致力于追求译者与翻译生态的和谐统一。因为在翻译过程中，人们总是不断在追求译者与翻译生态的和乐、和融与和谐，使译者适应翻译生态环境，使翻译选择遵循翻译生态的动态变化规律，以此求得原文与译文、译者与作者、译者与读者、译文与译语文化，以及译者自身的适应与选择的"平和"与"平衡"。为了追求译者与翻译生态环境的和谐与协调，译者常常运用不同的翻译理论和各种各样的翻译策略与技巧，充分发挥人这万物之灵的创造力，做出最佳的适应和优化的选择，使译者个人的身心皆融于翻译生态环境之中。因此，对于翻译来说，不论是"案本、求信"还是"神似、化境"，也不论是"意美、形美、音美"还是"准确、通顺、快捷"（适于口译），译者（译员）所追求的就是翻译生态系统中诸项元素的统一和谐、相互协调、相互引发，达到"思与境谐""情与景冥"，从而实现"天人合一"的艺术境界。

"中庸之道"本是华夏儒家道德的最高规范。"中庸"平衡之道作为优化决策的方法论，不论用之于翻译操作过程，还是用之于翻译理论研究，都是适宜的、得当的。且不说翻译过程中过分的"直译或意译""异化或归化""过度诠释"（over-representation）或"欠额诠释"（under-frepresentation）等都是不可取的，就是译论研究本身也宜"允执厥中"，不可走向极端。

"人本"思想是中国政治文化思想的滥觞。人生活在天地之间，自然环境之内，是整个物质世界的一部分，也就是说，人和自然环境是一个整体。因此，当自然环境发生变化时，人体也会发生与之相应的变化。华夏文明中的儒家文化，在整体功能上强调的就是有益于保持人与人，人与自然，人与身心的和谐。由于翻译理论的根本问题之一，就是如何描述和解释译者在翻译过程中所扮演的角色，译者问题就是翻译研究中的一个永恒的话题；又由于生态翻译学研究的对象之一就是"译者与翻译生态环境的相互关系问题"，因此，译者问题便成为生态翻译学研究的一个中心议题。在翻译研究中，以人为本思想的体现就是"译者主导"的理念。"译者主导"不仅主张译者是翻译的主体，回答了"谁在译"的问题；而且主张翻译过程是由"译者为中心"主导的，译者是翻译行为成功的根本因素。

中国传统文化价值具有先天的整体观、综合观、有机观、和谐观。它认为，每个人、每个生命，包括所有动物、植物都处于巨大生物链中的一环，同样，每个人、族群乃至整个人类的每个行动也都处于巨大的物质因果链和道德因果链中的一环：我们的一切行为都会产生相应的后果，它不仅会影响到我们自己，也会影响周围的一切；这些影响有可能是直接的，也可能是间接的；有可能是暂时的，也可能是长远的；有可能是眼前的，也可能是未来的。中国古有"四方上下谓之宇，往古来今谓之宙"之说。对宇宙的观点是：宇宙是至大无外的；宇宙是一个生生不已的大流（故《易传》云："生生之谓易。"）；宇宙不是一个封闭的系统，而是一个开放的、交融互摄、旁通统贯、有机联系的整体；宇宙不是孤立、静止、不变、不动或机械排列的，而是创进不息，常生常化的。中国传统文化中的精髓就在于整体性思维，它强调的是变化和变化的规律。这对于动态的翻译生态系统来说，隐喻类比的启迪意义显而易见。

以上这些包含了古典形态的"自然""生命""生存""中庸""人本""尚和""整体"等生态思想，成为孕育和形成生态翻译学的宝贵智慧资源，这些早已引起了众多国际哲学家和思想家高度重视的原始典籍，毫无疑问，也是中国学者提出生态翻译学理念的一个重要支点。

（三）"适应/选择"理论

这里的翻译"适应/选择"理论①，是借用达尔文的"适应选择"学说的原理②，经过转意和隐喻，由探讨具体翻译问题所形成的"翻译适应/选择论"。

基于"适应/选择"理论，笔者曾将翻译定义为"以译者为主导、以文本为依托、以跨文化信息转换为宗旨，翻译是译者适应翻译生态环境而对文本进行移植的选择活动"。

如图2-1所示，原文和译者周围的"虚线框"表示翻译生态环境。粗略地看，这个翻译过程示意图传达的基本意思是：翻译过程是译者对以原文为典型要件的翻译生态环境的"适应"和以译者为典型要件的翻译生态环境对译文的"选择"；此翻译过程中的翻译行为是以译者为"中心"主导的。

翻译过程中的选择性适应和适应性选择的具体特征：一是"适应"——译者对翻译生态环境的适应；二是"选择"——译者以翻译

---

① 这里的"适应/选择论"，指的不是达尔文的"适应/选择"学说的原型，而是借用该学说的原理，经过转意和隐喻，由探讨具体翻译问题所形成的"翻译适应/选择论"。由于生态翻译学是在翻译适应/选择论的基础上发展起来的，因此在生态翻译学理论构建的某些层面、某些环节，还会提到达尔文学说中的术语和内容。但是，可以显见，生态翻译学研究与其早期的"翻译适应/选择论"相比，与达尔文的学说原型已经没有那么直接的关系了。

② 达尔文的生物进化论内容很多，如包括生物变异（mutation）、物种进（evolution）、生存适应（adaptation）等。翻译适/应选择论只是借用和转意了其中一个概念，即严复译著中的术语——"物竞天择"和"适者生存"。

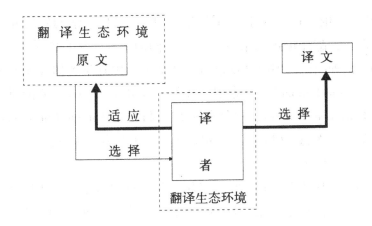

图 2 - 1　译者"适应/选择"的翻译过程

生态环境的"身份"实施对译文的选择。因此，翻译过程中的翻译被描述为译者适应和译者选择的交替循环过程。

　　翻译适应/选择论对翻译过程的解释是，翻译操作的第一个阶段是以原文为典型要件的翻译生态环境对译者的选择（即"天择"译者）。图 2 - 1 中虚框下面指向译者的箭头使用细线，意在表明它是以原文为典型要件的翻译生态环境对译者的选择，更为了衬托其上的粗线，以突出这个操作阶段也就是（通常所说的）译者对以原文为典型要件的翻译生态环境的适应。翻译操作的第二个阶段是译者在接受了翻译生态环境（即"天择"）的前提下、又转过来以翻译生态环境的"身份"实施对最终行文的选择（即"人择"译文）。以上就是翻译适应选择论对翻译过程的解释，即由"天择"到"人择"的转换过程。

　　人们常说，言语就是选择，写作就是选择，生活就是选择。在翻译界，更常说，翻译是一种选择过程。但是，这种种选择背后的机制是什么？为什么说翻译过程是"译者适应翻译生态环境对文本进行移植的选择活动"？我们现在运用"适应/选择"学说的基本原理，可以说已经将从"天择"到"人择"和从"人择"到"天择"转换互动的机理基本上弄清楚了。

三、生态翻译学的伦理原则

　　翻译作为一种跨语言、跨文化的"'以译者为主体的制度'的社会行为",与伦理有着不可分割的联系。随着当代译学的发展和翻译研究的深入,翻译伦理越来越受到学者们的关注。从总的情况来看,关于翻译伦理问题,国内外都已有一些研究。国外学者如安托万·贝尔曼(Antoine Berman)、安东尼·皮姆(Anthony Pym)、劳伦斯·温努提(Lawrence Venuti)、安德鲁·切斯特曼(Andrew Chesterman)、克里斯蒂娜·诺德(Christine Nord)等;国内学者如孙致礼、吕俊等、朱志瑜、祝朝伟等。

这些关于翻译伦理的研究大多从文化、意识形态、实践规则、职业操守等角度进行了总结和概括。各国学者从不同的角度开展研究,提出自己的看法,促进了翻译伦理研究的发展。

然而,翻译研究的深入和拓展,呼唤着不同视角的、新视角的翻译伦理探究。

一方面,生态翻译学立足于翻译生态与自然生态的同构隐喻,是一种从生态视角综观翻译的研究范式。该生态翻译研究范式以生态整体主义为理念,以东方生态智慧为依归,以"适应/选择"理论为基石,系统探究翻译生态、文本生态和"翻译群落"生态及其相互作用和相互关系,致力于从生态视角对翻译生态整体和翻译理论本体进行综观和描述。

另一方面,生态伦理即人类处理自身与其周围的动物、环境和大自然等生态环境的关系的一系列道德规范。通常是人类在进行与自然生态有关的活动中所形成的伦理关系及其调节原则。人类自然生态活动中一切涉及伦理性的方面构成了生态伦理的现实内容,包括合理指导自然生态活动、保护生态平衡与生物多样性、保护与合理使用自然资源、对影响自然生态与生态平衡的重大活动进行科学决策,以及人们保护自然生态与物种多样性的道德品质与道德责任等。

这部分内容拟类比生态伦理,参照现有研究,特别是基于翻译实际并针对生态翻译学的研究对象和主体内容,提出生态翻译学的翻译伦理观涉及的几个基本原则。

(一)"平衡和谐"原则

这里的平衡和谐,指的是综合因素的整体平衡和谐,既包括翻译生态的平衡和谐，又包括文本生态的平衡和谐，还包括"翻译群落"生态的平衡和谐；既包括跨语言、跨文化的整合与平衡，也包括内在、外在因素的整合与平衡，还包括宏观、中观、微观思维的整合与平衡。

从文本生态平衡的角度看，文本生态平衡具体包括文本的语言生态平衡、文化生态平衡、交际生态平衡等。就语言生态在文本生态平衡中的平衡而言，翻译者必须努力保持原文语言的语义与目的语之间的平衡，意义之间的平衡，原语与译语的"传神"与"达意"的平衡。原文语言与目标语言的实用价值与审美价值的平衡，原文语言风格与目标语言的平衡等。

从翻译实践验证的角度看，大凡公认的、较有影响的译品，其"双语"（原语和译语）生态的平衡也都相对处理得较好。

从过去"对等"理论的角度来研究，到目前为止各种翻译理论中，关于"对等"（equivalence）、"对应"（correspondence）[①]、"对称"（symmetry）"平等"（non-discrimination）等，已经有很长时间的研究，有的也已经渐渐形成共识。描述翻译的实质和结果可以从"双语"的语言形式、意义功能、文本信息、知识总量、交际意图，以及"诸者"关系的不同方面来入手。一言以蔽之，还是"双语"在追求这些领域之间的"平衡"的问题。

从翻译研究的需要来看，一方面，在生态翻译研究方面，生态系统最基本的特征就是"平衡"，因此这也是生态翻译学研究的核心概念。翻译生态环境在翻译文本中的作用是不言而喻的。像"no context, no text"一样，没有生态环境的翻译，也没有成功的翻译。因此，有必要保持整体翻译生态的和谐与平衡。否则，没有翻译来研究各种生态系统的平衡，生态翻译学研究也将不会健康的发展，而且不

---

① 如詹姆斯·霍姆所说，"What the translator actually achieves is not textual equivalence in any strict sense of the term, but a network of correspondences, or matchings, with a varying closeness of fit. These correspondences are of various kinds, formal, semantic, and/or functional, numetic, or analogical, and achieved at various levels of the translated text, micro, meso, and/or macrostructural. Defining the nature of these correspondences and minimum and maximum degree of fit should be a major task of the translation theorist."

可能执行和体现生态翻译以维持语言多样性和文化多样性的学术使命。另一方面，就内部生态翻译而言，翻译的生态平衡也表现为翻译生态系统诸多方面之间的让步与宽容，考虑到作者、读者、原文、翻译和其他因素、"翻译群落"生态与"文本生态"的协调与平衡，意味着译者跨越时空的界限，克服各种障碍，与作者平等对话，充分认识新时代读者的实际需求和接受能力，并寻求作者和读者之间的平衡。实现作者、译者和读者视野的整合，共同形成互利、健康有序的生态循环。

现以保持原文生态与译文生态的平衡为例。

译者在翻译活动中通过"选择性适应"和"适应性选择"，必须有责任维护和改变原文的语言生态、文化生态和交际生态；与此同时，译者通过"适应性选择"和"选择性适应"，也应该有责任在新的语言，文化和交际生态中，尽可能地使译文在译入语翻译生态环境中"生存"和"永久存在"。

我们知道，语言生态、文化生态和交际生态均有大小之分。大的语言生态可以指大语种和小语种及濒临灭绝的语种的和谐共存；小的语言生态可以指一个翻译文本内各语言要素之间的和谐关系。大的文化生态可以指优势文化、弱势文化及濒临灭绝的文化的和谐共存；小的文化生态可以指一个翻译文本内各文化要素之间的和谐关系。大的交际生态可以指国际间交往、区域间交流及个体间交际的关联与交集；小的交际生态可以指一个翻译文内交际意图和交际行为的互动关系。

可见，翻译行为中的译者，是在致力于保持原文和译文在语言、文化、交际生态中的"平衡"与"和谐"。从生态翻译学的视角来看，生态翻译堪称文本生态、翻译生态和"翻译群落"生态的"平衡术"与"和谐论"。这既是生态翻译学的主旨，也是"生态范式"翻译伦理的要则。

（二）"多维整合"原则

其主要指评判译文的标准，不再只是忠实于"原文"，也不再只是迎合"读者"，而是要在保持文本生态的基础上，为实现译文能在新的语言、文化、交际生态中"生存"和"长存"所追求的译文整合适应选择度。

　　所谓"整合适应选择度",是指译者产生译文时,在语言维、文化维、交际维等多维度的"选择性适应"和继而依此、并照顾到其他翻译生态环境因素的"适应性选择"程度的总和。在一般情况下,如果某译文的"选择性适应"和"适应性选择"的程度越高,那么,它的"整合适应选择度"也就越高;相对而言,最佳翻译就是"整合适应选择度"最高的翻译。

　　生态翻译学的翻译方法简括为"多维转换",具体落实到语言维、文化维、交际维的"三维"转换,也是以理而出,以实为据的。

　　(1)从理论角度来看,语言学的、文化学的、交际学的翻译途径是基于翻译实际的系统研究,而语言、文化、交际也一直是翻译理论家们关注的焦点。例如,从功能语言学角度来看,语言维关注的是翻译的文本语言表达,文化维关注的是翻译的语境效果,交际维关注的是翻译的人际意图,这就与韩礼德(A. Halliday)的意念功能(ideational)、人际功能(interpersonal)、语篇功能(textual)以及语场、语旨、语式等语域理论有着一定程度的关联和通融。

　　(2)从实践角度来看,语言、文化、交际一直是翻译界普遍认同的要点,是翻译过程中通常需要重点转换的视角;译者也往往是依照语言、文化、交际不同阶段或不同顺序做出适应性的选择转换。

　　(3)从逻辑角度来看,翻译是语言的转换,语言是文化的载体,文化又是交际的积淀,因而语言、文化、交际有着内在的、符合逻辑的关联,这也体现了翻译转换的基本内容。

　　(4)从保持"文本生态"的角度来看,译者通过"选择性适应"和"适应性选择"尽可能地负责维护和转换原文的语言生态、文化生态和交流生态。同时,翻译者必须通过"选择性适应"和"适应性选择",尽可能地尝试使转换后的语言生态、文化生态和交际生态在翻译的生态环境中能够"生存"和"存在"。而保持原文和译文的语言生态、文化生态和交际生态的协调平衡,这些又都与翻译操作方法中的"'三维'转换"相对应,从而最终实现原文和译文在语言、文化、交际生态中的"平衡"与"和谐"。

鉴于翻译生态环境的种种因素对译文的形成都会不同程度地起到作用、产生影响，因此，如果这些因素在译文评定的标准和做法中未能体现、缺乏显示、未予整合，那就应当看作是一种不足，因为这样既不符合翻译的实际，也有失评判的公允。正因为如此，提出"多维整合"伦理原则，对译文的评判标准和具体做法来说，从理论上和整体上予以关注，使之赋予道义和伦理责任。

（三）"多元共生"原则

"多元共生"主要指译论研究的多元和不同译本的共生（symbiosis）。

根据生态学原理，共生性是生物存在的一种基本状态，即生物间相互依存，共同发展的状态。如同自然生态中的生物多样性和生物共生性一样，多样性和共生性体现了各个事物个性的千差万别而又共生共存。同样，以生态整体论和生态理性为指导的生态翻译学，倡导翻译理论研究的多元化和不同译本的共生共存，而且，翻译理论研究的多元化和不同译本的共生共存，也应该成为翻译学发展的一种常态。同时，多元的翻译理论和不同的翻译文本在翻译生态环境中会遵循"适者生存""优胜劣汰"的自然法则，不断进化发展。

一方面，译论研究就是一种学术研究，而学术研究就要讲求"同而且异"。中国早就有"天下同归而殊途，一致而百虑"（《周易·系辞》）；"君子以同而异"（《睽卦·象传》）的古训。因此，译论研究讲求多元，既符合翻译理论研究的现实，又符合华夏学术伦理的传统。而美国学者劳伦斯·温努提也提出过"存异伦理"的概念，并认为"异化"是道德的，差异是对文化者的"尊重"。

可以说，译论研究"多元"的伦理，体现了对翻译理论研究者"构建权"的尊重。

另一方面，文本生态、翻译生态、"翻译群落"生态的生态环境是动态的、变化的。因此，为了适应不同层次翻译生态环境的种种变化；或者为了保持文本生态、翻译生态、"翻译群落"生态的平衡与协调，翻译活动中不同翻译文本的共生共存是翻译活动中的"自然现象"，是翻译行为的一种常态。

在这方面，不同翻译文本共生共存的生态翻译伦理原则恰好印证了这样一个事实："适者生存""汰弱留强"的自然法则在人文研究领域里与在自然界里的情形是不完全相同的。这就是自然界里的物种（动物和植物）适应自然环境、接受"自然选择"的"淘汰"是绝对的，是生物物种意义上的"绝迹""消失""灭绝"，例如恐龙的灭绝、南极狼的绝迹、种子蕨的消失等。然而，翻译界里译者/译品适应翻译生态环境、接受翻译生态环境选择的"淘汰"则是相对的，是人类行为意义上的"失意""落选""舍去""取代""未中""失落"等等。这就是说，翻译活动中译者或译品的所谓"适"或"不适"、"强"或"弱"，都不是绝对的，而是相对的。同时，不同的译本、不同的译文，由于它们适应了不同的翻译目的、不同的读者对象，因而又有可能共生共存。这里的"汰弱留强"和"共生共存"都是符合生态学的基本原理的。

可以说，翻译文本的"共生"伦理，又体现了人们对不同译本共生共存"翻译权"的尊重。

（四）"译者责任"原则

这是相对于"他者"的责任而言的。主要指译者要在翻译过程中、在翻译行为中以及在整个翻译活动中的"全责"理念，即由译者具体负责统筹协调"翻译群落"（人）、"翻译环境"（境）、"翻译文本"（本）三者之间的相互关系，从而通过"译者责任"来体现"人、境、本"关联互动、平衡和谐的翻译生态整体观。

关于译者责任，翻译界也早有说法。翻译理论家劳伦斯·温努提在其《译者的隐身：一部翻译史》（*The Translator's Invisibility*：*A History of Translation*）一书中就明确提出了译者的"责任"问题。翻译理论家安德鲁·切斯特曼在其《圣哲罗姆誓约之倡议》（Proposal for A Hieronymic Oath）一文中阐述了翻译的承诺伦理（Translational ethics of commitment）。德国学者克里斯蒂娜·诺德还提出，翻译目的受制于

"译者对翻译这一活动中的合作伙伴的责任";"体现的是译者对翻译这种多方互动合作的交际行为中涉及其他参与方的责任"。中国学者许钧指出,"一个有责任心的译者往往充分发挥自己的主观能动性,化冲突为和谐,在归化和异化的两极中寻找一个平衡的度。"孙致礼还就翻译伦理问题专文阐述了译者的职责。

诚然,在翻译活动中,在翻译生态中,译者虽然只是一个普通的成员,虽然会需要与不同的他者进行"平等对话"和对等交流,也可能会受到种种"影响""操纵""制约"和"干涉";然而,作为翻译活动中的译者,他或她需要对所面对的一切做出自己的"选择",需要对翻译中的一切做出符合生态理性的判断;需要对所面对的一切"他者"承担"译者责任"。翻译毕竟并非单向的语言文化输入,而是两种语言文化之间差异的对话,译者有责任在适宜的程度上保证原语生态与译语生态的平衡和"中立",从而使原语语言文化在译语语言文化中发出其独特而和谐的声音。

同样地,尽管译者是"翻译群落"中的一员,与"翻译群落"中的其他成员是一种"平等对话"① 的关系,但其他成员都不直接参与翻译过程,都不具体实施翻译行为。因此,只有作为"翻译群落"代表的译者,才能够具体负责统筹协调"翻译环境"(译境)、"翻译文本"(译本)、"翻译群落"(译者行为)三者之间的相互关系,从而通过"译者责任"来体现"人境、本"关联互动、平衡和谐的翻译生态整体观。从这个意义上我们说,翻译过程中的"译者中心""译者主导"又只是"译者责任"的生态翻译伦理原则在翻译过程、译者行为方面的一种体现。

这是因为,只有译者或只有通过译者,才能切实践行"生态整体主义";只有译者或通过译者,才能真正彰显生态理性。而从翻译伦理角度来看,在翻译过程中、在翻译行为层面的"译者中心""译者主导",到了宏观的层面,到了伦理的层面,则更多地表现为译者的

---

① "平等对话"是一种态度,一种方式;而"译者责任"则是一种落实,一种结果。对翻译而言,需要协商对话的人会很多,受到的"干涉""操纵"也不会少,但最终的"责任人"只有一个,那就是译者。

"责任"。

在"翻译群落"生态系统中，译者负责协调各方关系，有责任维护生态平衡，有责任践行生态理性，有责任维护生态和谐。翻译人员负责适应生态环境，培养翻译语言生态，注重翻译品的接受和传播，努力使翻译品"生存"和"永久"成为可能。也就是说，翻译者通过"翻译责任"的伦理原则体现翻译生态系统中翻译与生态和谐的整体生态概念。也可以说翻译只承担所有"他人"的责任，包括翻译文本、"翻译群落"和翻译生态环境。从生态整体主义和生态理性的角度审视自己和"他人"之间的关系，这种关系可以提高对翻译活动的责任意识。

生态翻译学讲求的是翻译生态的整体性和关联性，关注的是翻译生态的平衡与和谐。但是，归根结底，要由谁来具体实施、践行、保持这一翻译活动的状态呢？只有以译者为代表的"翻译群落"才能实施，只有译者才能践行，只有译者与其他"诸者"沟通协调才能维持，这是译者的责任！从这个意义上可以说，翻译本体和关于翻译问题研究的一切理性的思考，一切高超的设计，一切精辟的论述，一切美好的愿望，所有这些都只有转变为译者的意识才有意义，只有转变为译者的能力才能生效，只有转变为译者的义务才能落实，只有转变为译者的责任才能成行。舍此，都会大打折扣，甚至沦为空谈。

从一定意义上讲，生态翻译伦理其实就是一种新的"译者责任"伦理。生态翻译学将"译者责任"厘定为一条重要的伦理原则，正是基于此，这条翻译伦理原则的昭示，也可谓之以实为据，以理而出。

以上讲述的生态翻译学的伦理原则表明，生态翻译的伦理原则与生态翻译学的基本定位、性质、对象和内容是密切相关的、协调一致的。笔者认为，关于生态翻译伦理研究，可以进一步展开，也还有进一步深化和完善的空间。同时，生态翻译伦理研究也是多维度的、开放性的，"多元共生"原则也同样适用于此。

第三节　生态翻译学理论体系

在对生态翻译学理论体系的研究中，将从宏观视角的生态翻译体系和中观视角的描述性生态翻译本体理论两个方面来进行阐述。

一、宏观视角的生态翻译体系

在生态翻译学宏观生态理念的统领和观照之下，我们将聚焦与翻译活动密切相关的语言学、文化学，以及交际学、人类学、生态学等学科研究进行的"跨科际"整合，即回归于翻译学的本体研究。

（一）复杂思维、复合系统与翻译研究的"跨学科性"

1. 复杂思维

"复杂思维是一种联络人文科学和自然科学、消除人文科学和自然科学之间差距的方法"，这就是复杂系统的探究方法。但是"复杂性思维系统的研究方法一般是通过整体思维、非线性思维、过程思维、关系思维作为主要特点的研究事物运动规律的方法"。

复杂思维方式共有八个特点，分别是：①当一种方法具有复杂性的时候，此时这种方法才可能发挥作用。②可操作性原理是这种方法要提供的，这对自在思考有所帮助。③方法是一种行动策略，并不是一种规划，逐渐地在现实的反馈中进行修整。④时间具有不可逆性的特点，承认这一特性有助于将历史过程当作对现有事件进行解释的关键条件之一。⑤注重事物的相互关联性和整体系统的认知，这个过程包括反馈、互为因果性、随机性、干扰、滞后、紊乱、叠加、协同作用、重新定向和分叉突变等。⑥注重认知对象和其所在的环境之间的联系。⑦强调观察对象和观察主体二者之间的关联性原则。⑧在复杂系统中承认形式逻辑具有一定的局限性，将观察中发现的逻辑困境和矛盾当作未知的现实领域。复杂的推理原则涵盖着竞争、对立和互补概念的共时性。

这种翻译研究综合了文化学、语言学、交际学、传播学、人类学、方法论知识、哲学、学科发展理论、思维学及心理学等人文社科知识，这其中包括多种要素，如源语符号系统、采取的渠道、原文作者、译者主体、源语要传递的内容、译者采用的语言符号系统、译语要传递的内容、译文的接受者、原文的接受者等，也许翻译是人世间最复杂的事情，所以，可以使用复杂性思维范式，进而系统地进行研究。

2. 复杂系统

复杂性科学给我们提供了一种崭新的世界观。

复杂科学中复杂系统的描述性定义是，复杂系统是基于主体的本地信息的二次系统的智能自适应数量。

基于上述定义，可以理解复杂的系统：

（1）它不是简单系统，也不是随机系统。

（2）它是一个复合的系统，而不是纷繁的系统。

（3）复杂系统是一个非线性系统。

（4）在复杂系统之间，有许多子系统，这些子系统相互依赖，子系统之间还有协同作用，可以一起演化。在复杂的系统中，子系统分为很多层次，大小也各不相同。

由于生态系统多维度、多层次的内嵌性，同时又具有层次关系，因此，在大系统之下会有子系统，子系统之下又会有子系统，但无论是从翻译生态体系到不同生态子系统，也无论是从不同生态子系统的内部结构和内在联系，到各生态子系统之间的"关联互动"关系，这里的系统设计和描述，总体的指导思想是遵循基本生态原理，符合生态理性特征。

3. 翻译研究的"跨学科性"

最早在20世纪20年代"跨学科"一词在纽约出现，"跨学科"最初的含义和"合作研究"相类似。"交叉科学大会"于1985年在中国召开，自此"交叉科学"的概念在科学界广为传播。在早期阶段，人们对跨学科和交叉科学这两个概念不做细致区别。从20世纪90年代后，"交叉学科"逐渐被"跨学科"一词所代替。到目前为止，交叉学科研究仍然属于跨学科研究的最初阶段，原因是这样的，研究仍然局限在已有的学科中，而学科都是人为设置的，所以，要想研究取得进一步发展，就一定要打破学科划分所产生的界限，走向更高境界和更大范围的跨学科性的探索。

通过超越过去的条分缕析的探究方式，进而实现对问题进行整合性探索，这是跨学科的主要目的。目前看来，在国际上具有一定发展前景的新兴学科大都具有跨学科性质。

大部分的传统翻译探究还停留在二元对立思维模式，基本就是围绕翻译四元素——译者、作者、译本和原本而展开，同时解构主义的产生和发展促使翻译探究打破了二元对立的屏障，丰富和完善了译学的学科体系。从译论发展史全局来看，能够得出译学学科要建立和不断完善，译学研究要想发展，就必须要向跨学科综合发展。

西方翻译学研究从 20 世纪 50 年代末至今，最终发展到了跨学科研究的新阶段，不难看出，目前为止翻译学研究已经变成多门学科研究范式的集合体。

通过对"自然界、翻译、文化、语言、人类"的"关联序链"的探索，生态翻译学发现了生物自然界和翻译活动之间的关系，还有和人类社会系统相互关联、与自然生态系统的类似同构的规律和特点。这就不仅为翻译研究的"跨学科"研究寻找到了理论依据，而且也为深入翻译研究开辟了新的方向。

（二）翻译本体生态系统的"科际"整合

1. 科际研究的"关联互动"

以"关联序链"为线索，"按图索骥"地展开相关研究，采用相互照应和分项研究，基本就可以对生态系统进行各相关学科探究的纵观和系统的整合。

从一个角度看来，研究生物体和生物体所在环境之间相互作用的科学是"生态学"。所以，翻译研究从生态学视角展开，翻译研究的内容会涵盖翻译自然生态系统和生态系统之间的类似性、同构性和关联性的探索；译者与翻译生态环境二者之间关系的探究；作者、读者、出版者、出资者、译评者等与翻译生态环境两个角度之间关系的探索；翻译实质、翻译过程、翻译原则、翻译方法、翻译标准等之间相互关系研究；翻译生态系统的内部结构的探索；在自然生态系统中翻译的作用和地位的探索；翻译和其他学科之间的相互关联的探索，还有从生态学维度着眼其他的和翻译生态系统有关联的相关探究。从另一个角度看，基于整体主义的科学，"生态学"的研究方法注重相互关联、相互作用的整体性。所以，生态翻译学研究将采用分析例证和综合论证二者结合的方式展开探究。注重整体研究的互动关联和协调梳理分项专题探究，是进行实施时的具体方法。

翻译本体生态系统具体的"跨科际"研究内容包括：从语言学视角的研究出发，在翻译本体生态系统中，"因为语言的转换是翻译"，所以，对语篇进行"生态取向"的功能/语用学/认知分析探究；语言与翻译生态的关系探究；生态语汇的翻译探究，还有从语言学维度为出发点的其他和翻译生态系统相关的探究，这些是语言学视角的研究中应当包含的。

从文化学视角的研究出发，在翻译本体生态系统中，"因为语言的转换是翻译，文化所包含的一部分是语言"，所以，"生态取向"的跨文化差异/契合/冲突/制约研究；翻译生态系统的文化语境研究；翻译生态环境和文化多样性的探究，还有其他从文化学角度出发的和翻译生态系统有关的相关研究，这些是文化学视角的研究应当包括的。

从人类学视角的研究出发，在翻译本体生态系统中，"因为语言的转换是翻译，文化的一部分是语言；通过人类活动的不断升华总结而形成文化，而人类又是自然界的一分子"，所以，人类学视角的研究应当包括翻译与人类认知演变研究；人类记忆与翻译（尤其是口译）研究；译者的需要/情感/欲望/能力研究；译者的生存境遇/译者能力发展研究；翻译与人类交际研究；翻译使命与人类文明研究；生态翻译与生态文明的关系研究；翻译与全球化研究，其与翻译生态系统有关的从人类学维度着眼的相关研究。

从生态学视角的研究出发，生态学视角的研究应当包括译者与翻译生态环境的相互关系研究；作者/读者/出资者/出版者/译评者等

"诸者"即"翻译与翻译生态环境的相互关系研究；翻译生态群落"系统的内部结构及其相互关系研究；翻译实质/翻译过程/翻译原则/翻译方法/翻译标准等之间相互关系研究；翻译在整个自然生态系统中的地位和作用研究；翻译对其他学科的相互关系和依赖关系研究，以及其他与翻译生态系统有关的从生态学维度着眼的相关研究。

从翻译学视角的研究出发，翻译学视角的研究应当包括翻译生态系统的整体性研究；翻译/语言/文化/人类/自然界之间的协调性研究；翻译生态系统的最佳化研究；生态学途径的翻译研究与其它途径翻译研究的对比性研究，以及其它与翻译生态系统有关的从翻译学维度着眼的相关研究。

2. 以生态为视角的综观整合

就其他各学科来说生态学具有概括、包含的意义，生态学是综合学科、是一门"元学科"。因此，这使得生态翻译学对与翻译相关学科的综观整合可以实施。或者说，以生态视角为基础，进行翻译研究的整合，或是成为具有关键意义的转折、节点。

在"关联序链"的基础上具备的互动性、共通性和递进性的特征，在生态学的观照和统领之下，生态翻译学将从与翻译活动紧密相关的人类交际、语言、文化等视角进行描述、开展研究，最后进行从翻译学视角出发的研究。

从生态视角出发，对翻译本体生态系统进行"整合"，这样的整合是一种"多元一体式"的整合。它不仅仅体现了研究视角的交集和思维方式的整合，同时表现为"科际"探索的汇通。从生态视角出发，这里对翻译本体生态系统进行整合，也符合"多元一体"和"多样统一"的生态审美原则与生态理念。因为生态学本身就是"一种方法论和世界观"，所以，从这个角度上来看，这一整合将会具有整体主义的方法论意义。

二、中观视角的描述性生态翻译本体理论

在中观的翻译本体理论研究中，生态翻译学致力于认识翻译本质、

描述翻译过程、明确翻译原则、彰显翻译主体、厘定翻译标准、回归"译有所为"等。

（一）生态翻译学视域下的"何为译"

生态翻译学的核心理念之一即强调翻译生态平衡。可以说，生态翻译学其实就是一种"翻译即生态平衡"的翻译观；而翻译的策略与技巧，其实就是翻译的"平衡术"。

1. 生态翻译学视角的翻译理解

尽管前述的翻译定义林林总总、门类繁多，却是几乎没有把翻译生态、文本生态和"翻译群落"生态作为研究对象的翻译研究；换句话说，现有的翻译定义中，更多地侧重在"语"或"本"，是翻译的功能或效果，而不是生态视角的系统研究，也不是以译者为代表的"翻译群落"的"生存"和"发展"的人类行为研究。

事实上，生命科学已成为当代的领先科学。据美国《科学》杂志2006—2008 年度评选年度世界十大科技进展报告的统计，生命科学每年均占 60% 以上的份额。这意味着生命科学持续而有力地推动着当代科学的进步，在很大程度上正影响着当今人类文明的进程。

生命科学是以生命物质为研究对象的自然科学的总称。它的迅猛发展带动了自然科学许多领域，同时对人文学科也产生了深远的影响。生态学是生命科学的分支学科之一，现在已有许多人文学科与之交叉，例如，生态经济学、生态伦理学、生态人类学、生态美学、生态哲学等。而近十年来在胡庚申教授的创导下，生态翻译学也已呈散发之势。

谈到从"生态""生命""生存"的视角来系统地审视和解读翻译行为者，我们知道，生态翻译学的一些概念来源于对自然生态系统的理解；又是在翻译适应选择论的基础上发展起来的。生态翻译学借用、移植、类比"适者生存"的基本原理，将这种原理嵌入翻译生态系统，使这种原理"翻译群落"与生俱来的生存意识相关联。换句话说，利用"适者生存"基本原理的杠杆作用把生存系统的思考和思考的生存系统用于翻译实践中——这是翻译成功的内在的和永恒的动力，也是回归于"翻译群落"生存、发展的原始目标，因为"中国文化在开端处的着眼点是生命"。而"生态""生存""生命"又是生态学的命脉。

从生命在特定生态环境中的生存与发展的视角考察翻译，可以说，一切为译者生存与发展所利用的信息、人员、能量、时间、空间，都可以视为译者的翻译生态资源。从"生命""生存"和"生态"发展的意义上又可以说，翻译活动的实质就是译者对翻译生态资源的利用、评价、分配、储存、加工、支配和再生的过程。在这个过程中，译者的适应和译者的选择交替进行。这一循环过程内部的关系是：适应的目的是求存、生效，适应的手段是优化选择；而选择的法则是"汰弱留强""求存择优"。正如社会学家钱津所言："生存的选择孕育着人间的无比生动的丰富性"。

"自然选择"是一个双向的过程，生物选择适合自己生存的环境，以求"适者生存"；环境以自身的调节作用，选择构成环境各种因素，以求达到平衡。因为无论是生态环境，还是宇宙的大环境，它们原本就是一个动态平衡体系，它们之所以能够以这种方式存在，就是它们具有维持这种动态平衡的内在运行机制，这就是它们的自然规律。

罗森纳·沃伦（Rosanna Warren）1989 年提出，翻译"是一种认知和生存模式。当把文学作品从一种语言移植到另一种语言的时候，就像把植物或动物，从一个地方迁移到另一个地方，它们必须像个人或民族的'适应'和成长那样，只有适应新环境而有所改变才能生存下来"。安德烈，勒菲费尔（Andre Lefevere）与苏珊·巴斯内特（Susan Bassnett）于 1990 年提出了著名的"文化转向"命题，多次将翻译的语境描述为"文化环境"；并使用"发现树木生存之地"、"描述植物生长之状"等生态类比翻译研究中语言学家的探索行为。

事实上，"不管是科学的还是艺术的——都是在选择性模仿"。美国的心理学家詹姆斯·鲍德温（James Baldwin, 1909）也指出："自然选择绝不只是一个生物学定律；作为一个定律，它同样适用于其他所有有关生命和心灵的科学。"毫无疑问，"自然选择也同样适用于谜米的模仿活动中，因为在错综复杂的大千世界中，通过自然选择，如斯金纳所言'有些行为在积极意义上被选择了，而另一种行为则被淘汰'"。

简言之，我们说，生态翻译学的真谛在于关注"生态""生命"和"生存"；在于保持文本生态的平衡和关注原文的生命在译语环境中的生存和长存；在于译者在特定翻译生态中的生存与发展；在于保持翻译生态、文本生态、"翻译群落"生态的稳定、协调、平衡、和谐。

2. 翻译即文本移植

"生态翻译"是从生态角度综合观察和描述翻译的总称。这是一个内涵丰富的整体概念。例如，它可以从生态学的角度来纵观整体翻译。它也意味着用自然生态隐喻来翻译生态；它可以指生态适应方面来对翻译文本的选择，也可以指生态伦理的方面来规范"翻译群落"，也包括用生态概念来选择生态翻译文本并翻译自然生态世界。

但是，如果单一地从文本角度来看，生态翻译也可以狭义地指基于原语生态和译语生态的"文本移植"。从这个意义上可以说，翻译就是将一种语言生态系统里的文本移植到另一种语言生态系统中去。

关于"移植"，翻译界已有不同的说法。翻译理论家罗森娜·沃伦（Rosanna Warren）在她主编的文集《翻译的艺术：译苑之声》的引言中说过，"翻译是一种认知和生存模式，当将文学作品从一种语言移植到另一种语言时，比如将植物或动物从一个地方移动到另一个地方时，它们必须像个人或民族那样'适应'和成长，只适应新的生存环境才可以长期生存下来"。苏珊·巴斯内特等人也有类似的说法。如在埃德温·根茨勒为她和安德烈·勒菲费尔合编的《文化建构》（*Constructing Cultures*）一书所写的序言中就提出，"巴斯内特建议，我们可以考虑使用'种子移植'的术语；种子已经'移植'，便能苗壮生长"。而国内关于"文化移植"的研究近年来也没有间断过。但生态翻译学里所说的是"文本移植"，不仅涵盖应当更广一些；而且"移植"一词的使用与翻译生态环境是一致的，因此，它既是生态翻译学里的一个专门术语，又是生态翻译学里的一个核心理念。

我们所说的"文本移植"，是生态翻译学关于翻译本质的认识，它关注的重点是文本（原文）内在的"可移植性"（transplantability）。

具体来说，在移植实施之前，重点关注原文生态结构的可移植性，并由此来对拟翻译的文本进行选择；在移植过程之中，重点关注文本的语言生态移植、文化生态移植和交际生态移植，并关注译语翻译生态环境的"重构"和翻译生态的"再建"；在移植完成之后，重点关注被移植的文本（译本）在译语生态环境里的生命状态，并关注培育译语生态环境以便使被移植的文本能够生存、长存。

翻译文本的生存，体现了翻译活动的最终结果，因此翻译文本的生存状态必然是生态翻译学研究的重点之一。这里的生存状态研究指向被移植文本的多元化生存、译本的生存状态与受众群体关系、译本在译语生态环境中的接受与传播、译语译本与原文本在生存状态上的关系、译本与译语生态环境的关系、译本与时间因素在生存上的关联、被移植文本在译语生态环境中的"变异"，以及其他翻译生态环境下文本的移植、生存、长存的一切生命状态等。从这个意义上说，生态翻译学所观照的不仅是"译入"或"外译中"的问题，而且也观照了"译出"或"中译外"的问题，即不仅适于"西学东渐"，同时也适于"东学西渐"的翻译活动。

原语的文本生态系统涉及原语系统里的语言生态、文化生态、交际生态等；译语的文本生态系统涉及译语系统里的语言生态、文化生态、交际生态等。因此，在做生态翻译的文本移植时，要从原作内在的生态结构出发，对拟翻译作品进行选择，并且在翻译的过程中依循原作固有的生态结构来在另一种语言中进行再现。换句话说，在做生态翻译的文本移植时，译者所能做的就是，在维持原语生态和译语生态方面尽责任；在协调原语生态和译语生态方面动脑筋；在平衡原语生态和译语生态方面做文章；在译语生态系统中营造（重构）原语生态环境方面下工夫。

这里，对原语生态和译语生态来说，首先要求"维持"，维持不了需要"协调"；协调的目的在于"平衡"，难以平衡而又要文本移植、翻译转换者，就需要营造和"重构"，即需要在译语系统里创建一个与原语生态相适应的生态环境，需要通过译者的努力乃至通过技术手段"复活"结晶了原作的那个原语系统的世界，从而使译文能够在新的译语生态环境中生存、长存。

3. 翻译即适应或选择

对于生存，适应是必需的；对于进化（发展），选择是不可或缺的。

我们曾从翻译适应选择论的视角解读翻译：翻译的过程就是译者的一种自觉或不自觉的、被翻译生态环境因素所左右的选择活动。这样的选择发生在翻译活动的各个方面，存在于翻译过程的各个阶段，出现在翻译转换的各个层次。这种选择背后的机制和动机，就正是"适者生存""汰弱留强"。

换句话说，不论是生态翻译中的"翻译即生态平衡"，还是"翻译即文本移植"，最终还要有赖于译者的选择性适应与适应性选择——即译者的适应与选择。究其原因，生态平衡、文本移植、译者选择三者之间是一种递进的、因果的、互动的关系。例如，从语言维的适应性选择转换来审视翻译，原语和译语之间的语言同质性为译者翻译过程中的语言置换奠定了基础，而语言的异质性又会迫使译者依据翻译生态环境做出适应性选择。如果将原语语言原封不动地移植到译语产出的译文中，那么，就往往会造成晦涩难懂或违背译语语言规范以至于受到排斥。这时就需要能够尽量保持原语和译语在词汇、句法、语篇文体、语用乃至节奏、音调等方面的协调和平衡。而要实现这种协调和平衡，这时就需要译者依据原语和译语不同的翻译生态环境做出各种不同的选择性适应与适应性选择。

因此，所谓"翻译即适应与选择"，就是译者的选择性适应与译者的适应性选择。一方面，当翻译中的"信/达/雅"难以兼得、"神似/形似"难以统筹、"意美/形美/音美"难以共享的时候，其中的孰轻孰重、孰薄孰厚、孰弱孰强，翻译者最终必须能够在译者对特定翻译生态环境的选择性适应的基础上作出独立的判断，由翻译者自己做出适应性的选择。

另一方面，对翻译行为的理解和实施，不管是"文化适应"还是"有目的的行动"；也不论是"多元系统"认知，还是"意识形态操纵"，对于其中的解读、领悟、操作，应用，等等，最终要靠译者在选择性适应特定翻译生态环境的基础上，由译者自主地做出判断、由译者自主地做出适应性选择。例如，中国作家莫言在国际文坛上获得诺贝尔文学奖，而英语翻译员葛浩文（Howard Goldblatt）的翻译并不是逐字逐句逐段翻译，而是边翻译边改动地翻译。这里的翻译方式就是译者运用"适应与选择"翻译生态环境所做的选择。

以上就是"翻译即适应与选择"的真谛，亦即翻译的过程就是"译者适应翻译生态环境对文本进行移植的选择活动"的本质。关于译者在翻译过程中的适应与选择，《翻译适应选择论》一书中已有详解，此处不再赘述。

最后，我们可以从生态翻译学视角对"生态翻译"的理解和认识做如下总结：

所谓"生态翻译"，它是以生态视角综观和描述翻译的总称，是个整体概念，内涵丰厚。具体来说，生态翻译，既可以指以生态视角综观翻译整体，也可以指以自然生态隐喻翻译生态；既可以指维护翻译语言和翻译文化的多样性，也可以指运用翻译促进生态环境保护和生态文明发展；既可以指以生态适应来选择翻译文本，也可以指以生态伦理来规范"翻译群落"；当然也会包含以生态理念来选择生态翻译文本以及翻译生态自然世界，等等。如果单一地从文本角度来看，生态翻译也可以指基于原语生态和译语生态的"文本移植"。

（二）译者对翻译生态环境的适应与构建

译者与翻译生态环境的关系，主要集中在翻译生态环境对译者的生态作用、译者对翻译生态环境的适应与选择，以及译者对翻译生态环境的改造与重构作用等几个方面。

首先，译者的生存与发展与他／她所处翻译生态环境发生密切关系。译者的生存与发展一刻也离不开他／她所处的翻译生态环境。译者要从生态翻译环境中取得他／她所需要的一切，包括"原文、原语和译语所呈现的世界，即语言、交际、文化、社会，以及作者、读者、委托者等互联互动的整体"。这可称之为翻译生态环境对译者的所谓"生态作用"。

其次，翻译生态环境的变化，必然影响与其关系密切的译者。具体来说，翻译生态环境的变化，译者在产生译文过程中又必然会在词汇、句式、语篇、语用、风格、文化、交际等不同层面上反映出来，即翻译生态环境的变化必然影响和限制翻译策略的选择；或者说，翻译策略的选择必然要跟随翻译生态环境的变化而变化。接受这种影响和限制，又可称之为所谓的译者"生态适应"。

最后，译者对翻译生态环境的改造与重构作用也是巨大的。一个成功的译者会重视"生态作用"，接受"生态适应"，进而能动地在不同的翻译生态环境中选择不同的翻译策略和标准来实现自己的翻译目的。同时，译者又在翻译生态系统的适应与选择过程中，创造出各种各样的翻译策略和技巧，形成丰富多彩的真知灼见，进而能动地调节、操纵、建构和促进生态翻译环境的变化。换句话说，一切为译者生存与发展所利用的信息、人员、能量、时间、空间，都可以视为译者和翻译生态资源。从这个意义上可以说，翻译的实质就是译者对翻译生态资源的利用、评价、分配、储存、加工、支配和再生的过程；其目的在于尽量保持原文生态与译文生态的协调与平衡，并通过译者的努力和译品的功能实现"译有所为"。

在翻译适应选择论基础上发展起来的生态翻译学，就是要研究译者对翻译生态环境的适应力与选择力、操纵力和调节力；就是要研究特定翻译生态环境影响下的译者能力、翻译行为，以及翻译效果问题。

（三）译者、"翻译群落"与"翻译群落"生态

我们知道，"翻译群落"指的是与特定翻译活动的发生、发展、操作、结果、功能、效果等彼此影响相互作用的、与翻译活动整体相关的"诸者"的集合体。它是一个关于"人"的集合体。在这个集合体中，包括原文作者、译文读者、译品评论者、译文审查者、译著出版者、营销者、译事赞助者或委托者等，而作为翻译活动，译者又自然地成为了这个群体的代表。

翻译群落是翻译生态体系中的重要组成部分。用生态学的术语来说，即翻译生态群落，它可以由生产者、消费者、分解者所构成。其

生产者可以指译者，是翻译产品的创造者，在翻译群落中居于最中心的位置；消费者可以包括译者和译本的读者，是翻译产品的享受者；分解者则是翻译研究者。因此，与翻译相关的"诸者"，即包括原文作者、译文读者、译品评论者、译文审查者、译著出版者、营销者、译事赞助者或委托者等在内的"诸者"，他们相互关联、相互制约，构成一个整体翻译生态体系中的"人本"（person-oriented）生态系统，即"翻译群落"的生态系统。

在"翻译群落"生态系统中，作为"翻译群落"的代表，译者有责任协调各方关系（包括"翻译群落"内部"诸者"之间的人际关系），有责任践行生态理性，有责任保持生态平衡，有责任维护生态和谐。而应当进一步强调的是，译者正是通过"译者责任"的伦理原则来体现翻译生态体系中各个生态系统平衡和谐的翻译生态整体观。只有这样，译者才能通过对包括翻译生态、文本生态和"翻译群落"生态在内的一切"他者"承担责任，才能从生态整体主义和生态理性的视角审视自己与一切"他者"的关系，也才能将一种更大的责任意识融入翻译活动之中。

（四）文本移植与生态平衡

"翻译即生态平衡"和"翻译即文本移植"，如果从翻译理念上讲，可以认为是对翻译实质的概括的认知；而如果从翻译行为和翻译操作上讲，又可以认为是关于翻译的策略或方法。那么，为什么对翻译实质的认识反过来又可以成为翻译的策略技巧呢？这一点不仅因为对翻译实质的认识与翻译策略技巧的选用密切相关——你怎样看翻译，你就会怎样做翻译；而且也因为看问题的角度不同所致。例如，我国著名翻译家严复提出的"信达雅"，如果单从翻译标准角度来讲，可以把"信达雅"看作是翻译的标准或翻译批评的标准；但如果从翻译方法的角度来看，"信达雅"则又可以作为翻译方法在翻译操作中加以参照和实施。这样一来，生态翻译学中的"翻译即生态平衡"和"翻译即文本移植"的翻译理念和认知，也可以作为翻译的策略或方法加以运用——即将原语的文本"原汁原味"地移植到译语中去，使包括语言生态、文化生态、交际生态等在内的原语与译语的生态保持平衡一致。

例如，为了维持与平衡原文和译文的"基因"和"血液"，使原文的基因和血液在译文里依然流淌并得到体现，作为生态翻译的策略选择，译者可以采用高度"依归"式的翻译策略处理文本。所谓高度"依归"式的翻译策略，从生态翻译学的视角来解读，其实就是在翻译过程中译者尽量地适应和依归于原语生态环境（基于原语"原生态"）来选择译文；或者，尽量地适应和依归于译语生态环境（基于译语"原生态"）来选择译文。比如将 to shed crocodile's tears 汉译为"流下鳄鱼的眼泪"；将 to carry coals to Newcastle 译为"运煤到纽卡斯尔"；或将"狗咬狗"英译为 dog eats dog；将"风声雨声读书声，声声入耳；家事国事天下事，事事关心"译为 The sound of wind, of rain, and of reading aloud, all fall upon my ears；The affairs of the state, of the family, and of the world are all my concerns 等，这些都可以看作是一种高度"依归"式的翻译处理。

又例如，为了维持、协调、平衡、重构与原语生态相适应的生态环境，译者翻译时可以先将自己头脑里原有的"生态"尽量地"变换"乃至"掏空"，从而在译语里植入新的、与原语生态相适应的生态环境。

再如，为了平衡原语生态与译语生态，针对译语生态中的某些欠缺、不足部分，译者就要做出"选择性的适应"和"适应性的选择"，创造性地进行"增译""加注说明""补充信息"，或"删繁就简"，或"添枝加叶"等，这样的一些翻译行为，用生态翻译学的术语来说，实际上就是在译语生态里做"平衡"工作，就是在译语生态里建构、修复和调适能够使译文存活、生长、乃至长存的生态环境。

上述理念表明，翻译过程中的译者适应与选择，就是译者从原文内在的生态结构出发，对拟翻译的文本进行选择，并且在翻译的过程中依循原文固有的生态结构在另一种语言系统中进行再现。

（五）生态翻译策略的优化选择

译者对生态翻译策略与方法的优化选择，主要表现为译者在适应翻译生态环境的变化的前提下，为获得较高"整合适应选择度"而对翻译策略与技巧进行优化的变换使用。

一般来说，直译、语义翻译和异化翻译三者之间的共同之处是比较靠近原文；而意译、交际翻译和归化翻译三者之间的共同点是比较靠近目的语或目的语读者。虽然有交叉重叠的地方，但是也有区别。

从生态翻译学的角度来看，译者面对原语生态和译语生态的制约，可以视为译者在适应翻译生态环境的前提下，主动地选择服从或颠覆原文文本制约或译语文化支配的程度——从完全服从或颠覆，到部分服从或颠覆，即可视为译者为适应翻译生态环境所做的不同翻译策略的选择，亦即对翻译生态环境适应度的选择。因此，从生态翻译学视角来解释，不论是异化还是归化，不论是直译还是意译，不论是语义翻译还是交际翻译，也不论是"形式对等"还是"功能对等"，这些翻译策略和方法，都可以看作是译者为了适应翻译生态环境所做出的一种翻译策略的选择。由于翻译适应选择的理论既不是从作者/原文的角度、又不是从译文/读者的角度定义翻译，而是从译者的角度定义翻译的，即将翻译定义为"以译者为主导、以文本为依托、以跨文化信息转换为宗旨，翻译是译者适应翻译生态环境而对文本进行移植的选择活动"。因此，类似异化还是归化好、或者是该直译还是该意译的问题，我们都可以把它解释为：择善而从 一，即译者为"求存"而"择优"。从译者适应与选择的角度来解释上述问题的道理可以说是简单的：由于翻译定义为"以译者为主导、以文本为依托、以跨文化信息转换为宗旨，翻译是译者适应翻译生态环境而对文本进行移植的选择活动"，而包括社会、文化、诸"者"等在内的翻译生态环境又是在不断地、动态地变化之中，为了适应动态的、不断变化的翻译生态环境，译者在归化和异化、或者在直译和意译之间做出与翻译生态环境相适应的选择也就很自然了。

第四节　生态翻译学核心术语体系

全球性的生态理论热潮中，国际翻译界从"生态""环境""生存""适应""选择"等生态视角或运用生态学术语描述翻译活动的相关研究大有人在；相关研究在翻译文献里日渐增多。

彼得·纽马克（Peter Newmark）1988 年将翻译过程中的文化介入分为五大类，其中第一大类就是借用了"生态学"的翻译特征。戴维·卡坦（David Katan）则于 1999 年对翻译生态文化的分类进一步明确和细化，提出了翻译的"环境"还包括物理环境、政治环境、气候、空间、所构建的环境、服饰、食品、嗅觉以及临时场景等。米歇尔·克罗尼恩（Michael Cronin）在《翻译与全球化》（*Translation and Globalization*）一书中提出要关注语种"翻译的生态"（ecology of translation）① 的问题，呼吁在不同语种的翻译之间要保持"健康平衡"。

乔治·斯坦纳（George Steiner）曾将翻译理论分成"普适"（universalist）理论的和"局部"（relativist）理论两大类，并认为这种分法类似于人类的两种基本的处理方式，"即整体环境适应与局部环境适应问题"。罗森纳·沃伦（Rosanna Warren）1989 年提出，"翻译是一种认知和生存模式。当把文学作品从一种语言移植到另一种语言的时候，就像把植物或动物，从一个地方迁移到另一个地方，它们必

---

① 然而，将 ecology of translation 译为"翻译生态学"似有不妥。经查证原文得知，该词组只是在 Translation and Globalization，一书的第五章"Minority languages in a global setting"中谈到语言政策问题、英语的霸权对其他小语种的影响问题时出现，仅在末段使用了一个术语"ecology of translation"，意在提醒"注意'翻译的生态'，保持不同语种之间的平衡"（Phillipson，2006：231）。因此，这里的 ecology of translation 宜译为"翻译的生态"或"翻译生态"，而并非所谓的"翻译生态学"。"翻译的生态"与"翻译生态学"是两个差别很大的概念，不能混为一谈。由此，克罗尼恩也没有在书中提出所谓的"翻译生态学"，事实上他本人在书中既没有谈及生态学与翻译学的交叉研究问题，也没有谈及翻译的跨学科研究问题，更没有谈及"翻译生态学"的学科建设问题或系统研究问题。

须像个人或民族的'适应'和成长那样，只有适应新环境而有所改变才能生存下来"。安德烈·勒菲费尔（Andre Lefevere）与苏珊·巴斯内特（Susan Bassnett）于 1990 年提出了著名的"文化转向"命题，多次将翻译的语境描述为"文化环境"；并使用"发现树木生存之地""描述植物生长之状"等生态类比翻译研究中语言学家的探索行为。沃尔夫拉姆·威尔斯（Wolfram Wilss）1996 年则把翻译过程视为两个高度复杂的阶段：第一个阶段是对"由环境决定的文本输入"的分析；第二个阶段是在复杂的回馈处理机制框架内对输入文本的操纵——这种操纵行为通常是多层次的，需参照译语读者的各项"环境特征"，以最后形成目标语的文本输出。他还呼吁译界对翻译决策过程的研究，应当"集中关注各种环境因素，如翻译任务的特征、客户的需求、翻译者及其决策能力等"。

在国内，生态视角的翻译研究和论述虽不多，但近年来也不断有人借用"翻译生态"的术语来谈论翻译质量、翻译理论以及翻译行业发展问题。中国三峡出版社还出版了《翻译生态学》一书，尽管该书里关于生态学的研究内容罗列较多，而且作者本人也把"翻译生态学"归类为生态学的一个分支研究，但在一定程度上也说明关注生态视角研究的学者在不断增多。在此之前，也有学者提出了"人类文化演变九大律"，其中的第一规律即"生态环境"横向决定律。

上述翻译学者在其研究和描述中，大都采用"喻指"或"实指"的方式，使用了典型的生态学意义上的"生态""环境""生存""适应"乃至"翻译的生态"等术语和概念，从一个侧面表明了运用"生态术语"的翻译研究，已被译界不少学者所接受。可以看出，上述这些研究，尽管还只是运用了生态学方面的相关术语，也还只是在于表层，但也为生态翻译学研究铺平了道路，为进一步的相关研究奠定了基础。

第三章 生态翻译学与公示语翻译研究

21 世纪初的公示语翻译研究在文化全球化和中国深化对外开放和推动对外交流的历史背景下给国内的应用翻译研究带来勃勃生机。在中国政府和中国翻译协会等的倡导和引领之下，众多翻译研究机构和翻译研究学者积极参与，公示语翻译研究迅速掀起 21 世纪初国内译学界的学术热潮。历经众多学者近十年的不懈努力，公示语翻译研究逐渐回归研究常态。

第一节 公示语翻译研究

这些年来，特别是 2005 年北京第二外国语学院在研讨会前首次公开语言翻译，公示语这个词语与标志语、标语、标识语、标示语、标记语、标牌语、牌示语、揭示语以及警示语等术语与之共生共用，并且公共语言的定义不统一。

一、公示语的内涵阐述

国际标志委员会主席巴里·格雷（Barry Gray）对公示语的定义为 "The signal from a simple way to find or information about the tag of the complex communication information"，国内学者阐释的较有代表性的公示语概念主要包括以下几种。

定义一：公示语——公开和面对公众、告知、指示、显示、警告、标志，与生活和生产、生活和生态专业密切相关的文字和图形信息。

定义二：英语 public signs，其中文翻译比较混乱，有公示语、标语、手语、揭示、警告等。这是一种特殊的风格，在公共场所常见，或用几句话，或使用简洁的图形解决方案，或文字和图形组合，对受众提出一些要求或引起一些关注。

定义三：公示语是一种给特定的人来观看，以达到某种交际目的的特殊风格。

定义四：公示语是在公共场所显示的文字，包括标志、广告、产品规格、旅行指南、社会宣传、通知等。

定义五：公示语是在公共场所为公众提供公共信息内容的语言，它包括标志、口号、公告等。

定义六：公共语言是指文字，在公共场所展示，供公众观看，以达到特定风格的交际目的。

定义七：将以语言显示在文字中，在公共场所展示已提供字母的功能和完整的说明。具体而言，路标、广告、商品说明书、旅游指南、社会宣传、告示等都是公示语。

二、英汉公示语的语言特点

由于中英文属于不同的语言，英语公共语言性质表现出许多不同的语言特征。《现代实用英语例解》总结英文标志的五大特点：①通常使用所有大写字母，不添加标点符号；②字幅通常很少，至少只有一个字；③语言精简，常用名词、动词或名词短语；④有时使用祈使句；⑤有时采用十分正式的文体。北竹和单爱民指出，英语公共语言广泛使用名词、动词、言语名词、短语和缩写，文本和符号的组合，现在时态、命令句、规范和标准词汇，以及一些局部色彩丰富的词，形成公共英语独特的语言风格。戴宗显和吕和发更是具体地总结了英文标语的十种语言风格：第一是使用名词；第二是使用动词，言语名词；第三是使用单词和短语；第四，使用缩写；第五必须严格禁用不常见的单词；第六是文字和图形符号共享；第七是使用现在时态；第八是使用命令句；第九是规范和标准词汇；第十是简洁的话，准确的表达。丁衡祁则认为英语公共语言特征可以总结为 5C，即 Concise（简洁）、Consistent（统一）、Conventional（规范）、Convenient（方便）、Conspicuous（醒目）；刘美岩和胡毅认为英语公示语的特点是简洁、明了、正式、规范。中文公示语也有其本身的特点，最主要的特点是字义浅显，文字简约，文体恰切。根据风格，语言主要有简洁，规约和互文性的特点。

形式服务于内容、目的和功能。把握英汉公示语的语言特点，有助于译者在翻译过程中有针对性地结合翻译生态环境中的相关要素，就词汇选用、话语逻辑建构以及表达形式等进行选择，从而服务于符合目的语表达规范且可读性强的有效交际译文的产出。

三、公示语翻译原则

英译公示语主要起到沟通作用，然而，许多的英译公示语还存在着问题，如中式英语的使用，笔者写作本文的目的是找出英译公示语存在的问题，翻译公示语时要符合翻译原则，将之与英语教学相结合，为培养合格的英语工作者做好准备。

（一）传意性原则

一定的符号形式在人类的帮助下，通过媒体、信息传播给在不同的空间或时间的对象，以实现理解的意义称为沟通的行为或活动——传意。使用翻译聊天再现源语言信息的基本任务是翻译，翻译的人让读者同样的获得到原来的读者感受。要遵循传意性的原则，保证准确复制中国的语言和文化等信息，为了避免语义错误或含糊不清，才能保证翻译的实际效用。例如，"Be careful Fire"，或 "No Smoking and Firing"，或 "No Burning"，或 "Mind the fires" 和 "Keep from the fire"，准确表义应该为 "No Smoking or Baked Flame"。海南岛的"天涯海角"已被翻译成 "The End of the World"，而一些城市公交车外面的车厢"先下后上，文明乘车"就相应翻译了 "After first under on, do riding with civility" 或 "Down First, Up Second"，更让外国朋友莫名其妙了。可见，如果公示语汉英翻译违背了传意性原则，对应的英文表达不能正确而完整地传达信息，有效交际便无法实现。

（二）互文性原则

互文性是法国的符号学和文本分析师克里斯蒂·伊娃用文字创作的，英语为 intertextuality。强调文本和文本之间的相互作用是指利益相关者，渗透、转移等。作为语篇的一个基本特征，互文性指的是在产生彼此交叉各种语料库的过程中的话语，文本和其他文本之间的相互影响，相互联系，以及复杂，异质的胜利。翻译与原文之间广泛存在的互文性，不考虑语篇中的互文性，就不可能对语篇进行透彻的理解，也就不可能准确地翻译为目的语。

语言要顺应交际的需要，翻译要在文本、文化、语言和思维等多个方面展开达到互文性的转换。由于英语使用者是英译公示语的交际对象，在表达上要符合英语的文化特征和语用习惯。在英译汉语公示语的时候要遵循互文性原则，中心是英语读者，借鉴英语公示语的表达规范，参照公示语特定的文本形式和语言特点，保证翻译文本的可接受性与可读性。中国对外翻译出版副译审张晶晶指出，"公共语言翻译错误归根结底是翻译者在翻译过程中没有观众，即外国人到中国访问中心位置，不是他们对翻译的思考和观点的习惯，而是从中国人的角度和翻译思维的角度"。如"油漆未干"应译为"Wet Paint"。翻译为"油漆很湿"，虽然没有语法错误，但不符合互文性原则，因为这种表达方式不符合英语读写器英语公共语言表达和线性思维习惯。"请勿吸烟"也根据中文思想的形式错误地翻译成"No Smoking Please"的。虽然在汉语中"请勿吸烟"是一种礼貌用语，但是其意图是对一种不道德的行为进行约束，属于限制性公示语。在英文中对意图的表达是直接且明确的"No Smoking"。"No Smoking Please"中的"Please"是表达"请求"的礼貌用语，而"No"是一种强调否定的，说是严格禁止的，用"请求"的言语方式表达不允许的命令，显然是违背了互文性的原则。

（三）简洁性原则

文以简洁为贵。语言简洁明了、正式规范是英语公示语的特点。使用很多词用于英语的公共语言、短语、名词、动态名词、首字母缩略词、文字、组合等标志，以便看起来简洁。英汉公示语中显著的语言特征就是间接性。至此，汉语的公示语也要遵循这一原则，直接展示提示、指示、限制或是强制的功能，从而达到有效的目的。公交车上常见的"老、弱、病、残、孕专座"译为"Please offer your seats to the seniors, children, pregnant women, the sick and the disabled. Thank you."然而基于简洁性的要求，不妨译为"Courtesy Seats"或者"Priority Seats"。正是公示语表述简洁性的要求，"Only People with special cards giving them permission are allowed to fish here."应该表达为"Fishing：Permit Holders Only"，"You can be taken to court and made to pay£ 100 for dropping rubbish."应该表达为"Penalty for Dropping litter upto £ 100 Fine"。"司机一滴酒，亲人两行泪"可以译为"When a man mixes drink with drive, he is likely to bring tears to his wife."，改译为"Drink and Drive Costs Your Life."更为合适。英国某公园的告示"Any person leaving litter about instead of putting it in this basket will be liable to a fine of £ 5."可以简洁译为"废物入筐，违者罚款 5 镑"。

四、公示语生态翻译补偿

基于一定的参照系多维度开展翻译批评，我们可以对译品的翻译质量有一个整体的评估。高质量的译作可供鉴赏和借鉴，我们同时也可以依据翻译批评有针对性地修正译作。下面仅对公示语翻译中的信息缺失进行翻译补偿。

翻译是原语和目的语之间的语言文化信息转换活动，因语言文化差异等因素发生的翻译损失从翻译活动出现时就一直与翻译相伴。翻译损失是翻译过程中信息、意义、语用功能、文化因素、审美形式及其功能的丧失，具有不可避免性。故此，翻译补偿就成为减少翻译损失、尽可能完整再现原文的必要手段,与翻译是一种形影不离的共生关系。翻译补偿是以目的语为主,辅之以符合同的语规约或规范的其他语言手段,根据文本类型和翻译目的,对翻译过程中潜在的或发生的损失进行的修复或弥补。可见,翻译补偿的作用在于消除常规的表层符号转换无法克服的语言、文化、语用等诸多障碍,最大限度地恢复因语言、社会文化差异等因素而损失的各种意义和审美价值。

夏廷德在其论著《翻译补偿研究》中将补偿划分为两个层面:一是语言学层面,包括词汇补偿、语法补偿和语篇补偿;二是审美层面,包括审美形式的功能、价值冲突和形义统一性等方面的补偿。然而,生态翻译学理论则为翻译补偿提供了不同的研究视角。翻译适应选择论把翻译过程描述为"译者适应与译者选择的交替进行的循环过程",其翻译原则为"多维度适应与适应性选择",此原则指导下的翻译方法则是"三维转换",即在翻译过程中侧重语言维转换、文化维转换和交际维转换。据此,参照翻译补偿理论中语言学层面和审美层面的翻译补偿,下文将语言维、文化维和交际维作为公示语翻译补偿研究的三个层面。

(一) 语言补偿

译者在语言维的适应性选择转换,就是在语言的不同方面,不同层次上进行最佳适应和优化选择。要保证公示语译文实现有效交际,翻译时首先应把握好语言传意性,力求准确再现公示语原文的语言信息,在避免误译的同时,力求避免或减少语言转换中的翻译损失。

例如,在地面湿滑的场所,人们经常见到"小心滑倒"的公示语,应英译为"CAUTION: WET FLOOR",该表达中以词汇补偿方式使用 caution 不是 take care of 等表达,突出了其提示功能,同时以具体化的词汇补偿手段明确了"滑倒"的原因在于地面湿,更具体地提醒读者注意脚下。语言补偿要求译者在词汇层面注重遣词以求准确完整地再现原语语义,在表达层面依据译语语境等要素就表达形式进行选择以求得译文表现形式的适切性。

（二）文化补偿

译者在文化维的适应性选择转换，就是译者在翻译过程中要有文化意识，认识到翻译是跨越文化的信息交流过程，注意克服文化差异带来的障碍，以保证文化信息交流的顺利实现。公示语翻译中的文化补偿要求译者在原语和目的语双语文化共生的意识下，力求调适文化心理，尽可能补益应有的文化内涵并求得文化认同。

例如，"只生一个（孩子）好"是我国基于人口大国的基本国情而相应实行计划生育政策后出现的公示语。具有典型的制度文化内涵，无论翻译为"It Is Better to Give Birth to Only One Child."或者"A Couple Gives Birth to A Single Child."都与西方注重人权、尤其是生育权的文化格格不入。该公示语的语义中心在"好"字上，蕴含着我国倡导的"一家只生一个孩子"的出发点在于提高人口素质和人民生活水平。为了较好传递该公示语所体现的制度文化，也兼顾英语读者的文化心理，可以参考北京奥运会"同一个世界，同一个梦想"（One World, One Dream）翻译为"One Family, One Child, Double Happiness"。"Double Happiness"作为原文制度文化的翻译补偿，也兼顾了语言学层面上以"增益"为手段的词汇补偿以及语篇补偿，遵循了需求原则和等功能原则，一方面以英语读者对原文制度文化内涵损失的需求为基础，另一方面通过补偿从而避免了原文内容和形式移植带来的负面心理效应，同时借助于"One + One；Double"的语篇逻辑传达出"一家只生一个孩子"对于父母和孩子双方都是有好处的。"顾客是上帝已是国内诸多商场的公示语，笔者不幸见到了"Customer is the God"的译文。依据《现代汉语词典》，"上帝"是我国古代指天上主宰万物的神（Lord on High），同时也指西方基督教徒所遵奉的神，是宇宙万物的创造者和主宰者（God）。英汉文化中虽然都有"上帝"，但两者并非同一概念。更为重要的是，"顾客是上帝"只是商家用于表示对顾客的尊敬，以及竭诚为顾客提供优质服务之意，与宗教并无关联。基于此，"顾客是上帝"不妨翻译为"Customer Is, the First Priority！"或者"First-class Services to All Customers."2009年世界邮展的主题公示语之一是"观世界邮展，游千年帝都"，如果翻译为"Visit the World Stamp Exhibition, Tour the Thousand-year Empirical Capital"就会损毁原文的文化内涵，因为英语读者总习惯于将emperor和empire及相关词汇与强权或者侵略相联系。为此，从公示语翻译的文化补偿出发，"观世界邮展，游千年帝都"应翻译为"Visit the World Stamp Exhibihon, Tour the Anaent Royal City Luoyang"，以语言学层面的词汇补偿方式，将具有消极文化内涵的"Empirical"转换为积极文化意义的"Roval"，同时补译Luoyang作为the Anaent Royal City的同位语，明确了"千年帝都"指的是洛阳市。又如，"遵守游览秩序，坚持'五讲四美'"原译为"Observe the Tourist Order and Insist on the 'Five Particulars and 'Four Beauties"，忽略了目的语主流文化特征以及译文读者的文化审美接受力，因为"五讲四美"等具有浓厚中国文化色彩的表述难以为译文读者的文化审美所接受，应改译为"Observe the Tourist Order and Keep Good Manners"。如此，通过词汇补偿中的"概略化"将具体的"Five Particulars"和"Four Beauties"转换为"Good Manners"，告知外国游客注重言谈举止得体，从而实现文明旅游的文化认同。

由于不同文化具有的异质性等特征，在文化全球化的文化大语境下，译者在翻译活动中必须凸显出较强的文化补偿意识和能力，因为文化补偿在保证修复译语中缺损的原语文化内涵的同时，在文化外宣和对外文化交流等方面也具有重要意义。

（三）交际补偿

译者在交际维的适应性选择转换，就是在保证语言信息转换和文化内涵传递的同时，关注原文的交际意图是否在译文中得以体现。公示语译文中以韵律表现出的审美形式、交际移情、配用的特定标识符号或图片等，都是出于交际补偿的需要。

译文的审美补偿最终服务于交际有效性。例如，吴伟熊将"桂林山水甲天下"套译为"East or West, Guilin Landscape is Best!"而成为最佳译文，不仅使用了词汇补偿手段将"山水"（Hills and Water）

转换为上义词"Landscape",更是巧妙套用了英语谚语"East or West. Home is Best!"进行审美层面的翻译补偿,不仅成功传达了汉语的宣传功能,同时借助于"East""West"和"Best"构成的尾韵保证了译文的审美形式,具有更强的可读性和交际性。

不同的公示语具有强制、提示、警示等不同的交际意图和功能。有时,交际移情能赋予公示语译文以感召力,有助于达到更好的交际效果。束慧娟强调,为很好地关照到交际维,具有告知或呼吁作用的公示语在翻译时偏向增加或改用"暖"色调词汇。如"不准吸烟"原则上应译为"No Smoking",但在美国已经使用"Thank You for Not Smoking"(感谢你不吸烟),因为此译文在特定的翻译生态环境中(如无烟办公室)更好地凸显了劝阻吸烟的交际意图,具有明显的交际移情特征。此时受众置身于平等的话语角色关系,能够体会到公示语对自己的关心,而不是单纯的要求和限制。如此,受众才会自觉地依照公示语表达的意图采取相应的行动,从而实现公示语的"意动功能"和"言后之效",达成有效交际。

配用特定标识符号或图片等也是公示语翻译中交际补偿的重要手段。例如,北美一国家动物园里的鳄鱼观赏池边竖立的标示牌上写着"The Last One Is Deliaous,Bring Me Another One"。这是一个具有警示功能的公示语,其相应的汉语标示牌上可考虑选取以下译文:

译文1:上一个好吃,再带来一个!

译文2:鳄鱼伤人,禁止入水!

译文3:(汉语标示牌上有一条张着沾满血迹的大嘴鳄鱼)人肉真香,再来一个!

经过译文认同程度调查,"整合适应选择度"最高的最佳译文为配有图片的译文3。译文3在传递原文警示功能的同时,也较好地传达了原文以鳄鱼口吻说话表现出的幽默感,更重要的在于其配用的"张着沾满血迹的大嘴鳄鱼"这一图片有效地强化了通过交际补偿所体现的警示性交际意图和功能。

又如,中国大陆地区生产的香烟盒上统一使用"吸烟有害健康尽早戒烟有益健康"的公示语,配以相应的英文"SMOKING IS

HARMFUL TO YOUR HEALTH, QIUT SMOKING EARLY lS GOOD FOR YOUR HEALTH"。与国外或我国香港地区香烟盒上使用的警示语相比，中国大陆地区使用的表达显得劝诫无力。可以下内容为例。

澳大利亚：SMOKING KILLS WARNING-AMOKING IS A HEALTH HAZARD

SMOKING CAUSES HEALTH DISEASE

SMOKING CAUSES LUNG CANCER

委内瑞拉：SMOKERS DIE YOUNGER

巴西：SMOKING CAUSES FATAL LUNG CANCER

美国：QUITING SMOKING NOW GREATLY REDUCES SERIOUS RISKS TO YOUR HEALTH

加拿大：WARNING TOBACCO SMOKE AFFECTS EVERYONE TOBACCO SMOKE（AUSES LUNG CANCER IN NON-SMOKERS

巴哈马/伯利兹：SMOKING IS DANGEROUS TO HEALTH

中国香港：SMOKING MAY CAUSE IMPOTENCE（吸烟可导致阳痿）

就语言表达而言，以上英文用语中的 die、kill、hazard、disease、cancer、impotence、serious risks. fatal、dangerous 等词汇的警示作用明显优于中国大陆地区使用的 harmful。传达出更为强烈的令人警醒的劝阻这一交际功能。同时，这些警示语普遍配有原则上不少于烟盒三分之一面积的令人恶心的骷髅头，或因吸烟而导致严重损害的黑肺等图片。这些图片以交际补偿的形式突出了吸烟的危害，也能从心理层面产生影响从而使得烟民淡化吸烟的欲念，较好地实现其警示和警醒的交际功能。

以上主要从生态翻译学提出的"三维转换"视角，分析了公示语翻译中的语言补偿、文化补偿和交际补偿、语言补偿，重在保证公示语译文准确表达语义并保证其表达形式符合译语规范；文化补偿侧重于修复译语中损失的原语文化内涵以实现文化信息交流；交际补偿注重有效传达交际意图和功能以求得目的语读者的相应交际行为。公示语的语言维、文化维和交际维的三维翻译补偿，共同作用并服务于提升译文质量，以求实现最佳的有效交际。

第二节 公示语生态翻译实践

随着中国国际化进程不断推进，为国际友人提供准确得体的公示语翻译势在必行。然而，中国目前大部分地区关于公示语翻译的现状并不理想。本节主要从旅游公示语和交通公示语两个常见的方面来进行阐述。

一、旅游公示语

随着经济和文化全球化，旅游业发展也迎来了黄金时期而成为现代社会的朝阳产业，具有带动和促进众多行业发展的功能和作用。世界旅游组织预测，到 2020 年，中国将成为世界上最大的旅游目的地和第四大旅游来源国。近年来，风景名胜游、文化游、探险游、休闲游、生态游等蓬勃发展，现代旅游活动由食（food and beverage service）、住（accommodation）、行（transport）、游（traveling）、购（shopping）、娱（entertainment）构成的产业链组成的现代旅游活动有所增加，产业链条也日臻完善。促进旅游业发展的重要保障是开拓涉外旅游市场，所以旅游的环境显得十分重要，旅游翻译的重要性也是可想而知的。

（一）旅游外宣文本与翻译

在旅游宣传方面，文本更多属于呼吁性文本（appeal-focused text），具有指导功能、信息功能和描述功能。整合适应选择度较高的成果翻译应该注重译文生态，凸显其在译语生态环境中应该体现出的文本风格和多种功能，倾向读者的阅读期待。分析和研究译语国家的旅游文宣平行文本，是提高该类文本翻译质量的有效方法。不同文化交际中相似的语篇类型就是平行文本。文本外部限制和文本内容限制了文本构建和分析的原理。文本构成的基本元素，包括开始、订单、文本的结构、单元的文本和结尾。

就文本结构而言，英汉文本均以线性的推进方式为主。在文本单位层面，英汉文本都以句子为基本文本单位，但英语文本以单句或复合句为主，力图以较简洁的词语和句子结构提供尽可能多的信息。

基于参照文本，英语景区外宣文本不但包括景点或景观信息，同时还提供了户外休闲、博物馆以及食宿等相关信息，以尽可能全面地提供食、住、行、游、购、娱等综合信息；而汉语景区的文本内容仅仅局限于景观信息。因此，汉语景区的外宣文本就必须适当地采用补译，以保证文本的互文性并顺应英语读者的阅读期待。

平行文本是保证译本互文性和提高译本可接受性的有效方法。同一景区多个汉语文本的信息重复现象较为严重，导致了英译文本中的信息重复和信息冗余，这就涉及同一主题文本之间的互补性问题。

基于生态翻译的重点是从语言、文化和传播层面的维度来检验公共语言翻译质量，笔者注意语言沟通和沟通的有效性（因为很少有访客注意到文化维度），主张凸显旅游注意事项，因为游客须知在一定程度上，具有旅游协议功能。

(二) 旅游广告翻译

现代旅游已经成为当今世界经济中最大的经济体，旅游经济的发展使旅游广告在旅游推广方面越来越重要。旅游广告服务于旅游商，为的是向旅游者宣传推销产品。旅游广告英语词汇、句法和修辞具有一定的特点。

就词法而言，广告中大量使用第一和第二人称以突出广告的劝诱意图并缩短交际双方的距离；大量使用描述性形容词以体现情感色彩并激发旅游者的旅游期待；大量使用行为动词和一般现在时态以及主动语态以促成读者做出积极反应。示例如下：

New Hawaii. 全新的夏威夷。

Kodiak Alaska's moat mystical isle - Kodiak Island. 科帝克，阿拉斯加最神秘的岛屿。

Visit Malaysia. （Ministry of Culture and Tourism of Malaysia）到马来西亚一游。

在句法层面，广告语句力求结构简单以凸显强调功能，简单句和祈使句及省略句使用频繁。例如：

Britain. It's time. （Ministry of Tourism of UK）旅游英国，正当时。

Yes, the Philippines. Now! （Ministry of Tourism of the Philippines）是的，菲律宾群岛。现在！

Discover Bermuda's beautiful little secret - Bermuda Island. 发现百慕大岛美丽的小秘密——百慕大岛旅游。

City of Gold. （Ministry of Tourism of Melbourne）黄金之都。

在修辞方面，英语广告大量采用重复、对比、韵律和比喻等以强化广告的宣传效应、客观性、可读性和表达功能。例如：

The wonder down under. （Ministry of Tourism of Australia）天下奇观。

参照英语旅游广告的词法、句法和修辞特点为汉语旅游外宣广告的翻译提供了有益借鉴。与此同时，翻译人员要充分考虑中西方文化和文化差异，期待读者的愿景，高度重视广告宣传和读者的关注。

二、交通公示语

交通是从事旅客和货物运输及语言和图文传递的行业。包括运输和邮电两个方面，在国民经济中属于第三产业。交通运输分为铁路运输，公路运输、水运、航空运输和管道运输五种形式，邮电分为电信与邮政两个方面。一般交通可分为陆路运输、空运和海运。陆路运输：在地面运输；航空运输：以航空方式运输；海上运输：以海运方式运输。交通标志是具有文字或图形符号的具体信息，用于管理交通和安全及列车运行规范。其中包括：禁止标识、警告标识、指示标识等，都具有法令的性质，不论行人与车辆都必须遵守。交通公示语翻译在规范交通行为，以及提供信息服务等方面起着至关重要的作用。

在高速交通标志翻译中，一些翻译没有统一的表达方式：认知度及翻译不准确、不强等，这给安全带来直接威胁，影响着国家形象。根据高速路交通公示语本身的特点与功能，翻译的文本要保证信息的全部正确，表述简洁规范，实现有效的交际作用。

翻译不准确是指公示语英汉表达语义上出现偏差或缺失甚至于错误，造成信息不对等。如"严禁酒后驾驶"是高速公路上常用的公示语之一，沪宁高速上出现的三种译文分别是 Don't drive while drinking（不要边开车边喝酒）、Driving when drink forbidden（严禁喝酒时开车）和 Don't drive and drink（严禁边喝酒边开车）；而京港澳高速和连霍高速等更多地使用 No Drunken Driving 这一表述形式，但英语中没有 Drunken Driving 这样的表达习惯。

以上四种英文表达的语意与汉语意思大相径庭，使得该公示语的强制性示意功能荡然无存。

表达各种同样声明的翻译也严重影响了公共语言规范。如"严禁疲劳驾驶"的译文，在京港澳高速和遂渝高速上分别为 No Driving When Tired 和 Do Not Drive Tiredly；沪宁高速上是 Driving when fatigued forbidden，另外还有 Don't Drive Tired、Don't Drive in Fatigue、Tiredness kills、take a break、Stay alert、stay alive 等多种译法。这种一语多译的混乱现象同时也污损着高速公路文化，严重损害中国的国际形象。

视认性不强是指公示语英译不够简洁。高速公路交通公示语多以英汉两种语言书写于空间有限的标示牌上，良好的视认性是其显著特点，而简洁醒目是保证视认的重要前提，否则极有可能因为表达的不简洁而影响驾驶人的注意力，引发交通事故，而国内许多高速公路交通标志难以符合要求。如现用的"驾驶中请勿使用手机"英译为DON'T USE CELL PHONES WHEN DRIVING，就不如 NO PHONING WHILE DRIVING 简洁明了。高速公路的交通公示语拥有信息指示功能以及有限制、提示、强制等功能，以保证行车道路安全，所以英文的表达要简洁、互文、达意。在遵循互文性、间接性、传意性原则的同时，还要灵活运用仿译、借译等方法进行翻译。模仿以现有的英语公共语言翻译为模型，使翻译更接近正宗的英语；借译是在翻译的时候参考已有的规范的英语公示语，是汉语公示语在英译时的首选方法。

传意性、简洁性、互文性的翻译原则，再借助仿译、借译等方法，在为高速路交通公示语英译提供理论指导和帮助的同时，也可以用来评测翻译的质量。

第四章　生态翻译学与商务英语翻译研究

华夏几千年的文化思想中也不乏经典生态智慧，以"天人合一""中庸之道""以人为本""整体综合"为特征的中国传统生态思想包含着丰富的哲理。中国的传统生态思想偏重"和谐"，认为"和谐"是"天和""人和""心和"的总和，是主客关系的协调圆满。生态思想的特点具有整体性、多层性、动态性、互动性、处境性和圆融性，这种学科的思想给商务英语翻译理论、实践和教学带来了新的启示。

第一节　商务英语语言的定性分析

商务英语是在商务活动中所使用的英语，是商务交流最重要的语言之一，对商务英语的深入研究具有很重要的现实意义。商务英语具有几大特点：专业性强、句式规范、句式复杂、语篇规整、用语精准和完整、语言礼貌、格式化等。基于商务英语特点基础之上的商务英语翻译必须忠实原文和内容统一，商务英语翻译中对词语、句子、篇章、语用等几方面的处理则是商务英语翻译过程中的基本分析要素。

一、商务英语语言的内涵

商务英语（Business English），顾名思义是指在跨文化商务交际过程中所使用的英语。商务英语是服务于商务活动的一种具有专门用途的英语体系。随着世界各国经济的快速发展，以及越来越明显的经济全球化趋势，商务英语已逐渐成为跨文化商务活动中重要的交际工具以及人与人之间沟通的桥梁。其服务对象的特殊性，决定了商务英语在用词、句法以及文体等方面与传统的英语有许多的不同之处。

在我国，商务英语主要应用于国际贸易与交流，因此也被称为"外贸英语"（ForeignTrade English）。商务英语在大学教育中指的是商务英语专业中的商务英语学科知识体系，主要用来传递知识与信息，能够突出反映国际商务学科领域的特征和发展情况，具有明显的学科性。

从字面意义上理解商务英语，可以发现其包含着"英语"和"商务"活动两部分。但是商务英语的含义绝不是这两部分的简单相加，而是这两部分的互相融合，两部分互相渗透，缺一不可。

二、商务英语语言的特征

一种职业语言，有其使用的特定语言环境。同时，商务活动和语言是密不可分的，商务活动顺利进行需要商务活动参与人对语言进行合理的运用，以及对词汇、语法资源的适当掌控。

（一）商务英语的词汇特点

商务英语的主要特点在于其专业化和较强的针对性。它注重的是商务沟通中口语与书面语表达的准确、简练、规范。[①] 这就对商务英语的翻译提出了更高的要求。商务活动的性质决定了语言的使用特点，其词汇特点见表4-1。

---

① 安岩. 商务英语语用翻译简论［M］. 北京：中国社会科学出版社，2016，第 10 页.

表4-1　商务英语的词汇特点

商务英语的 词汇特点	具 体 阐 释
使用单一词汇	商务英语常选用词义相对单一的词，而不采用那些词义丰富灵活的词，这样做的目的是使行文更加准确、庄重和严谨
使用缩略语	缩略语是商务英语词汇的重要组成部分，它们是人们在长期的商务实践活动中约定俗成，逐渐演变而成的。商务英语中的缩略语主要有三种形式：首字母缩略词、谐音缩略词、截短缩略词。
使用专业术语	商务英语是专门用途英语中的一种，在商务活动和跨文化交际过程中涉及国际贸易、金融、营销、保险、法律、物流等多个学科领域，具有很强的综合性和应用性特点。因此，商务英语中会出现大量的专业性很强的术语和词汇，这些术语体现了鲜明的行业特征
使用古词语	在商务英语中古词语经常出现，为的是体现其庄重严肃的文体风格。商务英语中使用的一些古词语多为一些复合副词
使用正式词汇	商务文书通常具有严谨性、规范性和约束性等特点，正式的词汇、规范的句型和复杂的长、难句确保了商务英语文本的准确性和严谨性，并增强了文本的可信度。因此，商务英语文本通常使用较正式的规范词汇，避免过分口语化和较随意的俗语和俚语表达方式
使用新词	由于语言是随着社会的发展而不断变化的，社会政治、经济、文化等方面的发展变化也会通过词汇反映出来，商务英语也不例外。商务交流过程中使用的新词充分体现了商务文本与时俱进的时代性
使用成对同义词	商务英语中经常会使用成对的同义词或近义词，以确保行文的准确性，避免产生歧义

（二）商务英语的句法特点

商务英语的句法特点见表4-2。

表4-2　商务英语的句法特点

商务英语的句法特点	具 体 阐 释
使用套语	在商务活动中，不同的商务语形成了固定的套语。固定的套语语言严谨、紧凑，表达规范，高度程式化，具有较强的模仿性，是国际商务英语句式的鲜明特征之一
使用复杂句	商务英语中的句子有的很长，句式结构比较复杂，句中常常用插入语、从句等限定、说明成分，形成冗长而复杂的句式结构，往往一个句子就是一个段落
使用被动句	商务英语的一大语言特点是被动语态，被动句表述客观、正式，具有表达委婉、言语礼貌的功能。使用被动句既可以减少主观色彩，还可以避免句子"头重脚轻"，同时还能减轻交际对象的反感，体现礼貌得体的原则
使用带 shall 的句子	在商务英语中，经常使用带有 shall 的句子，目的是增强语气。尤其是在一些合同类的材料中，shall 不仅表示将来时，还表示业务双方的职责和义务，通常带有"应当""必须"等强制意味
使用定语从句	商务英语中经常使用定语从句，以准确地指出在何种情况下、何时、何地、以何种方式来接受业务和完成商务业务

（三）商务英语的修辞特点

商务英语的修辞特点见表4-3。

表 4-3　商务英语的修辞特点

商务英语修辞特点	具 体 阐 释
商务英语中的比喻	商务英语中的比喻大多为隐喻，它不仅是对语言的修饰，还能折射出交往者看问题的角度或认知方式，甚至能映射出商务活动的发展方向和宏观态势
商务英语中的借代	商务英语中常用一个具体形象的词来指代一种概念或一种属性，通过人的联想，将具体词的词义引申出来，从而使表达更加生动、轻松
商务英语中的拟人	拟人就是用描写人的词语来描写事物，以使物具有人的言行、思想和情感。在商务英语中，通过运用拟人的修辞手法，可使所述内容更加生动亲切，增强语言的感染力
商务英语中委婉语	在商务活动中，经常会出现对方所提要求不合理、不能接受的情况。如果采用直接的方式表示拒绝，就很容易伤对方的面子，也使得双方没有回旋的余地，甚至会导致商务交际的失败。而使用委婉语修辞既可以达到否定的目的，又可以顾全对方的面子和心理
商务英语中的反复	反复是通过对某个词语或短语的重复来强调本体、表达情感的一种修辞手段。商务英语中适当地使用反复能够强调所表达的内容，引起话语接受者的注意
商务英语中的夸张	商务英语中经常使用夸张的修辞手法，因为适当使用夸张手法有助于增强语言的感染力，从而引发读者联想，加深读者印象

（四）商务英语的文体特点

本次研究的主题是探讨关于商务英语的文体特点。本次研究从实际的翻译工作入手，在了解和掌握商务英语相关的文体特征基础上，进行语法、词汇，以及语篇特征的分析，希望能够借助本次的研究提出关于商务英语翻译的科学对策和建议，实现对商务英语翻译工作质量和效率的优化与提升需求。

1. 商务英语的格式规范统一

商务英语是国际上处理各类商务事宜时使用频率最高的语言之一，来自不同国家、不同地区的人都以英语为媒介来协商与处理相关事务，从而实现各自的预期目的。这就要求商务英语采取统一、规范的格式，尤其是在一些具有重要意义的法律文件中。只有采用了统一、规范的文本，才能使交易双方的权利、义务用文字明确下来，确保来自不同国度、使用不同语言的贸易双方的权益不受侵害，为双方顺利开展贸易合作打下坚实的基础。

2. 商务英语的条理清晰、固定

商务交际具有复杂性与高效性的特点，这就要求商务英语的表述方式必须做到主次分明、条理清晰。具体来说，商务英语应使用相对固定的表达形式，极力避免逻辑混乱、态度暧昧或者观点不清等问题，必要时还可附上范例、说明、图示等，这样才能使交际伙伴在最短的时间内把握核心内容，并做出回应。下面以商务说明书为例来进行分析。

商务说明书常常通过对产品的性能、原材料、功能等方面的介绍，来达到宣传产品、吸引消费者的目的。为此，商务说明书往往是在对顾客心理进行了深入分析的基础上，按照顾客的思维逻辑来组织语言的，其目的在于吸引顾客的注意力，促使顾客驻足购买。概括来说，商务说明书通常遵循"标题—正文—落款"的表述条理。

（1）标题。标题既可以直接使用"产品简介""操作说明"等，也可以直接以商品名称为标题。为凸显商品特色，还可在商品名称之后增加副标题。此外，标题还可向消费者表明商品的注册商标、生产厂家等信息。

（2）正文。作为说明书的核心部分，正文通常包括以下几个方面的内容，见表4-4。

表4-4　商务说明书正文内容

商务说明书正文内容
（1）商品概况（名称、发展史、产地、制作方法、规格等）
（2）商品的性能、规格、用途
（3）安装和使用方法
（4）保养和维修方法
（5）附件、备件及其他需要说明的内容

由于类别与功能的不同，正文的内容可对以上几项有所取舍。

（3）落款。在落款部分，通常需要注明生产厂家和（或）经销单位的名称、地址以及联系方式等，以便于消费者进行咨询。

3. 商务英语的措辞婉转礼貌

为了创造和谐、友好的交际环境，营造良好的交际氛围，商务英语通常使用一些礼貌、委婉的表达方式，这对于交际双方避免尴尬与冲突，妥善处理矛盾与纠纷具有不可估量的作用。概括地说，商务英语的委婉、礼貌通常表现为以下几种方式。

（1）使用过去时。使用一般过去时来表达现在的愿望、请求、建议等，既可以创造出一种时间距离，又可以表达商量的语气，从而给对方留有足够的余地，促进交际的顺利进行。

（2）使用进行时。由于进行时常表示暂时进行的动作，因此商务英语常通过进行时的使用来表达观点，这就意味着请求不是深思熟虑的结果，而更像是一时的想法，从而使双方都保全了面子。此外，使用进行时还可以礼貌地使对方也参与到对话中来。例如：

We were discussing the terms of payment and the shipment.

我们昨天讨论了付款方式和装船事宜。

本例使用了进行时，这就使听话人感觉交流尚未结束，自己可以随时加入，因而营造了良好的谈话氛围。

（3）使用虚拟语气。国际商务活动常涉及交易价格、保险、装运、索赔等与利益相关的敏感内容，双方在交际过程中常常会提出自己的意见，当不能得到满意答复时，甚至会提出请求乃至命令。为将交际中"威胁对方面子"的负面影响降至最低，商务英语常使用虚拟语气。

（4）弱化肯定语气。一些具有弱化功能的表达方式，如 I think、I hope、I regret、Please 等可使建议更加容易被接受，从而有利于商务交际目的的实现。

（5）委婉否定。当交际一方不能接受对方的请求、建议时，如果直接使用否定句"I can not accept at all."或"I don't agree."，既会损害对方的面子，也不利于取得满意的沟通效果。此时，应使用一些固定的委婉拒绝表达法。例如：

We presume that there must be some reason for your having trouble with this article.

我们认为你们对此项条款内容的实施一定有什么困难之处。

本例没有直接使用否定句，而是从对方角度出发来进行分析，其礼貌程度和可接受程度比直来直去要大得多。

4. 商务英语的语言简练清晰

随着社会的发展与科技的进步，人们的生活节奏在逐渐加快，越来越多的人们更加重视商务活动的交际效率。具体来说，商务活动的参与者越来越希望在更短的时间内处理更多的问题，实现更大的交际效益。因此，在交际过程中，商务英语的表达必须简练明了，避免模棱两可、拖泥带水，甚至繁冗重复。试比较下面几组句子。

（1）We will write to you at an early date.

（2）We will write to you soon.

我们会马上给您回复。

（1）I am afraid I am not in the position to grant your request unless you inform me of the reason why you need this information.

（2）I am afraid I cannot provide this information unless you tell me why you need it.

很抱歉，如果你不能告诉我你为何需要此信息我就不能告诉你。

每组中的（1）均存在用词冗余的问题，而（2）在保持原意的同时使用了简洁的方式，从而使语句内容更加清晰，行文更加流畅。

此外，为使表达更加简练，商务英语还常省略 that、which 等关系代词或连接词。例如：

（1）We are pleased that we have received the catalogue that you sent us on January 1.

（2）We are pleased to have received the catalogue sent to us on January 1.

我们很高兴收到了 1 月 1 日寄来的目录表。

在上面句子中，（2）既保留了原意，又通过省略 that、which 等词，使表述更加简洁明了。

（五）商务英语翻译策略

商务英语翻译的技巧有很多，归纳起来主要有以下几个方面，见表 4-5。

表 4-5　商务英语翻译策略

商务英语翻译策略	具 体 阐 释
直译	直译法多用于翻译商务英语中的专业词汇、简单句或者带有修辞的语句。很多国际机构为了得到最原始的资料，特别要求译文采用直译法
顺译	英汉语言在表达顺序上存在的共同点使一些英译汉或汉译英基本不用调整语序。顺译法多用于翻译句式较简洁的英汉语句或用来反映、介绍客观情况的语句。商务英语翻译中有些句子虽然看起来很长，但句子所表述的内容基本上是按照动作发生的时间先后顺序或内在逻辑关系来安排的

续表

商务英语翻译策略	具 体 阐 释
意译	意译法就是按照词语的意义进行翻译的方法。在翻译商务英语文本的过程中，如果采用直译法无法将原文的意义传达出来，即可采用意译法。意译法可以尽可能忠实地再现原文的内容与风格
转译	商务英语中的转译主要涉及词类的转译，最常见的是名词、动词、形容词、介词的转译，即动词在商务英语翻译中主要转换为名词；商务英语中的介词有时可以转译成动词；形容词转译为名词；形容词转译为动词；名词转换为动词；名词转换为形容词；名词转换为副词等
逆译	英汉语言在思维模式与表达方式方面存在不同，因此从句子成分的角度来说，翻译时要重新调整语序，译文的表达顺序通常不同于原文
反译	反译法是指在保持原文内容不变的情况下，将原文的肯定形式译成否定形式或者把否定形式译成肯定形式，从而使译文的表述尽量符合译入语读者的思维习惯。商务英语中的反译主要有两种情况，即用变换语气的方法将原文的肯定式译成否定式，或使用变化语气的方法将原文的否定式译为肯定式
省译	有时候，原文中有些词在译文中不必译出来，因为译文中虽无其词而已有其意，或者其意在译文中是不言而喻的。商务英语翻译中有时会用到省译技巧。需要注意的是，省译并不意味着要将原文的思想内容删去，而是在不改变原文意思的前提下将句中某些成分省略不译
增译	所谓增译法是指在译文中增补一些表示介绍、说明或范畴性的表达方式，以便更准确、恰当地表达原文的意义。商务英语中时常用到增译技巧

续表

商务英语翻译策略	具 体 阐 释
不译	在商务英语翻译过程中，不译的情况主要出于两个原因：①一些词的意义并不能从字面上表现出来，其含义已经融入具体的语言环境，翻译时，这些词语可以不译；②一些词汇或者专业术语的知名度很高，不翻译也不会影响读者理解，这些词语也可以不译

三、商务英语翻译研究

（一）商务英语翻译的派别

在对翻译进行研究的过程中，不同的学者由于观点不同形成了不同的派别。对这些翻译派别的了解对于商务英语的翻译将有着重要的借鉴作用。①

1. 商务英语翻译的语文学派

英语翻译的语文学派（the philological school）是西方最早出现的翻译学派。这个学派认为翻译是一门艺术，因此将翻译作为原作者使用译入语进行的再创造，其研究方法主要是运用语文。语文学派认为译文应该和原文一样将美的享受带给读者，翻译过程中应该注意译文的神韵，不应该死译、强译，保持译文的美学效应。语文学派在发展过程中比较著名的代表人物有德莱顿（John Dryden）、泰特勒（Alexander Fraser Tytler）和塞弗瑞（Theodore Savory）等。

17 世纪，著名的翻译理论家德莱顿主张翻译应该以原文和原作者作为着眼点，尊重原作的思想，最大限度地使用译入语对原文进行表现。同时德莱顿对翻译的另一大贡献在于其提出了翻译的三大类别：逐字翻译、意译和拟作。这种分类方法打破了当时二分法的束缚，对于西方翻译理论史的发展有着重要的推动作用。

---

① 李波阳. 商务英语汉英翻译教程［M］. 北京：中国商务出版社，2005.

西方语言学派的另一代表人物是泰特勒，在其著作《论翻译原则》中，他指出，"对译者来说，在忠实和谨慎以外，也没有其他要求。但既然不得不承认语言的特性不同，于是一般人都普遍认为，译者的职责只是洞悉原文的意义和精髓，透彻了解原文作者的思想，以及用他认为最适当的文字传达出来"。由此，泰特勒提出了西方翻译中重要的三原则。塞弗瑞对西方语文学派的贡献则在于其提出了著名的六对翻译原则。

综上所述，我们不难看出，西方语文学派在研究过程中关注的重点是译文的忠实性。他们认为原文对译文有一定的主导作用，因此翻译时应该时刻以原文为标准，最大限度地追求原文和译文的契合性。但是需要指出的是，语文学派过分重视原文对译文的指导作用，在很大程度上限制了对译文创造性的发挥。

2. 商务英语翻译的解构学派

解构主义学派于19世纪60年代后期出现在法国。这种翻译理论是对传统翻译理论的质疑，其通过哲学问题、怀疑的态度去审视存在的翻译理论与标准。

沃尔特·本雅明（Walter Ben jamin）、雅克·德里达（Jacques Derrida）、麦克·福柯（Michel Foucault）等人是解构学派的代表人物。这些学者将解构主义的思维带入了翻译研究的过程中，并采用怀疑与批评的态度对翻译理论的问题进行研究。因此可以说，解构主义的出现为翻译研究带来了崭新的视角与研究方向。

解构学派的代表人物沃尔特·本雅明提出，翻译中译文和原文没有忠实可言。他指出，译文并不是去再现原文的含义，而应该是对原文的补充与延伸。雅克·德里达认为，翻译的过程是不断对原文进行播撒和延异的过程，译文虽然可以接近原文，但是却不能等同于原文。这主要是因为意义的不确定性，因此译文的中心是无法被完全体现出来的，译文只是对原文的重新理解与创造，因此对原文并没有忠实可言。译者在翻译过程中应该对原文的观点进行解构，从而使译文具有延续和创新性。解构主义的观点是对传统翻译观点的颠覆，这种逆向的思维模式为翻译研究带来了新的方向。但需要注意的是，解构并不是翻译的目的，它只是翻译的手段，因此不能完全取代传统的翻译理论。解构学派的观点能够对传统翻译观点进行改进，目的是为了更好地指导翻译工作，因此对其的理解不能舍本求末。商务英语翻译也是翻译的重要组成部分，因此，这些翻译流派的观点对于指导商务英语翻译有着重要的作用。

3. 商务英语翻译的语言学派

英语翻译的语言学派产生于 20 世纪中叶。著名语言学家雅各布逊在 1959 年发表的《论翻译的语言学问题》中，从语言学的角度对语言和翻译的关系、翻译的重要作用、翻译中存在的问题进行了论述，从而为语言学派的翻译研究作出了开创性的贡献。

尤金·奈达也是语言学派的重要代表人物，他提出了"翻译的科学"这一重要概念。在语言学研究的基础上，将信息论应用到翻译研究过程中，并提出了著名的"动态对等"和"功能对等"翻译原则。纽马克在前人研究的基础上，提出了交际翻译与语义翻译的方法，对翻译研究也有着重要的影响。

从对语言学派翻译家们的不同观点的介绍中可以看出，这个时期学者们关注的核心问题是语言转换过程中的变化规律，也就是"对等"问题。

但是由于过分追求对等，翻译在一定程度上也因此成为了语言学研究的附庸，无法真正体现出其科学价值。因此，很多学者在研究过程中开始从翻译的目的着手，对翻译进行探究。

从整体上来说，翻译学中的语言学派主要从对等、功能、认知的角度进行翻译研究，通过使用语言学中的重要理论，如功能理论、认知理论、转换生成理论，对翻译的系统性和规范性具有一定的指导作用。同时语言学派的翻译研究涉及语言的不同层面，同时也关注到了翻译中的功能与认知等因素，因此增加了翻译研究的系统性，是西方翻译理论发展的重要阶段。

4. 商务英语翻译的诠释学派

由于个人思维方式的差异、语言使用习惯的不同以及认识世界角度的不同，因而在翻译实践过程中，对于语言的理解层面也存在着一定的差异。在这种情况下，作为研究意义的一门学科——阐释学应运而生。

阐释学在研究过程中主要的着眼点是语义，也就是要探索理解与解释之间的本质和联系。在理解与解释的过程中，文本和解释者是不可或缺的两大要素，因此在研究过程中，最根本的任务是探究文本和解释者的本质特征。

英国的神学家汉弗雷提出了"翻译即解释"的命题，这种观点在一定程度上受到了阐释学观点的影响。在翻译学的研究过程中出现了很多著名的阐释学家，如海德格尔，他的观点引起了很多学者的关注。

阐释学派在翻译研究过程中十分重视阐释学和接受美学。其主要原因有以下两个方面：翻译研究的成果能够为阐释学和接受美学提供充分且有力的例证；阐释学与接受美学可以为翻译研究提供丰富的理论依据。

综上所述，阐释学派对翻译的贡献主要体现在以下几个方面：

（1）翻译阐释学派认为译者在翻译过程中是信息的接受者，是处于主体性的地位。

（2）在翻译过程中应该重视读者的感受，应该以读者的反映为参照物。

（3）对翻译的本质进行了探究。

（4）通过阐释学和接受美学的相关原理，对翻译实践中的具体问题进行了分析。

（5）传统的翻译学理论认为要忠实于原作，而阐释学派的翻译对此进行了质疑，因此在一定程度上触动了传统翻译观点。

5. 商务英语翻译的目的学派

英语翻译的目的学派主要强调翻译行为的目的性，认为翻译目的决定了翻译过程和翻译策略的使用。这种观点在一定程度上能够提高译者的主动性。

自 20 世纪 70 年代以来，翻译目的学派是德国最具影响力的翻译学派，同时对于世界翻译理论的发展也有着重要的贡献，其代表人物有凯瑟林娜·赖斯（Katharina Reiss）、汉斯·威密尔（Hans J.

Vemeer)、贾斯塔·赫兹·曼塔利（Justa Holz Manttari）和诺德（Christiane Nord）。

翻译目的指的是译文的交际目的，也就是说译者在翻译过程中应该首先考虑译文的功能特征。翻译目的学派主张翻译应该具有行为性和文本加工性。这种行为性主要体现在对不同语言转换而进行的复杂的设计与构思。翻译的加工性主张不应该将原文作为翻译的唯一标准，原文的作用是为译者提供翻译所需要的各类信息。译者在翻译中的任务不再是进行严格对等的语言之间的转换，而应该从原文中提炼符合翻译目的的信息进行翻译。

英语翻译的目的学派重视译文在译入语中的接受程度和交际功能，强调在翻译过程中译者应首先考虑译文的功能特征，而不是对等原则，在一定程度上解放了传统翻译观点中以原文为硬性标准的翻译传统，为翻译拓展了视野，有利于翻译理论与翻译变体的发展，同时也提高了译者的主动性与积极性。但是目的学派过分强调读者的主体性，否定了作者的主体性，因此其观点带有一定的主观性，难免有些极端，因此我们应该客观地认识它，不能主观臆断。

6. 商务英语翻译的文化学派

英语翻译中的文化学派主要以 1972 年霍尔姆斯发表的《翻译研究的明与实》为起源。在这个时期，很多学者主要从文化层面对翻译进行探索。在探索过程中，文化学派的翻译研究力图打破文学翻译中的陈规，试图在综合理论的指导下进行文学翻译研究。

霍尔姆斯对翻译中的文化学派的发展作出了突出的贡献。他首次将翻译作为一门学科的形式进行研究，并且对翻译学科的内容进行了详尽的阐述。他认为翻译学应该分为纯翻译学和应用翻译学。纯翻译学主要包括描写翻译研究和翻译理论研究。应用翻译学主要包括译者培训、翻译辅助手段、翻译批评，这一框架为翻译研究奠定了坚实的基础。

至 20 世纪 80 年代末、90 年代初，西方的翻译研究开始转向文化层面，并积极运用文化理论对翻译进行新的阐释，其主要理论有解构主义翻译理论、女性翻译理论、后殖民主义理论。英语翻译中文化学派的出现是文化发展的必然结果，其对于促进翻译研究的活力与应用性发挥着重要的作用。

（二）商务英语翻译的标准

因为商务英语翻译是一种科学性翻译，所以在翻译的过程中需要注意翻译原则和翻译标准，只有这样才能提高译文的准确性和适宜性。

商务英语翻译是翻译的重要分支，译者有必要熟知和掌握这些翻译理论，从而扩大自己的视野，提高自己的翻译能力。

由于中西方学者对翻译重点和方向的把握不同，所以形成了不同的翻译理论和观点，并对译者的思维模式提出了要求，它要求译者要同时具备中英两种语言的思维模式，在具体的翻译过程中进行思维模式的转换。

由于思维模式影响着语言的使用，译者需要在理解的基础上，对原文进行创造，从而使译文更加符合译入语的语言使用规范。商务活动带有很强的实用性和灵活性，这对译者的素质就有了很高的要求。对这些理论的介绍能够使译者在具体的商务英语翻译实践过程中注重检测自己译文的质量，提高译文的准确性。

需要强调的是，翻译是一门实践性学科，理论的介绍只能够指导译者的实践工作。翻译技能的提高还需要译者进行大量的训练，商务英语翻译尤其如此。下面将针对商务英语翻译，对其适用的翻译标准进行简单总结。

关于翻译的标准，国内外的学术界都没有统一的界定。商务英语翻译是翻译的重要分支之一，因此，其标准的界定也应该在总体翻译标准的范畴内。下面对中外学者的翻译标准研究进行总结，进而指导具体的商务英语翻译工作。

1. 中国商务英语翻译标准研究

我国的文字翻译源远流长，从 2500 多年前就已经开始了。在漫长的翻译研究过程中，我国很多学者对翻译的标准都有着自己独到的见解。了解和掌握这些翻译标准，无论对从事商务翻译的工作者还是读者而言都有着重要的指导意义，见表 4-6。

表4-6   中国商务英语翻译标准的研究

翻译家	简介	主 要 思 想 和 主 张
严复	清末著名的资产阶级启蒙思想家、教育家和翻译家	严复通过汲取古代佛经翻译理论的精髓，结合自己的实践经验，提出了著名的翻译三标准——信、达、雅。 在商务英语翻译实践过程中，"信"要求译文要忠实，"达"要求译文要顺畅，"雅"要求译文要符合具体的商务环境和语言使用环境。商务活动讲求效率，严复的三标准可以严格要求译者的翻译活动，因此有着重要的影响意义
梁启超	我国著名的思想家和文学家	梁启超主张翻译书籍务必要让读者深刻了解原文含义，如果原文含义有误，只保留原文部分含义或增减原文内容、颠倒原文顺序等都是有害的。另外，译者的学识、专业必须和原作者接近，这样才能翻译出质量上乘的作品。 梁启超启示译者要多关注商务领域的知识。译者的翻译并不是单纯地对两种语言进行转换，其还需要译者有一定的商务知识，才能正确理解商务活动双方的交际意图和交际话语。当译者的商务水平大致和交际双方接近时，才能有效保证译文的正确性和得体性
鲁迅	中国著名的思想家、革命家、文学家、评论家	鲁迅的翻译思想主要有：①翻译要"有用""有益"；②信为主，顺为辅；③直译为主，意译为辅。 鲁迅先生的翻译理论在商务英语翻译实践中的作用十分重大。商务英语是一种交际性很强的翻译活动，因此交际双方的话语中可能隐含着自身的语言含义，因此译者需要用"直译为主，意译为辅"的标准来衡量自己的译文，从而做到译文的准确、有效

续表

翻译家	简 介	主 要 思 想 和 主 张
郭沫若	中国现代著名诗人、文学家、戏剧家以及翻译家	郭沫若的翻译理论注重对译者素质的要求，他认为主体性、责任心是译者必须具备的，同时译者主观感情的投入对翻译工作也十分重要。 这个思想就要求商务英语翻译的译者要具备相当的商务活动知识，从而保证翻译的有效进行。同时在翻译活动进行之前，译者有必要了解交际双方的文化背景和工作背景，从而在翻译实践中更加游刃有余
林语堂	中国当代著名学者、文学家和语言学家	林语堂的翻译思想主要有：①把翻译视为艺术；②"忠实、通顺、美"。林语堂认为，在具体的商务英语翻译实践过程中，译者需要注意文字之美，把握语言的神韵。译员是商务交际中的重要媒介，肩负着沟通不同文化的作用，译者对美的标准的掌握能够提高翻译的文化性和传播性
傅雷	中国著名文学翻译家、文艺评论家	傅雷认为，翻译要做到"传神达意"必须做到三点：①中文写作；②反复修改；③重视译文的附属部分。 傅雷的这个观点对商务英语翻译也有着重要的借鉴作用。在商务活动的英译汉中，译者需要根据中文的语言使用形式对译文进行反复推敲，从而使译文更加符合中文的表达习惯。同时，商务英语文本中还存在很多专业术语，对这些术语注解的翻译也能促进翻译活动的有效进行

随着全球化的发展，中国与世界的商贸联系更加密切，商务文本的翻译也越来越多。由于商务文本涉及各方的经济利益，对商务文本翻译的要求很高，译界对商务翻译的标准的讨论也更加深入。

自 20 世纪 80 年代开始，西方译论被大量引入中国。以此为契机，人们对我国传统的翻译标准进行了重新审视，引进了西方的诸如"等值""等效""对等"等翻译新概念。但这些标准或原则均是基于语言文化习惯非常接近的西方语言文字之间的翻译而提出的，若将它们直接用作语言文化差异较大的汉语同英语之间的翻译标准显然不甚合适。非文学翻译所涉及的范围、专业较广,商务英语翻译作为非文学翻译中的一种,有其自身的文体风格和翻译特点,为此,我们结合商务英语的特点和语用功能,参考哈贝马斯交往行为理论,提出了商务英语的翻译标准:忠实(faithfulness)、准确(exactness)、统一(consistency)、得体(appropriateness)。

2. 西方商务英语翻译标准的研究

西方对翻译的研究有着很长的历史,下面对其进行总结,从而为商务英语翻译带来一定的启示,见表4-7。

表4-7　西方商务英语翻译标准的研究

学者	主要思想和主张
皮亚杰	皮亚杰是早期结构主义的代表人物,其翻译标准为: (1)翻译结构应具有自我调节的功能。 (2)翻译结构应该具有动态性。 (3)翻译结构应该带有整体性,这主要指的是构成这一结构的各要素相互依存。
泰特勒	泰特勒(Alexander Fraser Tytler)认为译文应该: (1)译文应完整地再现原作的思想内容。(That the translation should give a complete transcript of the ideas of the original work.) (2)译文的风格、笔调应与原作的性质相同。(That the style and manner of writing should be of the same character with that of the original.) (3)译文应与原文一样流畅自然。(That the translation should have all the ease of the original composition.)

学者	主　要　思　想　和　主　张
多雷	法国翻译家多雷认为： （1）译者必须完全理解所译作品的内容。〔The translator must perfectly understand the sense and material of the originalauthor although he（she）should feel free to clarify obscurities.〕 （2）译者必须通晓所译语言和译文语言。（The translator should have a perfect knowledge of both SL and TL，so as not to lessen the majesty of the language.） （3）译者必须避免逐词对译。（The translator should avoid word-for-word renderings.） （4）译者必须采用通俗的语言形式。（The translator should avoid Latinate and unusual forms.） （5）译者必须通过选词和调整词序使译文产生色调适当的效果。（The translator should assemble and liaise words eloquently to avoid clumsiness.）
费道罗夫	苏联的翻译理论家费道罗夫提出了"确切翻译原则"，他认为： （1）翻译的目的是使译入语读者能够了解原文的内容与思想。 （2）翻译就是用一种语言把另一种语言在内容与形式不可分割的统一中已经表达出来的东西准确而完全地表达出来。
哈贝马斯	德国著名思想家和哲学家哈贝马斯提出的交往行为理论为我们从事翻译研究提供了新的视角。哈贝马斯认为： （1）在语言的认识式运用中，陈述内容的真实性就居于显著地位； （2）在语言的相互作用式运用中，人际关系的正确性（或适宜性）就居于显著地位； （3）在语言的表达式运用中，则是言说者的真诚性居于显著地位。

学者	主 要 思 想 和 主 张
纽马克	纽马克提出了"文本中心论"的观点。他认为翻译的对象应该是文本，根据语言的功能，文本可以分为表达型、信息型和呼唤型三大类。纽马克把翻译方法分为语义翻译和交际翻译两种，前者强调忠实于原作"原作者"；后者强调忠实于译作"读者"，不同的评价标准，不同的"等效"要求

第二节　商务英语翻译理论研究

　　商务英语翻译是英语翻译教学的重要部分，是实现国家经济发展的不可或缺的一个方面，对商务英语翻译的研究可以促进商务英语翻译人才的成长和培养。本文对近十几年来商务英语翻译的文献分类分析，总结出商务英语理论研究和教学研究的现状，从而对商务英语翻译的发展趋势加深了解，促进商务英语翻译研究的健康发展。

一、关于商务翻译的经验研究

　　所谓经验研究，顾名思义，是指研究主体通过自己的主观认识，在对实践客体的本质特征、关系特征或价值特征作出合理辨析的基础上，提出自己对改造客体以期达到理想状态的认识，并给予一定的方法论说明，期待在一个更广范围内得到运用，使这种经验认识得到借鉴和参考，扩大学习者对实践对象的认识范围和视角，从而提高其实践能力和翻译水平。经验研究与实践直接相关联，反映的是实践主体对实践对象的一种观念性的把握；经验研究可以是针对翻译现象提出某些带有方法特征的概念，是对策性感性认识的反映，如传统翻译研究中最显著的就是"直译""意译""归化""异化"等，也包括英国翻译理论家纽马克的"语义翻译""交际翻译"等。就是说，能直译的就直译，不能直译的就意译，能归化的归化，不能归化的就异化，主要的判断标准就是根据译者自己的主观感受与认识。纽马克是从外延上对语义翻译和交际翻译进行划分的，他将某些语言形式或某类现象纳入语义或交际翻译方法操作的范围。有些研究者从某些文本或类型的翻译实践出发，有针对性地提出一些散论式、主观印象式的经验总结认识，如有关对外宣传翻译的经验感性认识："双向理解与完美表达""译前处理""对原文适当增删""壮词淡化"等。还有的研究者提出比较具有方法论原则的感性认识，如许建忠（2005）在《工商企业翻译》中归纳了"轻化、浅化、淡化、虚化、弱化、等化"六种方法论原则并给予相应的说明；有的则从范畴化角度对经验感性认识进行拓展，如毛荣贵（2004）在《翻译美学》中总结的美感范畴：文化美、语言文字美、句法篇章美、语体美、思维美、逻辑美、形象美、情感美、意境美、形式美、音韵美、节奏美、口吻美、整饬美、朦胧美、灵感美、幽默美、和谐美、庄重美、丰腴美、含蓄美、反讽美、肃穆美、模糊美、精确美、婉约美、凝炼美、蕴籍美、涵隽美、简约美、创造美、活用美等。经验研究的特点是主观印象性比较强，侧重于对实践客体的主观性要求，一般都是研究者针对两三个实例，就事论事式地发表自己的见解、看法或观点和认识，常体现出一种散论性的评说方式。这种经验研究常见于许多讨论翻译技法和一般原则的翻译文章中。

传统翻译教材中总结的各种翻译技巧都属于经验研究范畴，如我国早期的翻译教材《英汉翻译教程》《汉英翻译教程》中列出了一系列方法：增词法、省略法、重复法、词类转换法、正反与反正表达法、分译法、分句合句法、无主句译法、被动态译法、习语译法、拟声词译法、定语从句译法、状语从句译法、长句译法，等等。这些翻译"技法"都是编者在自己多年的翻译实践经验感性认识的基础上加以总结说明的，其主要根据在于协调处理双语词汇、语（句）法、语篇衔接、结构组织、文化和思维习惯等的差异，其目的在于提高学习者对翻译的形式与内容语际转换的认识，并在宏观原则理论"准确"和"通顺"或"信、达"等概念指导下，"规范"他们的翻译实践行为。技法性经验研究的说明对象，一般是从语篇或大语境中抽出来加以讨论的一些比较简单易懂的实例，有的典型，有的则欠典型。如有的教材在介绍"意译法"时也用隐喻的实例予以说明：

Every life has its roses and thorns.

人生都有苦有甜。

孤立地看，这些技法的运用说明一般具有合理性，编者提供的译文一般是可接受的，如上述例句的英语隐喻不宜译为"每个人的生活都有玫瑰和刺"，否则原文具有的隽语风格特征及其隐喻的美感形象则荡然无存。翻译技巧的介绍必须具有典型性能反映出特定的原则认知，如"意译"也应遵循一定的原则性，即实例必须是那些因语言文化和思维差异显著，且又无法采用各种等效法予以直译的翻译现象。对于上述英语隽语的汉译，我们可采用"种—属概念置换法"，即将种概念"玫瑰"置换为属概念"鲜花"，而将"刺"置换为"荆棘"，从而等效地保留了英语的两种喻体形象，表达了人生都会有成功和失败的经历：

人生都有鲜花相伴，荆棘相遇（种属概念置换法）。

关于一般技法的介绍，此后20多年里出版的数十种翻译教材都大同小异，只是用的实例有异，成为其主要的构成内容。然而，随着社会的发展，相邻相关学科理论诸如语义学、语用学、认知语言学、语篇语言学、功能语言学、修辞学、社会语言学、跨文化交际学、文学、翻译美学、阐释学、接受美学等的发展，以及"等值"论（奈达，1964）、"等效"论（奈达、金隄，1984）、"功能-目的论"等国外理论的引进和普及，翻译研究者发现翻译实践并非如此简单，传统的技法性经验感性认识并不能解决一系列根本性的翻译问题，不能认识复杂的文本特征及其翻译问题，如"多义性、模糊性、语义嬗变性、陌生化、歧义性、不定性、隐喻性、缺省性、结构空白、连贯性、不可译性"等[①]。这就是为什么上述《英汉翻译教程》在出版后不久广受欢迎，几乎被所有高校作为翻译教材使用，而到了20世纪90年代末则出现了一系列批评该教材中翻译问题的文章，这说明后来的翻译教

---

① 曾利沙. 应用翻译学理论逻辑范畴拓展方法论——兼论译学理论创新的认识论和价值论 [J]. 上海翻译，2013.

师从不同学科理论角度对其译文进行研究，认识到该教材中出现的翻译问题诸多。从这种现象看，技法性经验感性认识具有历时性、主观性、商讨性、建议性、可参性和主体间性特点，同时又具有局限性、片面性。近年来，翻译研究热点由经验感性研究进入理论感性研究阶段。然而，无论处于何种历史时期，经验感性认识都是必要的，但随着交叉学科和相邻相关学科理论的介入以及对翻译学理论研究的深化，经验感性认识是可以不断提升的，其局限性也会不断地得到深化和拓展，并进一步为理论认识提供实践基础或依据。

（一）经验研究的特点与作用

从现有文献看，我国大多数翻译研究文章或编著都属于经验研究的范畴。《中国翻译》《上海翻译》《中国科技翻译》期刊上的文章基本上以经验感性介绍性为主，一些编著如《科技英语实用文体》（方梦之，2003）、《工商企业翻译实务》（许建忠，2005）、《跨文化交际翻译》（金惠康，2003）、《公示语汉英翻译》（王颖、吕和发，2007）、《旅游翻译与涉外导游》（陈刚，2004）、《英汉-汉英应用翻译综合教程》（方梦之、毛忠明，2004）等基本上都属于经验研究的范畴。又如美国学者平卡姆（2000）出版的 *The Transtators Guide to Chinglish*（《中式英语之鉴》）一书，总结归纳了许多可操作性经验规则（manipulative norms），都属于经验感性认识。平卡姆曾在外文出版社和中央编译局工作 8 年，负责对中国译者的英语文字表达问题进行修订、润色，她积累了大量的典型中式英语实例，从一个英语语法修辞学者和目的语读者的接受心理及视角出发，对中外宣传材料的英译问题作了分析说明，并提出自己的改译意见。其中一个重要的理念就是中西语言文化和认知思维差异对译文质量要求的制约和规范性。不少实例并非属于正确或错误的问题，而是属于质量优劣和表达的效果问题。如"中国今年农业大丰收"不应译为"In China, there is a good harvest 讥 agriculture."，平卡姆的说明是：since there is no harvest in industry in English. 由于英语中并无农业丰收的说法，因而也就没有必要译出介词短语"in agriculture"。这种说明显然是经验感性认识，并非理论认识。根据该书所提出的经验感性认识，笔者从中提炼出 10 条经验规则，作为"经济简明"策略原则的可操作性经验规则。①

（1）删略对基本信息不提供实质内容的文字。

（2）删略或简化不必要的解释性文字或读者已知的信息（即共享知识）。

（3）删略一般读者易于从文字中推出或概念相互蕴含的信息内容。

（4）删略复合型词组的语义重复性文字。

（5）若一名词或短语本身蕴含有修饰性文字的语义内容，删略该修饰性文字。

（6）当范畴或属性词出现在具体或种概念词语之后，删略该范畴或属性词。

（7）当某下义词与上义词并列使用时，酌情删略其中之一。

（8）能用小一级语言单位传达的信息内容就不要用大一级的语言单位。

（9）当有多项描述或评价性文字出现说明某特定对象时，删略或简化其中内容比较虚的文字。

（10）当同一或相邻语段内出现两处以上的相同或相似的文字信息，酌情给予必要的信息压缩。

经验规则可使研究者据此对一些类似的实例作出举一反三、触类旁通的感性认识，使商务翻译实践的译文做到简洁美，使其质量进一步提高。

（二）经验研究交流的主体间性

我们知道，从实用性和社会效应或经济效益看，商务翻译活动是一个群体性、主体间性的社会性行为。译文的出版或发行必须体现出较高的质量，并受到社会受众的积极反映，这样才能为委托方（企业或公司等）带来良好的经济效益。但事实是，商务翻译所涉及的行业

① 曾利沙. 从对外宣传翻译原则范畴化看应用翻译系统理论建构［J］. 外语与外语教学，2007.

非常广泛，受托的"译者"群体良莠不齐，有些经验丰富、知识面广博且又严谨认真的译者，产出的高质量译文或译品会得到社会的高度好评；而有些译者具有英语专业的学历却无扎实的翻译知识和技能，还有些译者虽经过翻译专业的培训，却因知识面欠广或责任心不强，译出的"作品"不合格，出现不少错译或误译，有时仅仅是一个小小的误译却会给委托方造成无可挽回的巨大经济损失。这就引出了社会性的翻译实践批评和经验交流的必要性，研究者针对种种翻译"问题"从自己的认识角度出发，指出问题的性质，提供解决问题的对策与方法。当然，就算是在整体质量都较高的译作中也难免出现一些值得商榷或有待完善的典型翻译问题，也会引出一些经验交流性探讨，以求将译文提升到一个更加完美的程度。也就是说，译文没有最好，只有更好，故翻译实践批评或经验交流的过程就是不断追求完美的过程。翻译实践批评或经验交流研究离不开经验感性认识（操作技法和理据等）和经验理性（原则或标准等）认识，这些认识一般都必须形成特定的主题性文章才能在有关期刊发表，或被允许在一些翻译研讨会上宣讲，其目的就是在一个更广的翻译研究共同体内得到共识，或征求专家同仁的意见，或引出商榷性的观点，从宏观理论和微观技术理论层面对社会性、广延性的翻译实践进行指导，以防止类似错译或误译问题继续出现在社会性的译文中。同时，这些公开发表的经验交流性研究成果，不仅能为翻译专业或方向的学生提供举一反三、触类旁通性的借鉴参考，而且为商务翻译系统理论研究提供客观基础。

　　翻译实践经验交流的主体间性具有一定的学术研究价值，不同译者主体之间的经验感性认识的交流或碰撞，能将不同译者的主观能动性激发出来，共同探讨某个或某些特定翻译现象，以期获得比较理想的译文。尽管译者主体面对复杂的翻译现象都有其认识上的局限性，但通过交流有助于深究问题的成因、认识问题的性质和获得解决问题的多维视角。某主体 A 所提出的译文自认为是较好的，但主体 B 能发现其中的问题，并进一步提供较佳的译文来。也有可能另一主体 C 又认为主体 B 的译文存在"问题"，提出不同的看法，而且能提出更佳的译文来。总之，主体间性的经验研究交流是学术群体之间针对某个或某些译文质量问题表达自己的观点或看法，其出发点都是为了完善译文，共享经验成果。这种主体间性的经验交流常见于一些翻译批评或商榷性文章，针对出版物或一些翻译研究文章中译文的选词择义、句法结构、信息结构、语言习惯等提出批评和改译，这种经验交流可分为"译文纠错＋完善式"和"对策方法兼顾＋译文完善式"两大类型。"译文纠错式"经验研究交流的特点是，研究者指出问题，然后提供自己的译文后就点到为止，未能继续深入上升到理论层面讨论。

商务翻译经验研究中有许多值得相互交流的案例，不同译者可能从不同维度审视不同译文，或各有优点，各有长处，其宗旨就是从思维方式上探讨如何更进一步完善译文，上升为经验感性或理性认识，以期获得译界共识。但最重要的是译者们精益求精的态度、主观和客观相统一的理据性，既要实事求是地指出问题的存在及其观点，又要客观地说明各种影响因素和可能的接受效果，同时又要能提供更为可行的改译。如公司简介的撰写及其语言文字是一大特色，五花八门，各行其是，缺乏统一的行业规范。究其原因，就是这些简介有不少是由中文系毕业的公司秘书撰写的，其使用的文字内容和句式结构无疑烙上了时代的烙印和个性特征，其中不乏政治性的豪言壮语。在翻译时就要考虑英语受众的目的与需求特征和特定的接受心理，如许建忠提出的"轻化、淡化、虚化、简化"，以及周领顺提出的"淡化豪言壮语"，等等，都具有积极的参考意义，为商务翻译中译者主体性发挥提供了理据。

二、商务翻译理论研究的目的与方法论

商务翻译理论研究的目的在于：一是从商务翻译实践或事实出发，通过经验总结上升为理论感性认识，并力求将理论普遍原理化、学科理论综合化，化理论为知识，化理论为方法。翻译理论本身不提供认识论和方法论，也不提供阐释视角，理论研究必须从相邻相关学科或交叉学科理论中寻求和吸收可行的理论资源，拓展认识论维度，如从语义学、语用学、语篇语言学、认知语言学、价值哲学、实践哲学等

学科理论中吸收部分基础性理论概念：概念特征、内涵与外延、定义、前提、预设、蕴含、种属、命题、范畴、属性、语用含意、含意推导、上下义关系、整体-部分关系、最佳关联、认知图式等。其方法论意义在于：当我们以特定概念或观念去解释或规范现实时，该概念或观念也就转化为方法。"方法的实质就是从一定角度、模型或框架（概念）出发进行的分析与综合，一切方法都只是这种分析与综合的特殊表现或特殊运用"。商务翻译属于应用翻译研究的范畴，研究的内容既有共性，又有特殊性，其共性涉及普遍理念知识，包括原则、准则、规则、技法、主或客意识、价值、需求、目的、动机、策略、意图、认知、意识形态、主体（间）性、区间性规律等；其特殊性涉及专门知识，包括文本类型、题材、体裁、主题、语言、文化、意义、形式、风格、关系、属性、结构、特征、连贯、语境、变异等。

　　商务翻译学研究的方法论就是运用辩证唯物主义的方法论以及相关相邻学科理论知识，通过对研究对象的直观和本质的洞察，进行比较、分析、综合、抽象、概括、归纳、演绎、阐释等，在各范畴内提升出能反映客体本质特征与规律，并且具有指导意义的概念系统。"原则"是由人们社会实践活动的目的性决定的，是其价值观的体现，反映着客观事物的意义和作用；是人们对自己活动的目的和手段，要从总的方向、前提和条件上加以规约的一种倾向性陈述，或者说是一种为一定社会群体所接受的"公理"，其形成过程是以人们公认的道理为依据进行推论的一种抽象过程，其特点是"坚持着固定的规定性和各种规定性之间彼此的差别"。理论与实践研究的统一是商务翻译研究追求的目标，脱离了具体形态的商务翻译实践就没了理论的基础和依据，没有基础和依据的理论则是空洞无效的，或者说是没有方向和目标的理论。

第三节　商务英语翻译生态建构

　　商务英语翻译生态根据梯度分析法（Gradient Analysis）和区域分

析法（Zone Analysis）的概念，可以将商务英语翻译生态划分为宏观生态、中观生态、微观生态三个层次。本书将重点放在微观生态和宏观生态。微观翻译生态环境，指影响单个商务英语翻译作品的相关因素，如译者、文本等，而宏观商务英语翻译生态环境则是指对于某一历史时期，对整个国家或者社会的翻译倾向（翻译选择）、翻译发展等起重要影响作用的相关因素，如国家制定的翻译政策等，如图 4-1 所示。

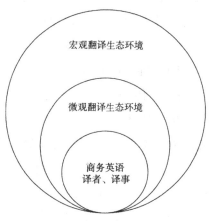

图 4-1　商务英语翻译生态层次

钱春花的研究中更加细致地将翻译生态系统要素分为宏观环境因素、核心环境要素、支持环境因素三大类。其中核心环境要素包括作者因素、译者因素和读者因素，如图 4-2 所示。实线箭头表示系统要素影响关系；虚线箭头表示尚待验证的影响关系。该系统图对商务英语翻译领域也有一定的适用性。第一，宏观环境系统。在商务英语翻译中，译者的翻译行为受到政治、经济、文化和自然环境等宏观环境因素的影响。例如，译者的翻译行为会受到母语文化中宗教、文化习俗和思维方式的影响。第二，支持环境系统。商务英语翻译支持环境是商务英语翻译活动所处的业务环境，包括翻译资源、行业环境、翻译研究、翻译技术、译者的权力因素等。例如，译者在进行特定领域的商务合同翻译时，需要参考相关的专业术语、背景文献、合同翻译的平行文本，这些资源的丰富程度，即从资源到译者的信息通畅程度，会很大程度上影响翻译的效率和效果。第三，核心要素系统。主要包含译者因素、读者因素、作者因素。翻译都有一定目的性，商务英语翻译中的目的性尤为突出。译者要考虑到赞助者和出版商的意见，所以在翻译行为中或多或少受到了这些因素的影响。从作者因素看，作者的价值观、表达方式和文本语言都影响最后的译文。原文或多或少地渗透了作者的知识背景、时代背景、个人价值观念、个人特质，而译者是否能够完全领会作者的理念、语言和文本，在于译者与原作者的契合度和特质的相似度。译者因素包括译者理念、翻译动机、译者情感、专业能力、语言能力和创造能力。读者因素指的是读者在阅读译文的时候，读者有自己的思维习惯、价值取向和审美观念。读者阅读译文过程是读者与译者视域融合的过程，因此读者的理解不是与原作者的意图一致，而是一种在读者视域中再创作的过程。因此读者因素也是商务英语翻译生态中重要的因素，如图 4-2 所示。

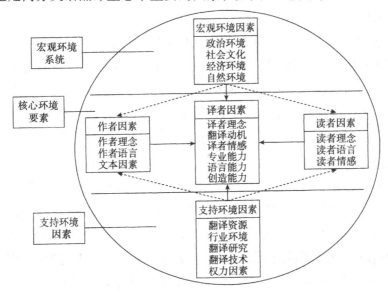

图 4-2　翻译生态系统要素结构体系

从图 4-2 中可知译者因素处于翻译生态的中心，生态翻译理论认为"译者为中心"，翻译不是简单的语言间转换，在这个复杂过程中译者具有主观能动性。因此，生态学视域下的翻译研究，非常有必要研究译者。译者个体内部也存在一定的系统性，如精神追求、情感需要、经济利益取向、个人兴趣甚至性格特点都在翻译过程中有所体现，译者的翻译实践经验也对翻译质量产生一定的影响。Radegundis Stoleze 从译者的发展角度分析了译者进行翻译时所处的系统环境，如图 4-3 所示。他将翻译生态中译者的环境分为情感动机（Emotive Motivation）、知识发展（Intelectual Enrichment）、翻译装备（Material Outfit）、认知过程（Cognitive Process）。情感动机部分主要是指译者接受或拒绝相关翻译业务的动机，如对客户的态度、经济等其他因素。翻译装备是一种广义的说法，包含译者翻译中的设备、与翻译从业相关的经验以及相关的背景知识。知识发展将翻译业务作为终生学习的一部分。认知过程是指译者实际凭借自身翻译能力对翻译文本进行理解，并对译文进行转换的过程。Radegundis 的系统图是从译者发展的角度出发，对商务英语翻译中译者的自主发展有一定的借鉴意义，译者可以发挥自身能动性，综合分析图中翻译生态的各种因素对自身发展的影响。

翻译生态的构建为商务英语翻译理论和实践提供了新的依据。以上三种建构模式分别是按照层次、详细因素和译者环境的角度来进行详细划分的。这三个框架为整体而全面地研究商务英语翻译实践，以及商务英语翻译生态中各层次的影响因子和核心元素之间的相互作用，起到了指导和构架作用。商务英语翻译实践是一种以人为中心的实践，涉及委托人、作者、译者、读者等，环境因素最终是通过人的因素起作用的。商务英语翻译和生态学研究中心是"译者"，从生态学的视角、译者的出发点考虑如何在商务英语翻译实践中以联系、动态、处境、层次、圆融的思维方式，根据翻译生态做出适应性的选择和选择性的适应。单个译者的翻译经验常常处于一种螺旋式上升发展的轨迹，"事后追惩"作为翻译生态中的一种规律，对译者来说也是在同一翻译任务中进行新的调整或在下一翻译任务中进行"事前预防"的依据。所以，译者作为集体行为，或者以个体行为对翻译活动进行的控制和管理，是译者发挥主动性根据翻译生态做出适应，使译者、译文在翻译生态中达到整体、和谐的一种有意识的活动。

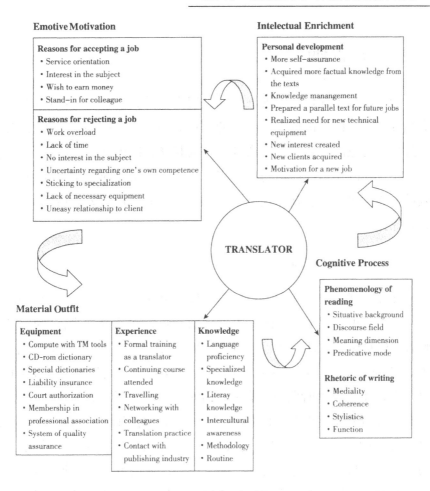

图4-3　翻译生态系统

第四节　商务英语生态翻译实践

随着越来越多的国内外翻译界人士开始关注生态翻译学，其中一些人开始对生态翻译学的应用进行研究。其中包括对不同翻译领域的生态环境研究，如广告翻译、商标翻译等。本节将主要探讨生态翻译学对商务英语翻译领域的实践研究，提出教学实践研究的重点以及翻译教学的合理规划，从而为学校培养出满足社会需要的技能型复合人才提供一些借鉴。

一、广告翻译

随着经济全球化的发展、国际经贸交流的日益频繁，我国的优质商品逐渐进入国际市场，而国外的流行商品也引入中国，广告宣传的国际化趋势也越来越明显，商务广告的翻译在国内外的商品推广中起着至关重要的作用，成功的商务广告翻译将会给企业带来巨大的经济效益。通过研究生态翻译理论在商务广告中的运用，为今后的商务广告翻译提供参考。

（一）广告的内涵

在经济高速发展的今天，广告不仅渗透在人类经济生活的方方面面，而且在很大程度上支配着人们的消费观念和消费方式，同时也影响着人的自然观、社会观、生活观、价值观。"广告"一词起源于拉丁语 "adverture"，意为大喊大叫以吸引或诱导人们注意，在 1300—1475 年的中古英语时期演变成为英语的 "advertise"，意为 "引起人们注意，告知某人某事"。在汉语中，"广告"字面的含义为 "广而告之"，这与英语广告的本意极为接近。可见，中外早期对广告的定义，均包含了引起公众注意的意思。随着广告产业的发展，各种形式的广告主要通过听觉、视觉手段向大众进行传播，旨在扩大某种产品、服务或者思想的影响力，宣传相关信息，让更多的消费者和大众接受这种产品、服务或者思想。

（二）广告翻译的前期研究

从文献检索看，以 "广告翻译" 为关键词检索的文献项有数百篇，这些文章研究的内容是杂合性的，包括了狭义的广告语（词）、商标和广告语篇；以 "广告语" 或 "广告词" 检索的文献项却只有数十篇。若将那些篇幅短小、视角或方法雷同、内容重复、译例缺乏新意、评说点到为止而缺乏创意的经验之谈的文章除外，那么，有关广告语（词）翻译理论与实践相结合、具有创意的研究文献则寥寥无几。从理论视角分析，这些研究文献中比较集中的是"目的论"（沈继诚，2005；洪明，2006a）、"功能观"、"文化框架"（朱晓莉、汪立荣，2011）、"美学修辞"（洪明，2006b）、"认知语境"（曾立，2003）"接受美学"（封琼、李娟、武广庆，2013）、"生态翻译"（曾萌芽，2011）、"互文性"（罗选民、于洋欢，2014）、"语用学"（蒋磊，2002）、"创意学"（吕和发、蒋璐，2013），等等；在翻译方法对策上，这些文章介绍的比较集中的是直译、意译、音译、编译、变译、译写、归化、异化、译创等。如李祥德提出四字广告词组汉译英时可采用三种方法：直译、意译和修辞译法；有的文章在目的论下讨论广告词翻译，提出以目的语语言为导向，应注重目的消费者的词汇特色、句法特征、文体特征。

从经验交流看，有些研究对广告语翻译中的一些问题进行了经验总结，或从不同的理论视角作出了理据性说明，对广告语的翻译实践无疑具有积极的指导意义。但是，相当一部分文献只是为了概括分类而分类，或只是套用某个理论概念而标新立异，但实际上并不能说明广告语翻译的本质问题，或提供具有价值的方法论原则。有些在直译、意译、语义翻译或异化翻译、对等翻译等概念下归纳出的广告语翻译的实例，并没有提供任何有新意的说明，只是分类概括而已。示例如下：

直译：

（1）Chanllenge the Limits.（SAMSUNG）

挑战极限。

（2）Hand in Hand, Future in Your Hand.

伴你同行，齐握未来。（太平人寿）

（3）Life is journey. Travel it well.

人生如旅程，应尽情游历。（United Airline 联合航空）

（4）What can be imangined, can be realized.

只要有梦想，万事可成真。（香港电讯）

意译（或归化）：

（1）The color of success.

让你的业务充满色彩。(Minolta 复印机)

（2）Every time a good time.

秒秒钟钟欢聚欢笑。（麦当劳）

（3）We can provide the service above and beyond the call of duty.

殷勤有加，风雨不改。（UPS 快递）

对于研究者来说，若简单地用"直译"或"意译"等概念去套用实例，既不对原广告语的语言特点和所推介的产品或服务特色作出关联性辨析，也不根据产品和服务特点对现有的译文作出任何创意或创译性完善，追求形式与内容的统一，以求实现广告语翻译的最佳社会效应，那么这种分类概括是没有理论和方法论价值的，也不具有实践指导意义。

如有关麦当劳广告语的译文在所有文献中都受到充分肯定，但是如何翻译"every time"和"a good time"应根据麦当劳快餐连锁店的服务特色和质量来进行意译。上述译文将"every time"译为"秒秒钟钟"在汉语中显得生僻；将，"a good time"译为"欢聚欢笑"，只是突出一种热闹场面，对于一家充满西方异域饮食文化的快餐连锁店来说，并没有体现出环境特色以及消费者独特的体验感。中国消费者光顾麦当劳这家体现西方异域文化的饮食连锁店，实际上最主要的是想获得一种体验。麦当劳的特色正如广州日报一位记者所写："去麦当劳吃什么？有人总结说，吃档次、吃快捷、吃高雅、吃洁净、吃时髦、吃氛围……结果吃了半天，还没吃饱肚子"。故我们可将该广告语译为：

Every time a good time.

每次光临，惬意欢畅。

中文的"惬意欢畅"的英文意思是"feeling pleasantly satisfied and thoroughly delighted（给人一种极度愉悦和满足感）"，将光顾麦当劳的消费者们对消费环境与服务质量由衷地感到极度愉悦和满足的心境突显出来。

对于 UPS 快递广告语的译文"殷勤有加，风雨不改"，其中"殷勤"是"好客"（hospitable or eagly attentive），没有突显广告语中揭示其服务特色的关键词"service"和"duty"，我们还可以将其译为：

We can provide the service above and beyond the call of duty.

译文紧扣快递公司的服务特点，围绕两个关键词，拓展其内涵：将"duty"译为"使命"（意指"特殊的职责或任务"），并与突出执行使命的信念"真诚"搭配；将快递业务的特性"上门服务"的内涵突显为"贴心服务"，传达给消费者一种温暖的情感体验。

现有的有关广告语翻译技法的归纳概括大多数雷同，并且是套用在一些比较空泛的理论视角之下进行主观印象式的讨论。首先交代或介绍了特定的理论概念后，便转入具体的广告语实例的讨论，但很少见到富于创见或颇有新意的论述，或研究者自己能提出具有别具一格的创译来。如不少用翻译生态学来解释广告语翻译的文章就落入这种窠臼。胡庚申将生态学的一系列观点和概念引入翻译研究，对翻译实质、翻译过程、翻译原则、翻译方法等问题给予了解释，认为翻译是"译者适应翻译生态环境的选择活动"，并提出了"译者中心"论。曾萌芽在探讨生态翻译学视角下的广告翻译时，认为不论译者采取何种翻译方法，都必须多维度地适应特定的翻译生态环境，采取灵活多变的翻译方法，并真正地做到"三维"转换，才有可能产生出整合适应度最高的译文。这种看似具有"新意"的广告语翻译"三维"观，实质上就是"语言维""文化维"和"交际维"。我们若将三个维字去掉，就剩下"语言""文化"和"交际"几个被无数相关研究文章反复使用的普通概念，而"生态翻译学"宛如一顶大帽子，套在了"语言维""文化维"和"交际维"之上。

（三）广告翻译的三维度适应

以生态翻译学为理论视域，以广告文体的翻译为例，分别从交际维度、语言维度、文化维度三个层面探究广告翻译，要求译者不但要通晓英汉语言体系差异、中西文化差异，还要结合译者所处翻译生态环境中的超语言因素来考察翻译活动，从而实现广告翻译的整合性生态研究。

1. 语言维度

商务广告语言的表现要求如下所述。

（1）新奇性：鲜明突出。其是指宣传主题的鲜明突出、广告宣传对象主要特色和个性的鲜明突出，以及商品宣传方法的鲜明突出。例如，福特汽车 Ford 的一则广告 "4ord costs 5ive% le ＄ ＄"，其中"4ord" "5ive%" "le ＄ ＄" 都充分地体现了广告语言的新奇性。本广告语按照常规应该写成 "Ford costs five percent less"。另外一则锁的广告中出现了一个创新词汇 "Securilock"，其中包含了 "Secunity" 和 "lock" 两个词。这种新奇性的语言既吸引了客户的眼球，又有助于意义的传达。

（2）简洁性：简明通俗。指广告语言的运用要简洁、精炼，并令人读后过目不忘。广告语言中经常带有 "can't" "could't" "won't" "wouldn't" "don't" "you'll" 和 "that's" 等口语化的表达法。例如下面的广告语都体现了广告语言简洁性的特点。

Start Ahead.（飘柔）

Focus on life.（奥林巴斯）

Enjoy Coca-Cola.（可口可乐）

Just do it（耐克）

由于广告语言具有新奇性和简洁性的特点，在广告语的翻译中，译者必须根据源语和目的语的语言习惯，进行一定适应性的调整，使译文适应整个翻译生态。在广告语英译中的过程中，需要考虑中文广告语的修辞习惯。中文广告语中常用比喻、拟人、夸张、反语、仿拟、反复、排比等方式，及四字词汇。例如，著名的珠宝 De Bierres 的广告：

原文：A diamond lasts forever.

译文：钻石恒久远，一颗永流传。

实际上，在上面这则例子中译者如果将原文直接译为"钻石恒久远"，已经能够准确地表达原文的意思了。可是译者最后还是根据目的语中广告语的语言习惯，增加了"一颗永流传"，将英语广告语译成对仗的形式。这种形式更加符合中文广告语的语言习惯，同时这种诗般的语言给产品也添加了几分诗意。

又如另外一则例子是一个国外杂技团的广告语。

原文：Exciting and Breathing, Colorful and Beautiful.

译文：技艺惊人、扣人心弦，节目丰富、表演精彩。

该广告的原文用了四个形容词来描述杂技团的表演，如果译者不注意目的语读者的语言习惯，简单地将原文意思解释成"一场让人兴奋、呼吸、丰富、精彩的杂技表演"，想必没有多少中国观众对这样的表演有很高的期望值。因此译者必须考虑整体翻译生态中，中国读者的文化背景和语言环境，广告语一般运用较多的修辞手段，如四字格。因此在翻译中，译者考虑到整体翻译生态，从语言维度的层面进行相关地调整，分别将英语广告语中四个形容词翻译成：

Exciting——技艺惊人；

Breathing——扣人心弦；

Colorful——节目丰富；

Beautiful——表演精彩。

此外，还有一些特殊的例子。例如翻译下面两则广告语时，译者从语言维度的文体方面进行了一定的调整。从文体的角度来看，下面这则产品的广告，用了"Mom"这样的口语词汇，因此在翻译的时候译者也在语言的使用上进行了一定的选择，用了"妈咪"一词，这样使译文符合原文口语化的语言风格。

原文：Moms depend on Kool-Aid like kids depend on moms.

译文：妈咪依赖果乐，就像宝宝依赖妈咪。

又如下面这则例子中，整则英文广告的文体风格非常接近诗歌。为了保持原文的语言风格，从语言维度体现广告语言的美感，译者在语言上进行了适应性选择，用诗歌的形式翻译了这则英语广告，这样不仅保持了原文语言维的美感，同时为这种化妆品增加一抹诗意和美感。

原文：

Half light,

Half shade,

She stood.

A sight to

make an old

man young.

Made up by Lord Tennyson.

Nail polish,

Lipstick,

Eyeliner,

Made up by Rimmel.

译文：

在光与影之间，

她伫立着，

这柔媚，

把青春重还暮年。

这是诗人丁尼生的作品。

指甲油，

口红，

眼影，

这是瑞美儿的作品。

2. 文化维度

在翻译过程中，译者需要关照的不仅仅是语言层面的因素，还有文化层面的因素。好的译者首先应该是文化人，对文化差异具有一定的敏感性，并深入了解不同文化的差异，能适应性地处理好两种文化维度的翻译问题。

例如，在英美文化中，"individualist""personalized"这些体现个性、主见的词汇出现在广告中常常受到目标读者的青睐；而在中国文化中常常将这些词汇与个人主义、损人利己联系起来。因此译者在翻译下面吉利剃须刀和《花花公子》杂志的两则广告时，应该跳出文本的局限，将广告置于整体的翻译生态下来考量，特别是原文所处的文化环境和目标语读者所处的文化环境。译者需要根据整体的翻译生态，做出适应性的选择，将原文恰如其分地用目标语读者所能接受的方式进行转化，既能体现英语文化中重视个体个性的一面，又能使文字符合中国读者的文化背景，做到"合而不同"。

吉利剃须刀广告如下。

原文：All these sensor technologies combine to give your mdividual face a personalized shave-the closest, smoothest, safest, most comfortable. The best shave a man can get.

译文：所有这些感应技术给您的脸部提供了最具个性化的剃须刀——最妥帖、最滑爽、最舒适。

一个男人所能得到的最好的剃须刀。

在文化信息的处理上"合而不同"正符合了中国生态思想中"和合""和则生物，同则不继"的思想。这种译文的处理方式，体现了生态视域下翻译策略的开放性和圆融性。译文中既保持了原文的异质元素，又保证了目标语文化中的可接受度。在吉利剃须刀的广告中，译者将"to give your individual face a personalized shave"翻译成了"给您的脸部提供了最具个性化的剃须刀"。用"个性"二字来翻译"individual"不仅保留了英语文化中的异质化的重要元素，同时也结合了产品的特性和消费者的期待。可见，译者在翻译上则广告语的过程中，充分考虑到了文化维度的因素，并结合产品特征、消费者心理等因素，进行适应性的调整，最后使译文能在目标语文化下达到"合而不同"的效果——既体现了源语文化的要素，又能在目标语文化中体现一种和谐性。

3. 交际维度

从交际维度来看，一般商业广告文本重在宣传某种产品的特点，吸引顾客，从而引发顾客消费的行动。换句话来说，广告文本具有很强的信息性和鼓动性。例如下面的这则旅游广告。

原文：Have you ever dreamed of ascending the steps of a great temple built to the gods?

译文：您是否梦想过登上为众神修建的宏伟庙宇的台阶？

这则广告文本的目标人群是信奉神灵的游客，因此译者在翻译时就直接将译文的重要信息如实地翻译出来，并且保留了疑问句的句式，充分起到了吸引目的顾客的作用。

　　又如，麦斯威尔咖啡的广告语"Good to the last drop"，原意突出这个品牌的咖啡味道非常好，即使是最后一滴也值得品尝。译者在翻译时，采用了汉语常用的四字格，译成了"滴滴香浓，意犹未尽"。在原文意思的基础上，又增加了"意犹未尽"，很好地营造了咖啡时刻的美感和意境。这归功于译者对广告语言和意境的整体性把握，使两者在中文译文中体现了整体的统一性，从而让读者印象深刻，激起顾客购买的欲望。

　　再如，下面这则拍卖广告中，原文的交际目的是为了向读者表明这次贱价拍卖中，卖方几乎无利可图，甚至可能血本无归，这是买家的好机会。语气词"OUCH！"生动而传神，与动词"hurt"相呼应。从交际层面来看，可稍作修改，译成："忍痛拍卖！（价格）让我心痛……让你心动！"译文用"忍痛拍卖！"将语气词"OUCH！"中的意味恰如其分地概括了出来，从交际的层面来看能更明确地提示读者广告语的所指。

　　此外，后面的部分"让我心痛……让你心动！"从语言形式看非常整齐，利于排版，适合视觉传播；从读音看"痛"和"动"两字是押韵的，读来简短有力，朗朗上口，适合听觉传播。这个广告的翻译过程中，可以发现译者在重点关注广告交际功能的同时，充分考虑到文本以外的因素，如广告的交际渠道、广告的交际效果和阅读者或听众在接触广告时非充分注意的状态特点，同时兼顾广告文本的语义、语音、语言形式，最终使译文达到多维度的高度整合。

　　原文：OUCH！Our Sale Prices hurt us... Not You！

　　译文：忍痛拍卖！

　　（价格）让我心痛……

　　让你心动！

　　总之，广告文本是一种非常特殊的语言，广告文本的翻译不仅需要考虑文本的上下文（context），还需要考虑文本以外的种种因素，如文化因素、社会因素等。因此，广告翻译中运用生态学的视角，将广告部分的翻译从语言、文化、交际三种维度层面进行适应性调整，给广告翻译带来了新的启示。

二、商标翻译

商标就是商品的标记或记号，有的由文字单独构成，有的由图形单独构成，有的由图形和文字组合构成。在国际化趋势下，好的商标能够帮助产品更加有效地占有国外市场。国内已经有学者对商标翻译的问题进行了一系列的研究。在语言特点方面，朱凡等指出商标除一般语言符号意义外，还有显著性、专用性、联想性；翻译技巧层面，陈振东等将商标翻译方法总结为：意译、音意合译、形译、缩写等。彭石玉等就翻译策略提出，"商标翻译需要一种既可存留个体特点，又可形成整体文化优势的翻译转化策略"。商标翻译涉及语言、地域文化、消费心理和审美价值等诸多因素，许多学者分别从不同的角度，如功能理论、对等理论、符号学、经济语言学、接受美学等进行研究。总之，目前国内商标翻译研究已较成熟，但范例老化、缺乏深层次及多角度的探讨，而生态翻译正好为商标的翻译提供了非常实用的理论和实践指导，以下将利用生态翻译理论对商标的翻译实践进行阐述。

（一）立体/圆融

商标翻译是一项立体化的工作，涉及商标翻译中的音、形、义、交际、文化各个层面，同时也需要考虑目标语市场下的文化、历史和习俗。商标的翻译不仅是语言转换的过程，而且是商务英语翻译生态中各种因素相互联系、相互制约、相互作用的结果。

同时，商标翻译又是一项需要关注多个交叉学科，力求圆融的翻译工作。"圆融"一词，最早是佛教用语，此处借用这个词，意在破除偏见，解放思想，力求相关学科之间实现圆满融通，达到商标翻译的效果最大化，实现商标翻译生态中的融合。

（二）立体：商标翻译的文化、交际维度

1. 文化维度

商标翻译中不乏一些文化词（culture-loaded words），在翻译这些

词汇的时候译者必须具有一定的文化意识和调研精神。首先，译者必须熟知源语和目的语两种文化，对文化差异有充分的认识。例如，国内一些产品品牌喜欢用"金鸡"作为商标，例如，金鸡鞋油、金鸡闹钟等，其中金鸡牌闹钟最初的译文是"Gold Cock"。而在英语文化中"Cock"一词可以指人身体中的某个器官，不适合用于商标翻译。因此建议改译为"Gold Rooster"。此外，白象电池原译文为"White Elephant"，但是在英语文化中曾经有关于 white Elephant 负面的故事。故事讲的是很久以前有人为了讨好国王，特地送给国王一只白象，可是白象不但没什么用处，每天还需要吃大量的东西。慢慢地，"White Elephant"被用来指大而无用的东西。因此这个词用在商标的翻译中是不合适的，消费者肯定不希望自己买的电池和白象一样大而无用，所以译成"White Elephant"容易给顾客带来负面的联想，建议译为"Elephant"即可。

商标翻译不乏优秀翻译案例，译者在翻译这些商标的时候充分关照了两种语言中的文化因素。例如，著名国际品牌"Coca cola"的翻译中，译者立足中国市场的特点，迎合消费者喜欢喜庆的心理，将原文译成"可口可乐"。同样饮料"Seven-up"如果直接按照字面进行翻译，就不能把蕴含在数字"七"中的文化因素翻译出来。"七"在英语文化中是一个幸运的数字，译者在翻译时选取了中国文化中相应的一个词"喜"来表述，这样既迎合了中国消费者喜欢喜庆吉利的特点，又能够将源语的文化有效传达。又如，中国本土的运动品牌"红双喜"，"红色"在英语文化中表示愤怒与血腥，如果按照原文进行翻译，很可能不能引起读者的购买兴趣。译者根据具体情况在翻译时做减译的处理，最后译成"Double Happiness"。这种减译的处理没有减少原来中文中的文化意义，而且使译文更加简洁明了，方便记忆和朗读。

2. 交际维度

从交际维度来看，商标的基本交际功能是区别同类商品，向顾客提供公司和产品的相关信息。商标翻译的过程中，交际维度的功能与广告极其相似，能够起到呼唤作用，引起消费者的消费行动。商标的翻译中，交际维度的功能是非常重要的，因此译者在翻译过程中，应该采用较好的策略，在保证交际维功能优先的同时，兼顾语言维度和文化维度的因素。例如，韩国餐具品牌"Lock&Lock"，产品的特征就在于能够锁紧容器口，食物和饮料不容易流出，这也是产品吸引顾客之处。译者翻译时为了突出产品的优点和特点，从而吸引顾客购买，特地选择了"扣"这个字，表现容器容易锁紧的特点。此外，"乐扣"在发音上也与原文相近，起到了很好的交际效果。通过这种方式，译者很好地将产品的优点译出，从而促进购买者采取购买的行为。

（三）圆融：商标翻译的跨学科性

商标是一种特殊的语言符号，是商品显著特征的浓缩，是商品文化的核心部分，是企业参与国际竞争的有力武器。它既是标识，又是诱饵，最终是要招揽顾客，出售商品。因此，商标翻译既要符合设计学的审美标准，同时也要和法律政策、营销学息息相关。好的商标翻译可以给企业带来巨大的财富；反之，糟糕的商标翻译可以让企业损失惨重，所以企业的生死存亡与商标翻译息息相关。

1. 设计学

众所周知，商标中英文译名常常是伴随包装和图形出现的。消费者在仔细阅读商标之前捕捉到的是由品牌和包装共同呈现的整体。在翻译时非常专业地考虑到排版和设计，对译者来说是比较困难的。在翻译过程中，译者可以保持与设计方的沟通。最理想的情况是，译者能提高自己的综合素养，成为具有一定翻译能力和设计品鉴能力的综合型人才。例如，上海家化旗下的日化品牌"美加净"的原译文为"MAXIM"，后来译文改为"MAXAM"，新的译文从设计的角度来看，体现出一种均衡、对称的美，与整体包装也很和谐，体现了译者对整体翻译生态的跨学科的适应，如图4-4所示。

4-4 "美加净"商标

2. 法律政策

法律因素和政策因素也是商标翻译中必不可少的考虑因素。在美国，（专利与商标局）PTO 负责联邦政府的商标注册，收到注册申请后，会对申请注册的商标进行审核，审查其是否与他人先前取得的合法性权利相冲突；在国内，虽然没有专门的商标审查机构，但商标注册也要符合对申请注册的标志是否与他人先前取得的合法性权利相冲突的审查标准。可见，无论是商标的中译英还是英译中，都受到目标市场国家的相关法律和法规的制约。因此，译者在翻译时，可以参考工商机构的相关信息，查询是否有重复现象。如果不把法律政策考虑在内，不考虑重复现象，译者将商标译得再完美也很难出现在市场上。

3. 营销学

商标的翻译与营销行为紧密联系，应注意从营销学的角度观察商标翻译的现象。一些商标的历史变更证明，能从营销角度考虑商标翻译问题的译文，常常能在翻译生态中"适者生存"。例如，在 1992 年以前，BMW 汽车在国内市场的译文不是"宝马"，而是根据德语"Bayerische Motoren Werke"的读音，直接翻译成"巴依尔"。1992 年以后，BMW 的商标译名从"巴依尔"改成了"宝马"，采用了自由译法，这个品牌立即受到了中国消费者的广泛关注，销售量也大幅度地提升。选用"宝马"二字非常符合中国市场的文化背景和消费者心理，唐代诗人韦应物《长安道》诗中有"宝马横来下建章，香车却转避驰道"一句，"宝马香车"也是大众熟知的成语。译者将 BMW 商标名改为的"宝马"，真可谓是神来之笔，一方面，结合宝马车的定位和特色，突出了宝马车系高贵豪华的风格气质；另一方面，又考虑到目标语读者的文化历史语境，与中国的传统称谓浑然一体；同时还兼顾了原文的语音和形式，译文形式与原文同样简洁，"宝马"二字拼音的首字母又正好同 BMW 的前两个字母一样，最重要的是从营销学的角度来看，译名非常符合消费者的口味。更名之后，宝马品牌在中国市场的消费者接受度大大提高，一直沿用至今。

译文的变更，一方面从商标的角度验证了生态翻译理论的适应性：对于译文来说适者生存；另一方面这也为译者带来了启示：译者作为翻译生态中的主体因素，必须发挥主观能动性，根据翻译生态中两种不同语言所处的历史、文化、社会、消费者心理等因素，对译文进行适应性调整，这样才能译出符合消费者心理，适应时代和整体翻译生态的译文，从而产生较好的经济效益。

此外，如果译者的母语和主要生活环境在源语环境下，在翻译商标时势必产生一些译者无法估计或者把握的情况，借用营销学的做法，开展翔实的市场调研和消费者调研是译者进行"事先预防"的极好方法。吕和发教授在《商务翻译与调研》一文中对市场调研进行了详细地阐述。

三、商务英语文本翻译中的生态语境

语境（context）通常是指本文中的上下文。奈达（Nida）和泰博（Taber）曾使用术语"语境一致（contextual consistency）"，这一概念是与"词语一致（verbal consistency）"相对的，即"翻译某个源语词项时，在接受语中采用最符合语境的表达方式，而不在所有语境里采用同一表达方式。此后，学者们对语境的研究，也随时间的推移而延展。胡壮麟提出"进行多元化的语境研究"，即从一元语言语境——上下文，经由二元化——语言语境和非语言语境，到三元化——语言语境、物理语境和共享知识，走向多元化——世界知识、集体知识、特定知识、参与者、正式程度及媒体等的趋势。何兆熊、蒋艳梅提出"语境的动态研究"，即将语境置于发展变化的语言交际过程中进行研究。而在商务英语翻译生态整体、动态、联系的思考方式下，某一商务英语翻译项目所处的语境是一种关注时空、纵横的四维立体的语境，作者试称其为"生态语境"。生态语境不仅包含同一时间内诸多因素组合成的"多元化"语境，而且是根据时空变化而变化的"动态语境"。在"生态语境"指导下，译者应试图走进语境，即"入境"，并试图站在作者、读者和委托者的立场上看待译文，即"处境"。

（一）商务英语翻译应关照生态语境

在商务英语翻译中，译者首先应该入境，即关注商务英语翻译项目所处的生态语境，关注生态语境中各种因素。例如，杭州著名景点胡雪岩故居中一建筑名为"影怜院"，原译为"Shadow Loving Garden"。作者认为，翻译此类文本的译者首先应该入境，真正走进"影怜院"所处的翻译生态语境之中，详细了解其相关信息，而不是单看字面意思就马上给出译文。"影怜院"是胡雪岩故居中的建筑之一。中国清末红顶商人胡雪岩的故居，位于杭州市河坊街、大井巷历史文化保护区东部，建于清同治十一年（1872年），建筑面积5800多平方米。胡雪岩故居从外部建筑到室内家具陈设，用料之考究，堪称清末中国巨商第一宅。通过实地考察以及相关文献搜索，可以发现从"影怜院"这一建筑本身功能和格局来看，并不像字面上说的是个"院子"，而是一个接待客人的"厅"，周边确实有院子，但主建筑应该是厅。此外，建筑内有当时（胡雪岩时代）从欧洲进口的两面落地大镜子和日本进口的水晶大吊灯，胡雪岩接待外国友人跳舞时，舞姿翩翩、银镜照影，故称"影怜院"。译者"入境"后便很容易发现，原文中的"影"指的是"镜子里面的影子"，而"院"则实际为"厅"，因此作者认为"Reflection Loving Hall"这一译文更加合理。此处的翻译生态语境包含了"影怜院"的背景、物理环境、历史等，译者在对此类文本翻译时，需先入境。译者翻译时先"入境"，不仅体现了译者用科学的、整体的、关联的生态视角看待翻译任务和对生态语境的重视，也体现了译者责任心和翻译经验。

需要注意，商务英语翻译生态中译者要做到"入境"，同样需要考虑时间和现实的因素。例如，肯德基的一则广告语"We do chicken right"，引来了网上很多幽默的译文，比如：

我们有权做鸡！

我们只做右撇子的鸡！

我们做鸡是对的！

我们做鸡正点耶！

这些幽默的错误译文只是反面的例子，而这则广告原译文是"炸鸡，我们真不赖！"——这个译文非常符合广告语的语言特征，句子简洁明了，又结合了肯德基的经营特点。作者认为肯德基这家餐饮企业不断根据中国市场推出本地化的食品，肯德基已经不仅仅是炸鸡专家了，也供应鸡肉粥、咖喱鸡饭等。作者建议译文也应"入境"，充分考虑到时间和现实的因素，做出相应的调整，建议译为"我们是烹鸡专家！"

（二）商务英语翻译应关照读者处境

商务英语翻译中也应关照读者的处境，即读者的背景知识、语言、理念和情感等，这样才能使"作者视域—译者视域—读者视域"融合，达到和谐统一的境界。

关照读者的处境，首先需要分析潜在读者群，站在对方的立场上来进行考虑。例如，国内某银行的开户申请书中，将"姓名"这一项译为"English Name"，译文看似很为读者考虑——银行要求目标读者即申请者填写的内容肯定不是中文名，而应该是英文名，那就译成"English Name"。如果译者站在读者"处境"思考，在国内银行申请开户的外籍人士不仅有来自英语国家的读者，也可能有来自德国、意大利、日本等国家的读者，那这些读者也应该填英文名吗？这个例子足以证明译者在进行商务英语翻译时，处境思考非常重要。

关照读者的处境，也需要关注读者所处的人际关系。商务英语翻译中，委托人和目标读者相对于文学来说更加明确，而这种关系的微妙变化，以及个体在翻译生态中的生态位不同，也会引起两者的对话方式的差异。例如，宁波文昌大酒店门口的一则公示语"衣冠不整谢绝入内"，英语原文为"NOT OPEN TO PEOPLE BE SLOPPILY DRESSED" 如图 4-5 所示（素材照片摄于 2008 年）。

这则公示语是宁波文昌大酒店设于店门口，用于提示顾客，请他们恰当着装的。这则公示语所涉及对话双方是酒店与顾客，分析酒店在翻译生态中所处的生态位以及双方的关系便知，对于酒店来说这则公示语所表达的语气应该是礼貌提醒。译者在翻译时，应该关注双方所处的人际关系，并在用词和表达方法上做相应的调整，译成"Please dress properly" 或者 "Proper dress required" 就显得礼貌而坚定。这样，译文的表达方式就与翻译生态语境下的人际关系达到了

图 4-5　宁波文昌大酒店公示语

一致。

　　关照读者的处境，需关照目标读者所处的物理环境，如作者于 2008 年夏收集的浙江省温州市雁荡山的一则公示语"山崖低矮、请当心（The mountain is low, please take care.）"，如图 4-6 所示。这则公示语是置于凸出的山体上，由于此处游客很容易碰头，为了提醒游客注意旅游安全，景区管理处特设此公示语。译者在景区另一处山体凸出和容易碰头的地方，还收集到"小心碰头"（Be careful）的公示语。且不论两则公示语译文的用词和语法，译者先来关注目标读者所处的物理环境，读者看到公示语，做出保护性的反应所允许的时间相当短，因此译文句子不宜过长。译文应该简洁明了，不能拐弯抹角，否则读者还没反应过来就已经撞上去了。鉴于这种目标读者所处的物理环境的特殊性，作者建议将原文中对读者没有用的信息进行删除。原文只是译文的一个信息来源，译者不可能像原文作者那样提供同样数量或同样性质的信息。警示类的信息中，作者最重要的是发出警示，而对读者来说最重要的是以最短的时间、最简洁的方式理解警示的危险所在。因此，译语中那些不符合关联度原则的次要信息可能不但没有交际价值，反而会影响交际。在本句的翻译中"The mountain is low"显然属于冗余信息，简单的"Mind Your Head"就能起到提醒作用，更能体现译文对译者物理语境的关照。

　　关照读者的处境，还需关照读者所处的文化背景。鉴于目标读者、译者和作者文化背景有别，为了使翻译生态中"作者—译者—读

图 4-6　浙江省温州市雁荡山的公示语

者"三方之间的信息流通畅，译者必须考虑到目标读者的文化背景，并为其做处境的适应性的调整。有时，原文对源语特有的文化现象缺乏必要的注释，目标语读者就会觉得费解。在翻译过程中，译者常常需要通过注释的方法来弥补译文读者所缺乏的共享信息或文化背景知识，否则译文读者对源语特有的文化现象就无法理解。例如，宁波天一阁的一则景点简介公示语如下。

原文：千晋斋民国时期，甬上学人马廉藏有晋砖千余枚，颜其藏室曰"千晋斋"。后捐赠天一阁，特辟一室陈列，仍用其名。

译文：The Qian Jin Room

In the Republic of China（before 1949）, a famous local scholar, Ma Lian, kept more than a thousand bricks of Jing Dynasty. He named his collection room Qian Jin Room. Later, he donated them to the Tianyi Pavilion, in which an exhibition room is prepared and the name of the room is still kept.

这是宁波天一阁的一个景点。"晋砖"被认为是一种文物，具有收藏价值。而英语读者见到译文中的"bricks"可能会有疑问，为什么要收藏砖呢？这是很普通的东西呀！为了避免英语读者出现这种误解，可以加注"which are viewed as culture relics"。

由于目的语读者对中国文化背景知识的缺乏，译者常常需要以读者的处境进行一定的信息补充。这种补充一方面是为了引起目的语读者的兴趣，另一方面也是为了能有效地宣传中国文化，对增强中国文化在国际上的话语权是有一定帮助的。例如，下面对中华餐饮老字号陶陶居的介绍中，译者设身处地的为目标语读者考虑，增加了对康有为的注释，这样更加便于读者理解。

原文：陶陶居于 1880 年（清光绪六年）开业，地址在广州市第十甫路，由黄澄波创办，原名"葡萄居"，以经营姑苏清茶细点为特色，由广东巨商谭杰南等扩建后改名，据传"陶陶居"三字，是康有为手书。

译文：Tao Tao Ju opened in 1880 (the sixth year of Emperor Guangxu's reign in the Qing Dynasty) and is located at No. 10 Fulu Road in Guangzhou. It is founded by Huang Chengbo and was formerly known as Putaoju. " The characterful products of Putaoju were its green tea and fine Suzhou pastries. Tan Jienan, a baron from Guangdong expanded Putaoju and renamed it "Tao Tao Ju". It is said that the three characters "Tao Tao Ju" were written by Kang Youwei (A confucian scholar and a leading figure of the 1898 reform movement in late imperial China).

又如下面这则对中华老字号同庆楼的介绍中，提到了中国制作包子的两种面。讲究烫面和发面的区别也是中国餐饮文化中比较特殊的情况，由于这两个概念对外国读者来说属于未知信息，因此译者翻译时对两个概念进行了区分，并在译文中进行了解释。烫面，即用开水和面，翻译时进行一定的解释增加"boiling water"。发面为用冷水和面发酵而成，增加信息"leavened dough made with cold water"。

原文：据新中国成立前地方志记载，1932 年，同庆楼师傅发明了用烫面做的小笼包，改写了中国人一直用发面做包子的历史。

译文：According to the former local history records, in 1932, Tong Qing Lou's chiefs created a new way to make small steamed buns with dough made with boiling water, while Chinese used to make buns only by leavened dough made with cold water.

关注读者的处境，译者需要考虑目标语读者的思维习惯。例如，下面介绍同庆楼小笼包的一段话。原文为介绍安徽同庆楼美食的同庆小笼包的一段餐饮外宣资料，原文描述部分按照中式习惯采用先描述事实、再总结的篇章结构。译文 1 按照原文的中文篇章结构进行翻译。而在英美文化中大多数篇章将总结部分放在前面，支持结论的相关信息放在后面，英语为母语的读者更加习惯这种篇章结构。鉴于这段外宣材料的目标读者为英美文化人士，为了适应他们的思维习惯，译者有必要在译文 2 中对篇章结构进行调整。

原文：同庆楼小笼汤包经过数年的传承及数代大厨在技艺上的不断完善，个个小巧玲珑、褶皱整齐、婉转如花瓣，软滑薄韧的包子皮微微透明隐约可以看见馅心，且皮薄口圆，汤馅分离，以精致鲜美著称于世，是国内最正宗的小笼包。

译文 1：After several years of improvement in technique by several generations of chefs, Tongqinglou's small steamed bun is little, dainty and fold neatly and tactfully just like petals. Stuffing can be faintly seen through the slightly transparent soft silky peel. In addition, the buns have round opening, with delicately delicious soup separated from the stuffing. It is known as the most authentic steamed meat dumplings.

译文 2：After several years of improvement in technique by several generations of chefs, Tongqinglou's small steamed buns are known as the most authentic steamed meat dumplings. They are little, dainty and fold neatly and tactfully just like petals. Stuffing can be faintly seen through the slightly transparent soft silky peel. In addition, the buns have round opening, with delicately delicious soup separated from the stuffing inside.

可见，生态语境为商务英语翻译实践提供关注时空、纵横的四维立体的语境，整体、联系和平衡的视角。译者不仅要"入境"，关注翻译生态的种种关系和变化，还要关注读者的"处境"，重点分析潜在读者群、读者所处的物理环境、人际关系和文化背景、思维方式等。"入境"和"处境"能够帮助译者在商务英语翻译中更好地适应整体翻译生态，达到共存、和谐、统一的状态。

第五章　生态翻译学与文学翻译研究

从生态翻译学视角探讨文学翻译，即是运用生态翻译学理论来解释文学翻译的各个环节及对各环节有影响力的相关因素。在生态翻译学视角下，译者在尽可能忠实于源语信息的基础上，适时变通，甚至是再创造，以求生态翻译环境和谐统一。

第一节　文学翻译的理论考量

文学翻译历史悠久，在中国最早可追溯到公元前 1 世纪刘向《说苑》里记载的《越人歌》，在西方可追溯到公元前大约 250 年罗马人里维乌斯·安德罗尼柯用拉丁文翻译的荷马（Homer）史诗《奥德赛》。自有文学翻译以来，人们从未停止过对其进行思考和探索。

一、文学翻译的内涵解读

对于文学翻译的内涵研究，不同学者由于研究目的不同，从不同角度对文学翻译提出了诸多思考和探讨，也得出了种种结论。这对我们更为深远而充分地认识文学翻译的内涵与本质是大有裨益的。

（一）文学及文学翻译的界定

文学是语言的艺术，而翻译的核心是语言。所以文学与文学翻译有着千丝万缕的关系。

1. 文学涵义

古今中外，仁者见仁，智者见智。学界有人认为："文学即是语言"。这一命题是基于海德格尔的观点"语言是存在的家，人就居住在这个家中"提出的，当然也只能从这个角度去解读。辞书学家认为，文学是"用文字写下的作品的总称。常指凭作者的想象写成的诗和散文，可以按作者的意图以及写作的完美程度而识别。文学有各种不同的分类法，可按语言和国别分，亦可按历史时期、体裁和题材分"。有教科书为文学下的定义是"文学是显现在话语蕴藉中的审美意识形态"。更多的人认为，"文学是一种语言艺术，它以语言或其他的书面符号——文字为媒介来构成作用于读者想象中的形象和情绪状态，从而产生审美共鸣"。批评家与文学家的观点也不尽相同：韦勒克和沃伦认为，"文学是创造性的，是一种艺术"。高尔基则提出了"文学是人学"的命题，他断言，"文学是社会诸阶级和集团的意识形态——感情、意见、企图和希望——之形象化的表现"。笔者认为，文学的命题可以从不同角度加以解释。马克思主义认为，"劳动是整个人类生活的第一个基本条件，而达到这样的程度，以致我们在某种意义上不得不说——劳动创造了人本身"。劳动不仅创造了人，而且还是文学活动发生的根本原因。鲁迅先生曾对此做过通俗化的解释，他说，"人类在没有文学之前，就有了创作的，可惜没有人记下，也没有法子记下。"

其实，从文学活动的基本要素来分析，也能显而易见地看出文学与人的密切关系。文学创造的主体是人，是作家、诗人。没有这个主体，便没有文学创造。文学创造的客体是社会生活。什么是社会生活？社会生活就是"人"在经济和上层建筑各领域中结成的现实关系和全部活动的总和，也就是"人"在一定的现实关系中物质生活和精神生活的总和。由此看来，没有人，就没有社会生活。离开了社会生活这个客体，也就没有文学创作。最后，文学活动不只是作者的创作活动，它应包括文学读者的阅读鉴赏活动。作品与读者的关系不能等同于作者与读者的关系，我们不能简单地将文学阅读过程视为作者在向读者叙说。其实，阅读的过程就是读者与作者的对话交流过程。"精神产品这个既是具体的又是想象出来的对象，只有在作者和读者的联合努力下才能实现。只有为了他人，才有艺术；只有通过他人，才有艺术。

显然，文学价值的真正实现必须有赖于作者读者二者的交流、联合、相互作用"。总之，文学是人学的命题从各种不同的角度都能得到证实。

2. 文学的基本属性

（1）虚构性。读者常见文学作品中的人物飞上天空，穿越时空，返老还童，长生不老，想出常人想不到之策，做到常人难以做到之事。如《西游记》中的孙悟空，变幻万千，无所不能；蒲松龄笔下的鬼女狐仙，神出鬼没，无影无踪；奥地利作家卡夫卡小说《变形记》中的主人公格里高甚至变化成甲壳虫。这些在科幻类小说中是司空见惯的寻常事。然而，在以史实为基本素材的历史小说中也不乏虚构的情节。比较《三国演义》与《三国志》便可发现，虽然前者取材于历史事实，但作者对三国混战的描写并非历史的如实陈述，而是主观化的艺术创造，其中不乏虚构与想象。现代历史剧《蔡文姬》的作者郭沫若曾公开申明，"蔡文姬就是我！——是照着我写的"。文学是现实生活的一面镜子，它反映现实生活，但不是对现实生活的照抄照搬。基于对现实世界的认知与感悟，作家可对现实生活进行选择、提炼，通过现象与虚构使之升华为文学作品。故此可以说，虚构是作家、艺术家对其主观性的把握，是其主体性的具体体现。

（2）真实性。真实与虚构似乎是一对悖论。然而，两者却是文学的一对看似矛盾而实则不可或缺的属性。人们常说，作家、艺术家需要深入人民群众，体验生活。体验生活为何？当然为了获得真实感受。真情源于体验，没有真情便不会有真正的文学。古今中外的文学家、艺术家都把真实性视为艺术的生命。当然，就文学创作而言，这儿说的真实指的是艺术的真实，不是对现实生活中自然主义的描摹，而是对现实的反映。战场上的千军万马，展现在舞台上也许只有六七个人；地域时空上的万水千山、日月经年，银屏上出现的仅是些许镜头；人们常见影剧院出现的楹联是，"三五人千军万马，六七步四海九州"，"能文能武能鬼神，可家可国可天下"，这便是艺术真实。艺术真实具有一定的假设性，它以假定的艺术情境反映和表现社会生活。这是一切艺术，包括文学创作的共同规律，即便报告文学也是作家透过生活的表层对社会的内涵所作的概括、提炼、升华的结果。文学创作的真实性是对现实生活的超越与升华，作家只有深入体验社会生活，细细品味其内在的蕴涵，才能提炼出本质的精髓。

（3）互文性。这里讲的互文性并非汉语中的互文修辞格，而是指两个或多个文本之间的相互关系，即文本间性。对互文性的解读与定义大致相同，巴特声称，"每一篇文本都是在重新组织和引用已有的言辞"。热奈特认为，"没有任何文学作品没有其他作品的痕迹。在这个意义上，所有的作品都是超文本，但工作与工作不同。正如一个人与他人建立广泛的联系一样，一个文本并不存在，它总是包含有意和无意中从人身上获取的言语和想法，我们可以感受到文本隐含的影响，我们总能从中发掘出一篇文下之文"。故此，首先提出"互文性"概念的法国符号学家朱莉亚·克里斯托娃认定，任何一个文本都是在它以前的文本的遗迹或记忆的基础上产生的，或是对其他文本的吸收和转换中形成的。因此可以认定，"互文性包含对其他文本以及所谓的超文本的文学作品的参考、提示、剽窃和其他做法。此外，互文关系包含了一种特定意识形态的继承和回忆，即文学传统和文本作为材料的改变方式"。

（4）模糊性。法国思想家伏尔泰认为，世界上不存在能表达我们所有观念和所有感觉的完美的语言。模糊是自然语言的本质特征。刘再复在1984年第六期《中国社会科学》上发表的《人物性格的模糊性和明确性》一文中指出，"文学与科学的一个根本区别，也恰恰在于，科学是依靠数字概念语言来描述的。这种概念特征是科学带有极大的准确性和明确性，而文学是通过审美的语言，即形象、情感、情节等来描述的。这便形成文学的模糊性。这种模糊性在典型性格世界中表现特别明显，可以说，模糊是艺术形象的本质特点之一，也是人物形象的本质特点之一"。语言是文学的载体，因此可说，模糊亦是文学的基本属性。什么是模糊？学者的释义也不尽相同。美国哲学家、数学家兼文学家皮尔斯1902年为模糊所下的定义是，"当事物出现几种可能状态时，尽管说话者对这些状态进行了仔细的思考，实际上仍不能确定，是把这些状态排除出某个命题还是归属于这个命题。这时候，这个命题就是模糊的"。（转引自伍铁平《模糊语言学》，第136页）笔者认为，皮尔斯的这一定义与文学模糊的基本特征相一致。尽管学者们关于模糊的定义见仁见智，但模糊的以下几点特征是可以肯定的。

首先是不确定性（indeterminacy）。不确定可以表现在语义、句法、形象、语用等方面。如"青年"一词就具有语义不确定性。《现代汉语词典》（第六版，第1055页）的定义是"人十五六岁到三十岁左右的阶段。"该定义本身就用了"十五六岁"和"三十岁左右"两个意义不确定词语。而在实际生活中"青年"一词的不确定性更大，高等学校的青年教师通常指45岁以下者；每年一度的青年语言学奖的评奖范围也是45岁以下的人；而共青团员的退团年龄是28岁。"一本黄色的书"究竟该书是 with a yellow front cover and a back cover，或 apornographic book，还是 a telephone dictionary，即便有一定的语境，其语义仍具有不确定性。汉语中许多时间概念词都具有语义不确定性。如"早晨""上午""下午""傍晚""夜晚""凌晨"等。表示判断性的形容词，如"强""弱""胖""瘦""厚""薄""高""矮""大""小"等也具有很大的语义不确定性，数量不胜枚举。

其次是相对性（relativity）。模糊的相对性可因地而异，因时而异，因文化习俗而异，或因主观好恶而异。如"高楼"一词的语义模糊性就因地而异，在纽约40层高楼以上才算高楼，而在华盛顿10层以上即算高楼。"老年"一词的语义模糊具有双重相对性，既因时而异，又因地而异，《管子》中有"60岁以上为老男，50岁以上为老女"的说法。因此过去的中国人认为人生70古来稀；而现在耄耋老人大有人在。另一方面，"老年"一词的语义在非洲、欧洲和北美洲的内涵是不相同的。东西方人在文化传统和价值观上的差异体现在审美观上也有区别。以世界小姐（Miss World）为例，各国的佳丽汇聚一堂角逐世界小姐，甲国的美女之冠在乙国人看来可能算不上美，甚至还觉得很丑，即便是世界小姐也不会被各国人民都认可。就传统而言，东方人，尤其是中国人认可的美女应是白皙的皮肤，加上鸭蛋脸、杏仁眼、樱桃小口、小小的五官，而西方人认可的美女则是大嘴，性感加上棕色的肤色，可见美女亦是相对而言的。臭豆腐虽臭，但许多人却吃得津津有味，完全是主观好恶和生活习惯使然。

最后是精确向模糊的转变。有些词语，尤其是数量词，就其概念意义而言，语义是精确的，而在实际运用中，尤其是出现在文学作品中，其语义由精确转变为模糊，其自身也由确数变概数。这种现象在英汉两种语言中都很常见。

作者认为，文学模糊按其属性与功能可分为：语义模糊（semantic fuzziness）、意象模糊（image fuzziness）、句法模糊（syntactic fuzziness）语用模糊（pragmatic fuzziness）和主题模糊（thematic fuzziness）五种类型。

第一，语义模糊。语义模糊是指词语的语义自身具有不确定性。除上述数量词和判断性的形容词之外，英、汉两种语言中尚有许多语义模糊的词语。如表示颜色的词语，表示感官味道的词语，称谓词以及其他词语等。彩虹由红、橙、黄、绿、蓝、靛、紫七种颜色组成。但红与紫，橙、黄与绿，靛与蓝之间的界线谁又分得清呢？各种颜色边缘的重叠度体现了颜色词的模糊性。如红（red）一词在语义学上称之为上义词，可因其边缘与其他颜色重叠的不同程度而包容许多下义词，如 pink（粉红），scarlet（深红）、vermilion（朱红）、cnmson（绯红）、ruby（宝石红）、mahogany（褐红）等。如果说某人因发怒而脸色通红，即便有特定的语境，谁又能说得清红到何种程度呢？汉语中的"主任""院长""会长"究竟是何级别？英语中的 uncle、aunt、brother-in-law 等词究竟所指何人？department 究竟是指"部""司""处"还是指"科"？即便有特定的上下文，译者也需格外小心，汉译英时很好处理，管他指叔叔、伯伯、姑夫还是姨夫，均可译成 uncle，但英译汉时就必须分出个子丑寅卯，因为在汉语中称谓的运用向来是含糊不得的。

第二，意象模糊。汉语中"意象"的概念源于汉代王充的《论衡乱龙》，"夫画布为熊麋之象，名布为候，礼贵意象，示义取名也"。"这里的'意象'是指以'熊麋之象'来象征某某侯爵威严得具有象征意义的画面形象，从它'示义取名'的目的看，已是严格意义上的观念意象"。意象一词在古代是指用来表达某种抽象的观念和哲理的艺术形象。而文学艺术追求的是那种最能体现作家艺术家审美理想的高级意象，这种意象主要分为心理意象、内心意象、泛化意象和观念意象四种。"用带模糊性的艺术形象（符号）表现无限的社会生活内容，恰恰是艺术最根本的特点"。为方便起见，笔者将意象模糊分为人物意象模糊和景物意象模糊。

景物意象模糊在中外文学作品中比比皆是。《红楼梦》中的大观园在读者的心目中只是奇花异草，佳木葱茏，楼台亭榭，曲径通幽的好去处，谁也说不上来其中佳木多少株，花草多少种，楼台多少座，曲径多少条；电视剧《红楼梦》中的怡红院、潇湘馆、蘅芜院、稻香村等宅第的建筑模式也只是导演和编剧想象的结果，换一位导演和编剧，说不定又是另一番景象。

马致远的《天净沙·秋思》中一连串列出了十几种景物意象。其中"枯藤"为何种植物之藤，又有几根？"老树"是何种树，树龄多少年？"昏鸦"是几只？"小桥"是石桥还是木板桥："人家"又有几户？"西风"为几级？"瘦马"是何种颜色，又瘦到何等程度？"天涯"在何方等，几乎全是模糊意象。但作品并未因其模糊而逊色，恰恰是其意象模糊使之成为千古佳作。

第三，句法模糊。句法模糊现象在汉语中常见，而在英语中却不多见。这是因为英、汉两种语言句法结构差异所致。英语是形合结构，句子间、短语间甚至词语间通常有连接词表示相互间的组合或修饰关系；汉语是意合结构，句子、短语、词语间的组合具有很大的灵活性和自由度，连接词的运用较之英语要少得多。因此，汉语中"鸡声茅店月，人迹板桥霜"之类无连接词的意象排列句并不罕见，而往往被视为名言佳句。马致远的《天净沙·秋思》全曲仅28字，却排列出12个意象，其中仅在最后两个意象"断肠人"与"天涯"之间出现了一个"在"字。"枯藤"与"老树"是何种关系？是绕于树干，还是悬于树枝？"老树"与"昏鸦"是何种关系？是栖息树上，还是绕树飞翔？"小桥流水"与"人家"又是什么关系？这一切作者都没有交代，从原文文本的结构也看不出来。对读者来说意象间的关系是一种模糊的、不确定的开放性关系。正是这种开放性的结构使读者得以展开想象的双翼在模糊的空间里自由翱翔。

第四，语用模糊。人类的交际活动离不开特定的时空环境。语用学研究的即是话语在特定情境下的语义。然而，在实际生活中，有时即便有特定的话语环境，话语意义依然难以确定，这便会导致语用模糊。语用模糊有时是言者故意为之，有时是无意为之。如在旅游景点，常会遇到轿夫与乘轿人因乘轿费而争吵的情况。轿夫说乘轿上山每人80元，等到上山后轿夫向乘轿人要160元，因为他说的每人80元指的是抬轿的轿夫，每座轿子有两个轿夫，当然要付160元；而乘轿人则以为是指乘客自己。这种语用模糊当然是言者故意而为之。

在文学作品中，语用模糊是常用的手法之一，其目的是为了给读者留下想象空间，从而激活读者的审美想象。在鲁迅的作品中几乎每篇都能发现语用模糊，其突出表现形式是省略号的使用。据笔者的粗略统计，仅在《阿Q正传》一部小说中省略号就出现了上百次。这种欲言还休的表现手法能够收到言不尽意的效果。

第五，主题模糊。大凡文学艺术作品总是要表现其中心思想，即作品的主题。主题明晰的作品不胜枚举，但命意不确定的作品对读者却更具吸引力。马致远的《天净沙·秋思》，所思何人？是故人、是亲友、是恋人，还是妻儿父母？经历过与家人骨肉分离之苦的读者认为《秋思》的主题与自己的经历相同；终日思念故友的读者会认为《秋思》的主题与自己的苦衷相似；天各一方，度日如年的恋人也许会认为马致远描写的就是自己的相思之苦。如此这般各种经历的读者都能在鉴赏《秋思》的过程中产生共鸣。这便是命意不确定性，即主题模糊的意义所在。鲁迅在论及《红楼梦》的命意时指出，"单是命意，就因读者的眼光而有种种：经学家看见《易》，道学家看见淫，才子看见缠绵，革命家看见排满，流言家看见宫闱秘事……"。《红楼梦》问世数百年来，为其殚精竭虑、皓首穷经意欲穷尽原委者不乏其人。然而，其深邃的内涵至今仍难以穷尽，之所以如此，其主题模糊是重要原因之一。

文学模糊的审美价值在于其不确定性使文本信息呈开放性的结构，虽经历代读者的历时性解读仍难以穷尽其中的内涵。这是因为文本中超前的审美创造对读者构成强有力的召唤结构（appealing structure），为读者的历时性解读留下了无限的想象空间，从而激活读者的审美想象。

（5）审美性。在讨论文学的审美属性之前，有必要讨论"什么是美"的问题。美是什么？东西方美学家们见仁见智，既有共同点，亦有相异处。我国古代哲学家庄子认为，世界上的事物是"各美其美"的，"逆旅人有妾二人，其一人美，其一人恶，恶者贵而美者贱。阳子问其故，逆旅小子对曰：'其美者自美，吾不知其美也；其恶者自恶，吾不知其恶也'"（《庄子·山木》）。英国哲学家休谟（David Hume，1711—1776）认为，美只存在于鉴赏者的心里；不同的人会看到不同的美。法国启蒙运动的领袖和导师伏尔泰说，"如果你问一个雄癞哈蟆，美是什么？它会回答说，美就是它的雌癞哈蟆，两只大圆眼从小脑袋里凸出来，颈项宽大而平滑，黄肚皮，褐色脊背"。三位哲人的共同认知是"情人眼里出西施，说到趣味无争辩"。尽管其带有个人爱好和主观倾向性，但美属于人类精神层面的认知感受与体验。这一点是三者，也是大多数人的共识。美绝不单纯取决于物的自然属性，而取决于其自然属性与社会属性的融合，取决于两者的关系适应人类社会生活需要的程度与性质。不论是自然美、社会美，还是艺术美都是审美者认知，体验感受的结果。

综上所述可见美的存在与人的关系密不可分，因为认知体验与感受的主体是人，即审美者。没有审美者也就无所谓美。审美者通过观察、认知、体验，从而获得愉悦与快感。这与文学的作用与功能相一致。文学作品成功地发挥作用时，便会愉悦读者，使其产生快感，但"文学给人的快感，并非从一系列可能使人快意的事物中随意选择出来的一种，而是一种'高级的快感'，是从一种高级活动，即无所需求的冥思默想中取得的快感。而文学的有用性——严肃性和教育意义——则是令人愉悦的严肃性，而不是那种必须履行职责或必须吸取教训的严肃性；我们也可以把那种给人快感的严肃性称为审美严肃性（aesthetic seriousness），即知觉的严肃性（seriousness of perception）"。由此可见，文学作品是一种审美对象，它能激起审美经验，这是由其审美属性决定的。

　　3. 文学翻译的界定

　　这个问题的答案似乎显而易见：文学翻译即对文学作品的翻译。然而，我们在使用"文学翻译"这个术语时，很少注意到这个词的双重含义：它既可以指文学翻译作品，也可以指文学翻译的行为。如果我们进一步追问，会发现问题远非那么简单：什么是文学？什么是翻译？文学翻译与非文学翻译有何区别？文学翻译的本质是什么？对这些基本问题，我们未必能给出令人信服的答案。因此，有必要对文学翻译的概念进行简要的梳理。

　　关于"文学"（literature）一词的概念，古今中外都存在广义和狭义之分。

　　广义的文学是指所有的口头或书面作品。狭义的文学指的是对当今所谓的文学，所谓的情感，虚构或富有想象力的作品，如诗歌、小说、戏剧、散文等。然而，还有一些难以归类的习惯上被视为文学作品，如传记、散文、纪录文学、儿童文学等。这些文学作品中的一些被称为"习惯文学"。一般而言，文学翻译是指文学作品和诗歌、散文、小说、戏剧、杂文、传记、儿童文学等文学作品的翻译。

　　文学是语言的艺术，而翻译的核心是语言。因此，语言的运用不仅是文学区别于非文学的首要特征，而且也是文学翻译关注的首要问题。那么文学语言究竟有什么特征呢？波洛克（Thomas Clark Pollock）在《文学的本质》（*The Nature of Literature*）一书中对文学语言、科学语言和日常语言进行了比较全面的区分。

　　文学语言有很多歧义：每一种在历史过程中形成的语言，都拥有大量同音异义字（词）以及诸如语法上的、词性等专断的、不合理的分类，并且充满着历史上的事件、记忆和联想。

　　文学语言远非仅仅用来指称或说明，它还有表现情意的一面。

　　文学语言强调文字符号本身的意义，强调语词的声音象征。如格律、头韵和声音模式等。

　　文学语言对于语言资源的发掘和利用更加用心和更加系统，具有十分一贯和透彻的"个性"。

文学语言一般不以实用性为目的，而是指向审美的。

文学（语言）处理的大都是一个虚构的世界、想象的世界。

根据这段论述，我们概括总结文学和文学语言的特点如下：

文学作品的内容是虚构的，想象的；其目的是审美；文学注重的不是语言的意义，而是语言本身，表达人类丰富的情感；文学语言具有丰富的内涵，与该语言的所特有的历史文化有着密切的关系，形式上丰富多彩，具有创意性，语言独特，具有节奏和韵律。简言之，文学的想象性、审美性、创造性、抒情性是它与非文学（科学和日常语言）的显著区别。当然，我们也必须明白，"艺术与非艺术、文学与非文学的语言用法之间的区别是流动性的，没有绝对的界限"。① 此外，不同文学体裁在上述性质上的表现程度也不尽相同。例如，小说对语言形式（音韵、格律等）的关注就不如诗歌和散文，而后两者对语言描写的内容（人物、情节、环境等）的重视就远不如小说。总之，从语言的所具有的特征方面来讲，文学翻译作品的语言应该具有想象性、审美性、创造性和抒情性。从内容上来讲，文学翻译是对文学作品的语言形式、艺术手法、情节内容、形象意境等的再现。

上面从三个不同侧面对"文学翻译"进行了界定，在一定程度上理清了文学翻译和非文学翻译的关系。然而，上述定义却无法回答文学翻译行为本身的性质问题：文学翻译是对原作的临摹还是创作？是一门语言转换的技巧还是货真价实的艺术？文学翻译是否具有不同于文学创作的性质？对这些问题的回答不仅仅是概念问题，而是关乎我们如何看待文学翻译的本质、地位、价值、标准、方法和评价的关键步骤。

（二）文学翻译行为的性质

翻译是人类的一种认知活动，在强调认知、概念、意义、推理、理解等具有体验性的同时，也强调了人在翻译过程中创造性的灵感和艺术性想象力的主体作用。

---

① 韦勒克，沃伦. 文学理论 [M]. 刘象愚，邢培明等，译. 南京：江苏教育出版社，2005：9-18.

1. 文学翻译的创造性

文学翻译与文学创作最大的区别在于：文学翻译中不可避免地存在着一个原文或原作。因此，人们很自然地会认为文学翻译就是对原作的临摹或模仿（imitation），那么所谓文学翻译的"创造性"（creativity）又从何谈起呢？从公元前 4 世纪直到 20 世纪 90 年代，2000 多年来的翻译实践和理论常常在这二者之间摇摆不定。关于文学翻译的模仿性，我们常常看到以下这样的论述。

18 世纪英国翻译理论家泰特勒（Alexander F. Tytler）认为，"好的翻译要求原作的长处完全移注在另一种语文里，使得译作文字所属的国家的人能明白地领悟，强烈地感受，正像用原作的语文的人们所领悟的、所感受的一样"（《论翻译的原则》*Essay on Principles of Translation* 1790）。

清末学者马建忠曾说，"夫如是，则一书到手，经营反复，确知其意旨，而又摹写其神情，彷佛其语气，然后心悟神解，振笔而书，译成之文，适如其所译而止……使阅者所得之益，与观原文无异"（《拟设书院议》1894）。

著名文学翻译家傅雷曾说，"以效果而论，翻译应当像临画一样，所求的不在形似而在神似"（《高老头·重译本序》1951）。

文学翻译的模仿说是以原作为中心的，翻译家的任务就是在译入语中摹写原作，其最高标准就是忠实于原作。这样，文学翻译理所当然地被认为是衍生的、次要的。因此，翻译史上存在着大量轻视或贬低文学翻译的比喻，如将文学翻译视为"驿马"（普希金），"媒婆"（歌德），"不忠的美人"（les bellesinfidelles，梅纳日）等。然而，在中西翻译史上，将文学翻译视为创作的翻译家和理论家也不胜枚举，例如，古罗马修辞学家西塞罗就明确提出翻译是一种创作，不仅要与原作相媲美，而且要尽可能在表达的艺术性方面超过原作。因此，在他看来，翻译的主要目的不是"诠释"或"模仿"，而是与原文竞争。西塞罗说，"我不是作为解释员而是作为演说家来进行翻译的……"（《论最优秀的演说家》）。与西塞罗同时代的昆体良也认为，"我所说的翻译，并不仅仅指意译，而且还指在表达同一意思上与原作搏斗、竞争"(《雄辩术原理》)。这种挣脱甚至超越原作的创造说在现当代译论中也不乏拥趸。

德国思想家本雅明（Walter Benjamin）写到："翻译与其说是出自原作之生命，不如说是出自其生命之延续"。"译者的任务，就是在自己的语言中，把纯语言从另一种语言的魔咒中释放出来：就是通过自己的再创造，将囚禁在作品中的语言解放出来"。

郭沫若认为，"翻译是一种创造性的工作，好的翻译等于创作，甚至还可以超过原作。这不是一件平庸的工作，有时候翻译比创作还难"（《谈文学翻译工作》1954）。

诗歌翻译家许渊冲提出，"文学翻译是两种语言，甚至是两种文化之间的竞赛。看哪种文字能更好地表达原作的内容。文学翻译的低标准是求似或求真，高标准是求美。译者应尽可能发挥译语优势，……创造性的翻译应该等于原作者用译语的创作"。

文学翻译的创作说将注意力转移到译作和译入语上，不再以忠实于原文为唯一标准，而更强调发挥译入语的优势，在原作的基础上进行再创作。创作说提高了译者的地位，提升了译作的价值。译作可以超过原文，甚至赋予原文"来世"生命。然而，值得注意的是，创作说并未否定原作或原文的存在，"译者的审美与创造活动是有原作作为依托的，译者发挥创造的艺术空间是有限的。文学翻译在审美创造上的局限性，也是它的本质特征之一"。因此，文学翻译中的创造是一种有局限性的创造。正如英国诗人德莱顿所比喻的那样，文学翻译是"带着镣铐的舞蹈"。

2. 文学翻译的艺术

从 2000 多年来的传统翻译理论看来，文学翻译的问题就是语言转换的问题。例如，唐代贾公彦在《义疏》中给翻译下的定义是，"译即易，谓换易言语使相解也"。也就是说翻译就是"把一种语言文字的意义用另一种语言文字表达出来"。20 世纪 50 年代以来的翻译学语言学派，也将翻译视为用一种语言形式代替另一种语言形式，或将一种语言形式转换成另一种语言形式的过程，其核心内容是"对等"（equivalence）。例如以下定义。

巴尔胡达罗夫（Barkhudarov）对翻译的定义是，翻译是将一种语言的言语产物（话语）在保持内容，即意义不变的情况下改变为另外一种语言的言语产物的过程。

卡特福德（J. C. Catford）认为，翻译是将用一种语言（即源语）写成的文本材料替换成用另一种语言（即译入语）写成的对等的文本材料。

尤金·A·奈达（Eugene A. Nida）对翻译的定义广为人知，翻译就是在接受语中复制与源语信息最切近的自然等值物，首先是就意义而言，其次是就文体而言。

纽马克（Peter Newmark）认为，翻译是一种技巧，它试图把用一种语言写成的书面信息和（或）陈述替换为用另一种语言写成的相同的信息和（或）陈述。

在这种观念下，（文学）翻译就是一种语言转换的技巧。译者只要熟练掌握另一种语言的对等表达，用对等的语言符号替换原作的符号即可。因此，传统翻译学通常轻视翻译理论的价值，重视具体的字、词、句转换技巧。语言学翻译理论则热衷于制定语言转换的各种规则。翻译与创作相比，地位极其低下。文学翻译家往往被贬低为"翻译匠"。尽管传统翻译学有时也把翻译称作"艺术"，但翻译的艺术与原创性的文学艺术有着很大区别。在此，翻译的"艺术"是广义的艺术，即"一种高超的技能"①。

无可否认，语言转换是文学翻译不可回避的一个层面，但这是否就是文学翻译的唯一层面呢？当然不是。20 世纪 70 年代以来，当代翻译学极大地拓展了我们对（文学）翻译的认识：首先，从语言本质上讲，文学翻译是一种有想象力，审美和高度创造性的文学语言。文学语言的创造力和复杂性决定了文学翻译不能实现简单的语言符号转换和绝对"等价"，也不能具有绝对或完全的对等性。其次，文学翻译必须在特定的文化背景下发生，文化体系的结构，意识形态和诗学决定了文学翻译是一种"重写"。最后，翻译者对文学作品的理解认

----

① 张今，张宁. 文学翻译原理［M］. 北京：清华大学出版社，2005：9.

为翻译是一种"诠释",而译者的主体性不可避免地会影响对原作的理解与翻译。因此,文学翻译作品必须与原始作品有关,而无关于原作的"来世"生命。

这些特点决定了文学翻译绝非"技巧"两字所能概括。那么,如果我们使用狭义的概念,文学翻译是一门艺术吗?狭义的艺术是指一种"有意识的创造性活动",它用想象的、直觉的、感性的、审美的、形象的方式反映现实。我们通常认为是艺术的活动包括:音乐、舞蹈、美术、文学(语言艺术)等。这些艺术活动的要素是创造性、审美性和直接反映现实(原创性)。显而易见,我们可以肯定文学翻译具有创造性和审美性,但它与现实的关系是间接的,中间必然隔着原作,否则就不称其为翻译了。因此,"文学翻译虽然与艺术活动有相通之处,但与艺术活动有相当的差异,我们只能说文学翻译是一种特殊的艺术活动。"①

(三) 文学翻译的本质

在使用"文学翻译"这个词时,应当注意它既可以指文学翻译作品,也可以指文学翻译的行为。我们常常混淆两者,将文学翻译作品的性质与翻译行为的性质混为一谈。对于前者,由于文学翻译的对象——文学文本的特殊性,文学翻译作品当然也具有审美性、形象性、创造性、抒情性和模糊性等特点。而我们对文学翻译行为的认识经历了一个不断发展的过程:模仿、创造、技巧、艺术、改写、操纵、叛逆、阐释等。这些认识实际上分别反映了文学翻译在三个层面上的基本要素。

1. 文学翻译的客观性

这里的客观性指文学翻译中原文的客观存在。文学翻译与其他文学形式的区别就在于:文学翻译必然与用另一语言写作的原作存在一定程度的相关性。换言之,文学翻译的基础是再现原作的"文本目的",即文学翻译的目标就是要生产出一个与原作有关的文本。文本

---

① 郑海凌. 文学翻译学 [M]. 郑州:文心出版社,2000,第65页。

目的包含两个要素：一是原作是客观存在的，二是译作必须与原作有某种关联性。作为原作的文学作品具有自身的语言结构，以及由这个结构所呈现的事物和事实。对于译者来说原始作品在语言形式、艺术表现手法、情节内容、意境上都是客观的。这些结构，事件和事实的复制是文学翻译的道德基础或基本伦理。完全脱离原始作品的写作不再是翻译，而是重写、虚构、模拟或创作了。但是，应该指出，原文的客观性并不是限制文学翻译的唯一因素。翻译和原文的相关性可以由翻译者主体意识和社会规范来进行调节。

2. 文学翻译的社会性

文学翻译是在特定的社会文化中进行的，文学翻译的主要目的是供译语语言社会群体阅读，因此它不可避免地会受到各种社会因素的制约。文学翻译的产品要在译入语文化中存在和被接受就应当遵循译入语的社会文化和语言规范。译者应当遵循有效的社会规范、道德规范和翻译规范，恰当处理译者主体与社会（读者、出版社、政治经济、诗学或文学传统、意识形态等）的关系。符合规范的译文会受到译入语文化的欢迎，被奉为"经典"，而不符合规范的译文会被译入语文化排斥和拒绝，译者在选择遵循或违反规范时应当考虑到其行为的结果和代价。

3. 文学翻译的主体性和创造性

首先文学翻译不可避免地涉及翻译的主观经验，因为文学作品中"意义"的理解和产生不完全是客观的。解构理论和阐释学指出，意义不是固定关系的标志，而是主体和对象融合的产物，混淆了主体性，时间性和意识形态干预决定了翻译的意义，不能等同于原来的意义。其次，翻译者作为翻译过程中的操纵者，具有独立的自我意识和主观世界。虽然翻译者将受到原始作品及其客观世界的约束，但在翻译的生产过程中，翻译者仍然具有相当的自由度。他不直接面对读者，而在自己心中，预设读者的存在，并在一定程度上把自己阅读原作的心理体验通过译入语方式传达给读者。因此，文学翻译在具体过程中是一种主观的、创造性的阐释；译作虽然源于原作但不同于原作，延续了原作生命，甚至有可能作为译者用于改变社会、对抗权威的政治武器。

原作的客观性、文学翻译的社会性和译者的主观创造性分别反映了文学翻译与原作、译入语社会文化和译者的关系。这三者之间并行不悖，各司其责。原作的客观存在是无可否认的事实，它控制着译作中语言结构与事实的基本指向或"文本目的"；译入语社会文化规范控制着翻译的发起、进行和接受；译者主体性支配着具体的翻译实践，译者可以选择遵从或违背社会规范。简言之，文学翻译行为本质上是一种在译入语社会文化规范控制下，与另一文化系统中的某个原作有关的，由译者具体实施的主观性、创造性的活动。

二、文学翻译的价值

对文学翻译价值的认识是一个相对宏观的问题。从表面上看，这个问题与文学翻译实践没有直接的联系，但随着当代翻译学（尤其是文化学派）和比较文学的发展，文学翻译的地位问题越来越关乎译者对自己所从事的工作的价值的认识，越来越明显地影响着对具体的文学翻译策略的选择。因此，简要地整理一下文学翻译与翻译文学的概念，了解文学翻译与文学系统的关系，能够帮助文学翻译者明确自身工作的重要性和巨大的文化价值。

（一）文学翻译与翻译文学

前面已经对文学翻译进行了界定，这里我们看一下什么是"翻译文学"。实际上，长期以来，我国文学界并没有"翻译文学"这一称呼，而是习惯上使用"外国文学"来称呼，即"来自外国的文学"。但人们忽视了一个事实：真正的外国文学应该是"外国作家用本民族的语言创作的主要供本民族读者阅读的作品文本"，而"翻译文学"才是"由翻译家转换为译入语的，主要供译入语读者群阅读的文本"。① 这一忽视导致了我们常常产生这样的错觉：似乎莎士比亚、托

---

① 王向远. 翻译文学导论 [M]. 北京：北京师范大学出版社，2004.

尔斯泰、巴尔扎克都能用流利的汉语为中国读者创作作品。因此，为翻译文学正名不仅能使其名副其实，而且有助于凸现"翻译"的价值——翻译文学必须通过翻译才得以存在。

我们已经清楚文学翻译的双重含义，因此，如果我们用这个词指文学翻译作品，那么正是具体的文学翻译作品构成了"翻译文学"这一文学体裁。而如果用这个词指文学翻译行为，那么文学翻译就是创造翻译文学的过程。

（二）翻译文学与文学系统

翻译文学与文学体系之间的关系实际上是翻译文学的地位问题。这个问题最早的理论回答是以色列学者伊塔马·埃文—佐哈尔（Itamar Even-Zohar）。佐哈尔在 20 世纪 70 年代提出了"多元系统论"。这个理论的最大贡献在于，表明翻译文学是本民族文学多元化系统的一部分。翻译文学与翻译语言体系之间的关系是它可能在多变量系统的中心或边缘，或者它可以占据主导地位和次要地位。翻译文学占主要地位的三种情况是：①多变量系统是"边缘"或弱者；②多变量系统处于"萌芽"和"年轻"阶段；③复数制处于"危机"或转折点，甚至导致文学真空。

在我国文学界翻译文学与文学系统关系问题直到 20 世纪 90 年代才得到应有的重视。其中，谢天振等人系统地论证了"翻译文学是中国文学的组成部分"，提出了文学翻译是对原文的"创造性叛逆"的观点。① 文学翻译家的主体创造性和文学翻译作品的汉语属性是这一论断的主要依据。该论断的价值在于它确立了翻译文学在中国文学中的独特地位，从而极大地提高了翻译文学的价值和地位。

（三）文学翻译的价值分析

文学翻译是创造翻译文学的手段和过程。如果说翻译文学是中国文学大家族的一员，那么，文学翻译也可以被视为文学创作的手段之

---

① 谢天振. 译介学 [M]. 上海：上海外语教育出版社，1999.

一。如果说诗歌通过语言形式、小说通过情节、戏剧通过对话等文学手段来进行创作，那么，文学翻译就是通过"翻译"这一手段来创造翻译文学。这种文学手段独立于其他手段的因素在于：两种语言、两种文学传统和两种文化在翻译家的头脑中激荡和交锋，促使翻译家创造性地理解、阐释，并用译入语重新创造出新的文学形式。因此，文学翻译不是一种从属性的、缺乏创造力的活动，而是译入语文学吸收、借鉴外来文学，从而促进自身文学革新和发展的重要途径。也可以说，文学翻译具有其他文学形式不具备的巨大的文化价值。因此，文学翻译家应该和其他文学家享有平等的地位。

三、文学翻译的过程

文学翻译过程的研究是翻译研究中的一个重要课题。本文从经验总结与理论探索两个方面，对近 30 年来国内外翻译界对翻译过程的探索与研究成果作了梳理，并在此基础上就翻译过程的研究做进一步的思考，提出对翻译过程的研究不仅涉及语言转换层面的具体过程，而且涉及人类理解行为的基本倾向和伦理原则，其过程所展示的广阔空间，包括社会与文化空间，有助于我们进一步认识翻译活动的复杂性和重要性，也有助于我们把握翻译的本质，认识与处理好翻译过程的矛盾。

（一）翻译译本的选择与解读

文学翻译的过程或者说原作"重生"的过程究竟是如何的呢？在不同的文化传统、不同语言之间和不同译者的身上，这个过程不尽相同，对于不同体裁和风格的作品也各有差异。不过，如果全面地考虑文学翻译的性质，将控制翻译的社会文化因素和译者的主体因素包括在内的话，文学翻译的过程可以大体分为以下四个步骤：翻译文本的选择、文学文本的解读、文学译本的创造及译本的修改和出版。每个步骤都是一个复杂而综合的过程。

1. 翻译文本的选择

从表面上看，选择某个国家、某种语言和某个作家的作品进行翻译，似乎应该是个别出版社和个别译者的事，但实际上，出版社和译者对原文的选择并非是任意的，而是受到社会文化因素制约的。决定翻译文本选择的因素可能来自各个方面，如当时的意识形态、外国文化的态势、本国文化的自我意识、当时社会的政治经济状况等。出版者和译者在所处的社会文化环境中，必然会考虑社会群体对翻译作品的需要。社会文化对翻译的选择涉及三个方面：一是对翻译文本的选择；二是对翻译语种的选择；三是对译者的选择。从具体翻译实践来看，即使是译者选择了个别译本，但实际情况往往是社会文化通过奖励和提高译者声望等方式对译者进行筛选。译者对译本的选择也不是完全自由决定的。首先，译者作为译入语文化的成员，在社会化过程中，他就已习得了翻译规范。这些规范以社会共识的形式根植于译者的思维方式中。因此，看似个别的译本选择实际上也体现了社会性的一面。其次，专业译者的译本选择往往来自于代理人（出版商）和翻译机构的选择，而不是自己决定翻译何种文本。

2. 文学文本的解读

确定了需要翻译的文本，文学翻译者开始解读原作。这时，文学翻译者首先面对的是原作中的字词——这些字词处于特定的语境中，具有特定的含义。原作的字词是由作者创作的。大多数情况下，译者阅读原作时，作者可能已经去世或无法联络。在对当代文学作品的翻译中，译者有时也可以与作者联系沟通。但无论如何，译者所面对的主要是原作的文本，译者对原作文本的解读是作为读者对原作多样化的阅读体验之一。如前所述，译者理解的"意义"并非是语言符号与所指概念的固定关系，而是一种融合文本符号、语境和主体因素的视域融合。但是，从文本客观存在的意义上说，原作的语言符号与意义之间还是具有相对稳定的关系，否则人类语言就完全无法传情达意了。因此，对原作的多样化理解还是具备最基本共同点的，即原作的基本事物和事件。

文学翻译者的工作就是依据自己的理解，在另一种语言中创造一部新的作品。对文本的解读并非一个简单的阅读过程，负责任的文学翻译家对文本的解读往往是一个仔细、反复的阅读过程，同时伴随着对原作和作者的其他作品的检索和研究。对原作的研究甚至可能包括对作者居住地的考察、历史研究、版本研究、文学研究和评论等。对当代作品的翻译，还可以求助于原作者，有时文学译本的翻译可以通过译者与作者的合作来完成。

3. 文学译本的创造

任何文学译本都至少有三位参与者，即作者、译者和读者。文学翻译的实践过程是一种追求主客观统一的过程。一定社会生活各个层面的印象和作家的思想和形象等都是客观地存在于原作之中的。但是，这些客观存在，只有经过译者头脑的加工制作，只有经过译者能动地创造，才能在译文中重新客观化和物质化。

在对原作进行研究和解读的基础上，译者开始用译入语创造译本。译本的创造绝非单纯的语言转换，而是综合了各种因素的复杂过程。首先，文学译者必须考虑如何实现译文与原文的事件与语言结构相关的文本目的，尤其是如何创造性地使用译入语呈现原作的语言艺术形式。其次，译者在创造译文的同时，不得不认真考虑当时的文学翻译规范对译文的接受或排斥，违背规范可能会付出译本被拒绝的代价。最后，译者需要正视自己的主体作用，协调自己与文本目的和翻译规范的关系。

4. 译本的修改和出版

无论翻译者采取何种翻译策略，任何一部译作最终必然是一个经过多重阅读、反复修订的作品。阅读和修改往往是由译者以外的人来进行，翻译规范的作用将会反映在最后出版的作品中。翻译可能受到外力的删减和改变：新闻审查制度可能会删除与译入语文化的主流意识形态不符的内容；限于译入语社会文化观念，可能会对某些被认为是"禁忌"或"反动"的内容进行净化；出于商业利益的考虑，出版社可能要求译作按特定读者的需要进行大幅度修改，比如，将原作小说译为电影对白，将成人作品儿童化等。更为特殊的做法是，某些出版社甚至要求译者提供"直译"译本，再交由著名作家进行润笔以产生更好的译本。

第二节　生态学基本原理在文学翻译中的体现

生态翻译学研究的是翻译主体及其所处翻译环境相互作用的规律与艺术的学科。生态学的基本原理，如生态链法则、生态位原理、最适度原则等，都可以从特定的角度来指导文学翻译实践。

一、生态链法则

生态系统中储存在有机物中的化学能在生态系统中通过层层传导，把诸多生物紧密地联系起来，这种生物间以食物营养关系彼此关联起来的序列在生态学术语上被称为食物链，即"营养链"。由这些食物链彼此相互交错连接成的复杂营养关系的食物网（food web）把所有生物都包括在内，使它们彼此之间都有着某种直接或间接的关系，产生相互的作用与反作用。作为生态系统功能的基础，一个复杂的食物网不仅可以直观地描述生态系统的营养结构，而且可以维持生态系统的稳定。食物网越复杂，生态系统抵抗外力干扰的能力就越强；反之，食物网越简单，生态系统就越容易发生失衡和毁灭。在复杂的生态系统中，一种生物的消失虽然不会引起整个生态系统的失调，但是在不同程度上会使生态系统的稳定性降低。①

文学翻译是译者用一种不同于源语的语言对文学作品进行有效阐释与转化的主观能动性活动，就像自然生态系统一样，文学生态翻译系统主要由文学翻译无机环境和文学翻译群落构成。文学翻译无机环境是指源语文本以及作者、译者、读者和研究者所处的社会文化环境及历史制约条件。文学翻译生物群落是指与文学翻译有关的活动主体，包括生产者、消费者和分解者。与自然生态系统不同之处在于，文学生态翻译系统中的生产者具有双重指向性（bidirectionality），这里既

---

① 傅桦，吴雁华，曲利娟. 生态学原理与应用 [M]. 北京：中国环境科学出版社，2008.

指作者，同时又指译者。作者创作原文，是文学生态翻译链的发动者（initiator）；译者根据作者的原作进行文学翻译活动，从而创造译文，是文学翻译链的追随者（follower），但是译者在整个文学生态翻译系统中占据核心地位。译文的读者在文学生态翻译系统中充当着消费者的角色，因为文学翻译产品产出以后，读者对其进行消化和吸收，从而改变文化的载体，转化产品的价值。那么文学生态翻译系统中的分解者又是谁呢？根据我们以上分析不难看出，毫无疑问就是文学翻译研究者。文学翻译研究者对译作的研究是一种特殊的消费，他们观察原文，对译者和译作进行研究，从中总结文学翻译理论，反过来又指导生产者即译者今后的生产活动。① 译者在文学生态翻译系统中占据着举足轻重的地位。他们在这一生物链的循环中，首先从无机环境（原文及原文作者、译者所处的社会文化环境）中利用光合作用（两种语言之间的代码转换）提炼养分，合成有机物（译文），从而完成产品生产的过程；同时，在这一系统的循环中，译者还有可能担任消费者和分解者的角色。因为在完成生产过程以后，为了进一步提高自己的生产能力与生产水平，译者往往要对自己的译作进行分析和总结，从而在今后的生产过程中提高利用光合作用的能力。由此可见，译者的活动直接影响着整个生态系统的平衡与可持续发展。所以，各文学翻译主体，也就是作者、译者、读者以及研究者相互依存、互相制约，共同构成了一个独立开放的文学生态翻译链。

文学翻译的生态链需要翻译内部的规范环境，也需要良好的规章制度和学术气氛的支撑。好的译风，必然能带动好的学风，从而形成巨大的精神力量。只有建立起良好的规范和秩序，才能保证文学翻译工作的正常进行，也能够净化文学翻译系统的内部环境，保证文学翻译质量，这样才能在整体上产生巨大的文学生态翻译功能、效应。

二、生态位法则

生态系统中的一个种群，在空间、时间上所占据的位置与相关种

---

① 朱月娥. 翻译主体生态系统中的译者主体性［J］. 中国科技翻译，2010.

群间的功能作用与关系，是生态学的另一个主要术语——生态位（ecologicalniche），也被称为生态龛，表示生态系统中每种生物生存所必需的生存环境的最小阈值。其包括生态系统的生物作用和功能本身及其区域。在自然界中，每个具体位置都有不同种类的生物体，如生物活性等生物关系取决于其特殊行为——生理和结构，因此具有独特的生态位。生态位分别有两个层次，即基本生态位和现实生态位。基本生态位由适应物种变异的能力、实际生态位的适应能力、重点与生物因素的相互作用决定，生态位在自然环境中是真实的。在生态学中，生态位是指与特定空间位置、功能、位置和时间相关联的物种和其他物种的生态系统。形成自身生态位的生物在形成过程中遵循的原则有开拓原则、趋适原则、平衡原则和竞争原则这四个原则。开拓原则是指生物占领，开发所有可利用的有利基础。趋适原则是指生物出于本能需要而寻求良好的生态位，这种趋适行为的结果导致生物所需资源的流动。平衡原则是指作为一个开放的生物生态系统，总是向着尽力减小生态位势（竞争所导致的理想生态位与现实生态位之间的差距）的方向演替。

在文学翻译活动中，根据文学翻译活动的客观要求，文学翻译主体或是由个人或是由团队组成，文学翻译主体在文学生态翻译空间中占有特定的生态位，具有其特殊的生态功能，因此也就呈现了独特的行为生态环境。译者行为，可以理解为人对外部刺激的外显性反应，也可理解成人类种种活动或动作有意义的组合。人类文学翻译行为活动不仅有着内容上的多样性，而且在文学翻译特定的领域中，每个人的行为方式也不尽相同，这也就必定会呈现出其文学翻译生物群体以及文学翻译过程动态系统的多样性。同时，各生物群体在文学翻译过程中经过不断的自然选择与互为适应，形成特定的文学翻译形态和文学翻译功能。在文学翻译自然生态系统中，只有文学生态翻译位重叠的文学生态翻译系统才会产生争夺生态位的竞争，争夺最适宜生存的生态区域。文学翻译生物群体的生态位实际上是他们能够获得和利用的文学生态翻译资源空间，文学生态翻译位越宽，文学翻译生物群体的适应性就越强，可利用的资源就越多，竞争力就越强。因此，在文学翻译活动的自然生态中，文学翻译者应该准确地找到自己的生态定位，使得在竞争中的有利重叠系统的发展中，通过竞争找到最适宜生存的生态区域，力争获得和利用最大的生态资源空间，拓宽自己的生态位，提高自己的生态适应性，扩大自己的可利用资源，提高自己的生态竞争力。

三、最适度原则

孔子曾说过"过犹不及"。古希腊哲学家德谟克里特也说过类似的一句话，"过度时，最适意的东西也会变成最不适意的东西"。这两句名言有着异曲同工之处，实际上都是涉及了一个度的问题。所谓度是事物质和量的统一；而质和量是互相规定、互相制约的，每一种物的质，都有无限多量的等级。度是唯物辩证法的一个重要范畴，按照黑格尔的说法，度是有质的限量。唯物辩证法把黑格尔的界限说运用于客观存在的事物，认为度是一定的客观事物保持自己质的规定性的数量区域，即限度、幅度、范围等，是客观事物的质相统一时的限量。事物是发展的，而度却是相对稳定的。事物的变化不仅是有规律的，更重要的是，变化的过程是阶段性的，是主体能够逐步认识的。所谓"度"只是事物存在的一个质和量相统一的规定，在这一存在中，状态、效果、满意程度怎样，则是更有意义，更值得我们来进行研究的。任何一个存在着的事物都有自己之所以能存在的度，且从理论上讲，任何一个事物的存在必定有一个可遵循的最佳适度。① 最适度原则是唯物辩证法的基本方法论原则。最适度原则就是根据主体需要，认识、选择、控制、创造客体的质的数量区域、范围界限、顺序间隔，从而使其最大限度地满足主体需要的原则。最适度原则的本质就是协调、和谐，其难点就是在动态实践中，保持和趋向最佳质的条件下的对量的积极调整。把适度原则作为唯物辩证法的基本方法论原则，能够有效地指导我们的实践活动，使我们的事业和一切行为、需求达到最佳

---

① 曹凑贵，生态学概论［M］. 北京：高等教育出版社，2002.

的效果、状态和程度。适度原则同样也适用于文学翻译实践。

文学翻译的理想境界是译者只译出原著作者的信息意图，让原著作者和译文读者都了解语境在其中起调节作用，自然而然地达到作者传递交际意图的目的。但对于文学翻译这种跨语言文化的交际来说，语境相同比较理想化，更多情况下是译者和原著作者语境存在差异。因而，译者在进行文学翻译实践时，在译文读者和原著作者语境是否能共享问题上难免会做出错误的估计，从而会造成超额翻译和欠额翻译。超额翻译和欠额翻译可以说是文学翻译实践中常见的现象，也是国内翻译理论研究普遍关注的问题。已有的研究对超额翻译和欠额翻译的界定大多是基于美国翻译理论家尤金·A·奈达的语言信息论和语言符号学翻译观，认为超额翻译和欠额翻译就是在译文中复制与原著信息在语义和语体上的不等。具体来说，超额翻译即翻译过头，指译者未考虑到译语读者对源语作者欲明示的语境有可能共享的情况，直接将交际意图翻译出来，简而言之就是指译文承载的信息量大于原著的信息量。而欠额翻译则是一种翻译不足，指译者无视译语读者对源语作者欲明示的语境有可能不能共享的事实，只翻译出信息意图，又或者译者考虑到了译语读者对源语作者欲明示的语境不能共享的情况，直接翻译了交际意图，使得译文承载的信息量小于原著的信息量。文学翻译是涉及原著作者、译者和译文读者三方的交际活动，对超额翻译和欠额翻译进行界定时不能不考虑译者对原著作者意图的顺应和译文读者的能动性。

四、优胜劣汰，适者生存

生态翻译学是基于达尔文的进化论基础之上发展起来的一种研究。它的早期研究主要受"优胜劣汰，适者生存"这一法则的影响，翻译适应选择理论是这一方法的根基。所谓翻译适应选择理论是以达尔文"适应选择学说"的基本原理和思想为指导，以翻译即适应与选择的主体概念为基调，以译者为中心的翻译理念为核心，能够对翻译本体作出新的解释的翻译理论范式。翻译适应选择理论把翻译活动看作是译者适应生态翻译环境的选择性活动。按照这一理论，翻译就是一种思想文化的移植，就是把作者的思想从一种语言移植到另一种语言，从一种既定文化移植到另一种异族文化。这与生态学上我们把一种动物或植物从一个地方迁移到另一个地方颇为相似，移植的物种只有适应新的环境才能够得以生存。也就是说，译作质量的高低与译者适应选择的程度成正比，而译者适应选择的程度与其主体性的发挥又存在密切的关系。因此，生态翻译学坚持译者中心论，认为翻译是一种以译者为中心的智力活动，成也译者，败也译者。

在整个文学生态翻译系统中，译者是最为活跃且颇具创造性的一个主体，具有很大的自由度及活动空间。但是我们同时注意到，译者的翻译活动要受到各种因素的制约。首先是在某一特定的翻译群落内部，译者活动会受到很多限制因子的制约。这些限制因子包括翻译主体的文化立场、审美情趣、知识总量、价值取向、人生理想及生活态度等。限制因子在整个翻译活动中既会给译者带来积极的影响，如帮助译者理解和适应源语文化，准确把握作者思想内涵等；同时也会对译者产生消极影响，如译者会不自觉地在译文中加入自己对文化的理解与价值取向，从而造成译文对原文的不忠与偏离。但总的来说，限制因子在整个翻译活动中对译者的消极影响大于其积极影响，其中任何一种限制因子都有可能影响译者适应的程度及主体选择的质量。所以在对待这些问题上，译者要客观准确地把握和认识各种限制因子，合理回避限制因子给翻译带来的消极影响。另外一个制约因素来自于翻译群落外部，即处于不同无机环境中译者的相互制约，这一点在上文中我们已经提及。

由于不同翻译群落中的翻译主体所处的无机环境存在一定差异，这就导致了整个生态翻译系统中的不同译者之间产生分歧，进而产生竞争。译者在激烈的竞争中都要面对"优胜劣汰，适者生存"法则的考验。所以在当今世界文化日益多元化以及翻译研究飞速发展的今天，译者要想在世界生态翻译系统中占有一席之地，就要用负责的态度、包容的心态、科学的精神去客观对待异族文化，在充分尊重原作的基础上，合理发挥其主体性，从而客观、准确、有效地移植和介绍原作的文化精髓。另外，作为处于某一无机环境中的译者，在尊重源语文化的基础上，也要积极保持自己的文化理念与文化认同，这样既有利于遏制翻译领域中的文化霸权主义和文化沙文主义，也有利于保护世界文学翻译系统的生态平衡。

五、文学翻译的生态平衡

生态学的另一个重要术语是生态平衡（ecological balance; ecological equilibrium）。所谓生态平衡，是指在特定的时间内，生态系统中的生物和环境之间、生物各种群之间，通过能量流动、物质循环和信息传递的过程使它们相互之间达到高度适应、协调和统一的状态。也就是说，当生态系统处于平衡状态时，系统内部各组成部分之间保持一定的比例关系，能量、物质的输入与输出在较长时间内趋于相等，结构和功能处于相对稳定状态，在受到外来干扰时，能通过自我调节恢复到初始的稳定状态。在生态系统内部，生产者、消费者、分解者和非生物环境之间，在一定时间内保持能量与物质输入、输出动态的相对稳定状态。①

在文学翻译活动中，生产者、消费者、分解者构成了文学翻译的三大群落的功能类群。文学翻译活动中的生产者就是文学作品的译者，消费者指的是文学译本的享受者，即译语读者，而分解者就是指文学翻译研究者了。根据翻译的生态系统功能，生产者（译者）创造了价值，而消费者（译语读者）和分解者（文学翻译研究者）也从另一个侧面创造了价值。三大功能群体之间，由能量流、物质流、信息流（包括知识流、能力流）、价值流联结和贯穿，彼此相互关联、相互作用和影响，促成了整个翻译系统功能的运转和演化。翻译活动中涉及的"无机环境"即非生物环境（abiotic environment）是生态系统的基础条件，是生态翻译系统中翻译过程赖以生存的物质和能量的源泉及活动场所，可细分为文学作品、对文学翻译及研究者有影响的自然环

① 许建忠. 翻译生态学 ［M］. 北京：中国三峡出版社，2009.

境和文学翻译赖以生存的土壤等。

生物群落在生态系统中既在适应环境，也在改变周边环境的面貌，各种基础物质将生物群落与无机环境紧密联系在一起。生物在生活过程中不断地由环境输入并向其输出物质，而被生物改变的物质环境反过来又影响或选择生物，两者总是朝着相互适应的协同方向发展，即通常所说的正常的自然演替。随着人类活动领域的扩展，对环境的影响也愈加明显。生态翻译系统中生物群落涉及的源语作者、译者、译语读者、翻译研究者、翻译委托者之间，翻译生物群落与翻译客观环境的相互作用与反作用构建起来一种动态的平衡联系，即"自然平衡"。在这种平衡关系中，每一种成分都并非是孤立存在的，而是相互联系、相互制约的统一综合体。它们之间通过相互作用达到一个相对稳定的平衡状态，就是生态平衡，实际上也就是说在文学生态翻译系统中生产者、消费者、分解者之间应保持稳定。他们力争不断改变自己，改变环境以便不断进化，"适者生存"。文学翻译环境的优、劣直接决定文学生态翻译系统的复杂程度和翻译群体的丰富度，也直接促进了文学翻译活动的不断进步及良性循环。如果其中某一成分过于剧烈地发生改变，都可能会出现一系列的连锁反应，使生态平衡遭到破坏，影响生态平衡的稳定性。文学翻译系统的生态平衡是维持系统内各成分间关系正常发展的根本条件。一旦文学翻译系统的生态平衡遭到破坏，生态翻译危机将不可避免，翻译环境、翻译过程、翻译质量、翻译效果也势必受到影响。

当然，变化是宇宙间一切事物的最根本的属性，文学生态翻译系统是个复杂的统一体，也处在不断变化之中，因此文学翻译系统的生态平衡当然也是一种动态而非静态的平衡。文学翻译系统中某一环节如果发生改变，引起不平衡，依靠文学生态翻译系统的自我调节能力可以使其进入新的平衡状态。正是这种从平衡到不平衡到又建立新的平衡的反复循环过程，推动了文学生态翻译系统整体和各组成部分的发展与进化。生态平衡的动态性体现出维护文学翻译系统的生态平衡不只是保持其最初的稳定状态。文学生态翻译系统可以在人为有益的影响下建立新的平衡，达到更合理的结构、更高效的功能和更好的文学生态翻译效益。

　　与此同时，任何生态系统都不是孤立的，都会与外界发生直接或间接的联系，会经常受到外界的干扰，因此，文学翻译系统的生态平衡又是一种相对平衡，而不是绝对平衡。文学生态翻译系统对外界的干扰和压力具有一定的弹性，其自我调节能力也是有限度的，如果外界干扰或压力在其所能承受的范围之内，当这种干扰或压力去除后，它可以通过自我调节能力而恢复；如果外界干扰或压力超过了它所能承受的极限，即生态阈限，其自我调节能力也就遭到了破坏，文学生态翻译系统就会衰退，甚至崩溃。文学翻译系统的生态平衡是在一定时间内翻译系统结构和功能的相对稳定状态，其物质和能量的输入、输出接近相等，在外来干扰下能通过自我调节（或人为控制）恢复到最初自然的稳定状态。当外来干扰超越生态系统的自我控制能力而不能恢复到最初状态时即是生态失调或生态平衡的破坏。

六、文学翻译的生态进化

　　生态进化是指生态系统朝着种群多样化、组织水平更高、生产力更大的方向发展，在广义上可以理解为地理环境之生态结构朝着更复杂、功能更强大的方向变化。与生态系统在种群结构和生存环境相对固定的状态下的生长发育不同，生态进化的本质特征乃是种群结构以及生物与环境的契合状态朝着更优化的方向发展，物质能量流通规模出现阶梯形的跃进。① 地球生物圈在 30 多亿年的过程中从简单到复杂、从低级向高级、从低生物能量向高生物能量变化的过程，可以看成是全球规模的生态进化。地球上生态进化的总趋势增加了生物物种的多样性，系统的稳定性、弹性和生产力。由于人类及其文明的出现是以生态进化为前提和基础的，因而生态进化的总趋势与人类利益具有内在的同一性，即人类利益要求维护地理环境的生态进化。人可以利用科学技术和社会生产力促进生态系统的进化，但不能任意干预生

---

① 傅桦，吴雁华，曲利娟. 生态学原理与应用［M］. 北京：中国环境科学出版社，2008.

态系统进化的自然行程，否则将引起生态退化的恶果。

文学翻译是理解、转换和表达的过程，既包括语言过程，也包括思维过程。在这些过程中，译者通过解码获取信息，掌握信息内容即可把握原文意义。译者掌握原作意义后，随即进入转换程序。经过概念转换、形象转换、判断转换、推理转换和逻辑顺序调整等加工过程后，译者将内部言语外化为语言表达形式，并按照译文的表达习惯进行表达。译文进入流通领域后，不但要接受读者的检验，也要接受翻译研究者的评述。评论家一般会从翻译的专业角度对译品作出宏观及微观的评述，并从中发现问题、了解问题、解决问题；从专业角度，即原作—译者—转换—读者—社会效果等角度权衡译文的质量，对译文作出价值判断，不但给译者提供专业性的建议和意见，而且把翻译实践提升到理论层次，创新翻译理论。根据翻译的生态系统功能，译语生产者创造了价值，而译语读者作为消费者，翻译研究者作为分解者也从另一个侧面创造了价值。三大功能群体之间，由能量流、物质流、信息流、知识流、能力流、价值流联结和贯穿，彼此相互关联、相互作用和影响，促成了整个翻译系统功能的运转和演化，也实现了文学翻译生物群落的自身进化。

文学翻译的宏观生态环境体现在自然和社会、文化的生存环境对翻译的存在和发展的作用与反作用上。文学翻译对自然的功能是认识、利用、开发和保护，而翻译对社会环境的反作用，则更为复杂。首先是它的社会价值。文学翻译的社会价值，是由文学翻译活动的社会性所决定的，主要体现在它对社会交流与发展的强大推动作用。文学翻译活动历史悠久，领域广泛，形式丰富，无疑为翻译作用的发挥提供了客观的基础。从源头上讲，文学翻译所起的最为本质的作用之一，便是其基于交际的人类心灵的沟通。文学翻译因人类的交际需要而产生。在克服阻碍交流的语言差异的同时，文学翻译为交流打开了通道。文学翻译使得人类社会从相互阻隔走向相互交往，从封闭走向开放，从狭隘走向开阔。文学翻译对社会的推动力显而易见，首先是对社会重大政治运动和变革实践的直接影响。文学翻译对社会的推动力还在于对民族精神和国人思维的影响。鲁迅的翻译实践和追求可为我们理解这一问题提供某种答案。文学翻译对文化具有创造发展功能。不同文化的翻译沟通推动了不同文化体系的进步，不同文化的传播，往往也是新思想的传播。世界发展，文学翻译功不可没，与此同时，文学生态翻译系统功能的循环往复及螺旋式的上升，也使得文学生态翻译系统整体得到了升华与进化。

第三节　生态翻译学视角下的文学翻译实践

文学翻译生态观要求翻译主体、文本对象、文化及文化差异等生态因子相互联动和相互作用。因此，文学翻译生态教学要求教学内容、教学环境以及教学评价体系相互关联，并且与现代信息技术和现代社交工具进行常态化融合，构建文学翻译教学动态生态平衡。

一、生态翻译学视阈下的诗歌翻译

生态翻译学为研究诗歌翻译提供了新的视阈。诗歌翻译的过程就是在"多维度适应与适应性选择"翻译原则下，适应翻译生态环境并代表翻译生态环境选择译文，进行语言维、文化维和交际维等"三维转换"的过程。

（一）诗歌翻译概述

诗歌翻译需要了解翻译技巧，英文诗歌流派和特点，通过对文本的诵读和感知，把握"文本对应"和"文本等值"的基本原则，掌握翻译技法，从修辞角度感知文本，体验美感。

1. 诗歌音美的再现

构成诗歌音美的要素包括节奏、音律、语调、拟声词等，其中节奏和音律是核心要素。明代学者李梦阳认为诗有七难，"格古、调逸、气舒、句浑、音圆、思冲，情以发之"，好的诗歌"其气柔厚，其声悠扬，其言切而不迫，故歌之心畅，而闻之者动也"。不同语言的诗歌其节奏各有特点，汉语尤其古汉语是单音节语言，即一个字就是一个词，因此，中国古代诗人利用这一特点，创造了四声调式，使作品节奏抑扬顿挫，音律优美。

英语实质上是一种拼音文字，语调和轻、重音的变化是英语节奏的关键体现。英语格律诗的节奏单位是音步，非重读音节和重读音节交替排列形成了单词，有抑扬格、扬抑格、抑抑扬格等多种形式，重音和轻音是其区别。现代汉语主要以双音节词和多音节词为结构单位，一词多字。从 20 世纪初期起，胡适、郭沫若、闻一多、徐志摩、戴望舒、卞之琳、朱湘等诗人突破传统格律诗的束缚，把"顿"确立为汉语新诗的节奏单位，包括单字顿、双字顿和多字顿。短顿与长顿的交替错落产生一种徐疾相间、富于变化的节奏。英语格律诗的节奏单位音步一般包含两到三个音节，英语诗每行可包含四到七个音步。在英、汉诗歌互译中顿与音步在一定程度上可相互替换，卞之琳提出"以顿代步"，即汉诗每行的顿数与英诗每行的音步数相当。

2. 诗歌形美的再现

诗歌的语言文字符号通过巧妙地排列能产生特殊的视觉审美效果。汉字是表形文字，其笔画富于视觉美，能在读者头脑中展现出生动逼真的图像。汉字是方块字，每个汉字所占书面空间基本相当，因此汉字容易排列整齐，给人外观上的美感。英语是音素文字，其基本结构单位是由音节组成的词，读音决定词的意义和功能。汉语是形、意结合，而英语是音、意结合，在图像美上英语不如汉语，在汉诗英译中汉诗的图像美只能部分再现出来。

3. 诗歌意美的再现

诗歌的音美和形美融入了意美，意美是诗歌的核心和灵魂。诗歌意美包含了意象美、情感美、意境美。宋朝学者严羽认为诗包含"体制、格力、气象、兴趣、音节"，诗人姜夔认为诗包含"气象、体面、血脉、韵度"，好的诗歌应韵度"飘逸"，气象"浑厚"，血脉"贯穿"，体面"宏大"，在诗中有四种"高妙"：分别是意高妙、理高妙、自然高妙和思高妙。明代诗人高启认为诗包含"格、意、趣"三个要素，"格以辨其体，意以达其情，趣以臻其妙也"，诗人通过语言文字塑造意象，展现优美生动的画面，表达思想情感。诗歌的意象能带给读者强烈的审美感官（视觉、听觉、触觉、嗅觉、味觉等）体验，在其头脑中唤起栩栩如生的艺术场景，让读者感觉身临其境。

（二）诗歌翻译的原则

美国诗人罗伯特·弗罗斯特（Robert Frost）认为，"诗就是在翻译中丧失掉的东西"（Poetry is what gets lost in translation.）。弗罗斯特此语实际上代表了一部分学者的观点：诗是不可译的。索姆·詹宁斯认为，从某种意义上说，译诗是徒劳的。这与鲁迅先生的观点不谋而合。然而，恰恰是这位诗歌不可译论者詹宁斯翻译并出版了《唐诗三百首选译》。雪莱也是一位诗歌不可译论者，可是他自己却把大量的希腊、西班牙和意大利语诗歌译为英语。威廉斯克（William Trask）更加直白地说，"不可译，正是因为不可译，我才翻译"（Impossible, of course, that's why I do it.）。毋庸置疑的事实是，迄今为止，大量的外文诗歌被译为中文。因此，眼下的问题不是可译不可译，而是如何翻译。

诗歌的语言特征是结构独特、语言凝练、情节跳跃、节奏明快、音韵和谐、意境幽远，这是诗歌与其他艺术形式的不同之处。"一首诗的内容不可能与它的形式——音韵、音调、韵律分离开来。这些形式成分并不是复写一个给予直观的纯粹外在的技巧的手段，而是艺术直观本身的基本组成部分"。由此可见，诗歌的内容与其形式是不可分割的。形式本身就是内容的重要组成部分。因此，诗歌翻译必须兼顾意蕴、结构、音韵和风格。故此，笔者提出意蕴忠实、形式对应、韵律相近以及自由度的诗歌翻译原则。

1. 意蕴忠实原则

所谓意蕴，即诗歌的内在意义。依据接受美学和解构主义的理论，文学文本的意蕴，无论是文本的本意还是作者的本意都是多元的，因为它的意义存在于读者的历时性解读之中。无疑，诗歌的意义也必定是多元的。意义的多元性必然会导致"误读"，不管这"误读"是有意还是无意的。深受德里达影响的美国解构主义理论家德曼认为，文学语言的特性在于可能的误读和误释。他甚至把"误读"分为好与坏，正确与不正确的"误读"。他还认为"好的'误读'会产生另一个文本。这个文本自身可以表明是个有意义的误读，或产生另外文本的文本。然而，坏的或不正确的'误读'难免会导致译文篡改原作之意，使原文的真实信息流失，从而导致译文读者的误解"。

外国学者翻译中国诗词的误译多因语言文化差异造成，国内学者偶尔也会出现类似的问题。如：

凉州词

——王之涣

黄河远上白云间，

一片孤城万仞山。

羌笛何须怨杨柳，

春风不度玉门关。

译文：Out of the Great Wall

Yellow sand ups and downs up to white clouds,

The lonely town was lost in the mountains.

Why the Mongolian flute does not complain about willow grow up?

Beyond Yumen, spring will not blow.

（许渊冲译）

笔者以为，上述译文有以下问题有待商榷：首先是标题，依据《辞海》（第 370 页）的解释，"《凉州词》，又名《凉州歌》，乐府《近代曲》名，原是凉州（州治今甘肃武威）一带的歌曲。唐代诗人多用此调作歌词，描写西北方的塞上风光和战争情景。其中以王翰和王之涣之作较为著名"。由此可见，凉州为真实地名，《凉州词》也确有其曲，且具有特定的文化内涵。显然，《凉州词》译为 Out of the Great Wall 所指太泛，语义内涵流失太多。其次该诗首行中的"黄河"不知何故译成了 the yellow sand，且为小写，令人匪夷所思。再次，"羌笛"译为 the Mongolian flute 也不妥，Fletcher 将"羌笛"译为 my Mongolian flute 更为离谱。《现代汉语词典》（第 6 版第 1040 页）将羌笛释义为，"羌族管乐器，双管并在一起，每管各有六个音孔，上端装有竹簧口哨儿，竖着吹。"《辞海》将羌族释义为，"中国少数民族之一，主要聚居在四川省茂汶羌族自治州和松潘县南部。"显然羌笛是流行于我国甘肃、青海和川北地区的一种乐器，将其译为 the Mongol flute 与原义相去甚远。最后，"玉门关"位于今甘肃敦煌西北小方盘城，是汉武帝时设置的重要关隘，与西南的"阳关"同为当时通往西域各地的交通门户，距离今玉门市千里之遥，绝非今日玉门市的城门。因此，将"玉门关"译为"The Gate of Jade"过于牵强，基本语义和文化内涵流失太多。

笔者试译如下：

Liang Zhou Song

Winding up into white clouds the yellow river kisses the sky，

Amidst soaring peaks a lonely fort rises high.

The Qiang flute need not bewail willows，

Beyond the Yumen Pass the vernal breeze never blows.

意蕴忠实是诗歌翻译的基础，内容脱离原作，便不能称之为翻译。

2. 形式对应原则

法国文学社会学家埃斯卡皮（Robert Escarpit）认为，"翻译总是一种创造性的叛逆"文学翻译中的创造性叛逆在诗歌翻译中表现得尤为突出。有的译者善于体现译者的主体性，往往在翻译中对原诗做个性化的处理。

希腊群岛

——乔治·戈登·拜伦

希腊群岛，希腊群岛！

无数的莎浮在此苦恋抒唱，

战争与和平的技能在此发扬；

蒂洛斯在此涌现，菲勃思苗长！

永恒的夏日仍使群岛内闪光，

但除了太阳，一切都已沦亡。

（孙梁译）

创造性叛逆的底线是改变原诗的行数，但诗歌的形式得以保留。

有的翻译时仅考虑原诗的内容，而完全不顾其形式。请看以下译例：

天净沙·秋思

——马致远

枯藤老树昏鸦，

小桥流水人家，

古道西风瘦马。

夕阳西下，

断肠人在天涯。

Autumn

——Ma Zhiyuan

The crow is hovering on the old trees on the rotten vines. This day has been completed, Yonder is a sparkling bridge, the distance is a beautiful little village. But the traveler had to go along this ancient road, westerly moung

（翁显良译）

例文的译者既未考虑原作的韵律，也未顾及原作的体裁，直接将诗歌译为散文。皮之不存，毛将焉附？诗歌的形式已不复存在，哪还称得上是诗歌翻译？

3. 韵律相近原则

英汉诗歌在节奏与押韵方面存较大差异，在翻译中取得完全相同的效果几乎不可能。所谓韵律相近多指译诗与原诗在节奏与押韵方面有所不同，但却有较高的相似度。请看以下译例：

江　雪

——柳宗元

千山鸟飞绝，

万径人踪灭。

孤舟蓑笠翁，

独钓寒江雪。

Angling in Snow

Over mountains no bird in flight，（a）

Along paths no figure in sight.（a）

A fisherman in straw rain coat，(b)

Angling in snow in a lonely boat.（b）

例文的节奏与原诗相似，押韵采用（a）（a）（b）（b）韵，虽与原诗的 2、4 句韵有别，但完全符合英诗韵式，易为译文读者所接受。

4. 自由度的原则

英语是表音的文字，汉语是表意的文字。两种不同类型的文字的格律形式也完全不同。因此，在诗歌翻译中不太可能做到完全忠实于原作的翻译，对于格律形式的处理，对于诗歌形式的处理，就需要译者适度的把握。这个度的把握就需要发挥译者的创造性自由。这种诗歌翻译中的自由度如何来把握，可反映出一个译者的能力和水平，也可见译文的高低和优劣。

诗歌翻译中的一个关键问题是，如何掌握诗歌格律翻译中的自由度。对这个问题，国内翻译界普遍存在两种观点。一种观点是用自由体来翻译诗歌，另一种观点是套用格律体来翻译，即韵体翻译和自由体翻译之争。这两种翻译观点各有所长，也各有所短。采用自由体来翻译诗歌，可以把意思表达清楚，把原诗的意义表达得充分明确，但是会损失原诗的韵律节奏，把诗歌变得像"说话"一样。这就是为什么许多诗歌翻译过来之后，变得不像诗歌了，读起来也没有诗情画意了。如果采用格律体来翻译诗歌，优点是可以在一定程度上体现原诗的韵律和节奏，并不丧失原诗的韵律美，缺点是会出现以辞害义的现象，对原诗的意义进行过度的增删，影响了原作的表达。采用这两种翻译方法的翻译家不少，他们所取得的成就也令人瞩目，可以供我们借鉴的地方也很多。

在翻译英语格律诗的实践中，译者大多保持或者大体保持原诗的韵式，采用"半自由体"的形式较多。有些译者考虑到中国古代诗歌隔行押韵的特点，将英语诗歌中的交韵和抱韵的格式调整为中国读者习惯的押韵方式。还有的译者，尽量模仿英语诗歌的交韵和抱韵的格式，有时候也能取得比较独特的效果。当然，英语诗歌的音韵形式除了脚韵和尾韵之外，还有头韵和行内韵等。因此，只要译诗总体韵律表现了原诗的风貌，原诗中一些独特的押韵方式在译诗中得到了一定程度的再现，那么基本上就达到了译诗的效果。

　　诗歌难译还表现在典故和谐音的翻译上。中西方的文化差异巨大，社会生活方式迥异，历史形成的很多典故难以解释清楚。这些文化典故和谐音带有一定的文化意义和象征意义，是民族心理因素的投射。因此，在翻译中很难在有限的诗行中进行解释说明。很多诗歌翻译者在他们的诗歌译文之后都要增加详尽的注释，仔细说明诗歌行文中的文化典故。西方汉学家翟理士在翻译中国古典诗歌的时候，在他的译文之后加了详尽的注释。通过注释，西方读者才能理解他所翻译的中国古典诗歌。因此，诗歌翻译还不止是翻译的问题，在翻译过程中，译者还应该查阅很多的相关资料，了解诗人的生平和相关背景，在翻译中增加说明和注释性文字。

　　另外，诗歌翻译的难点还在于一些人名、地名和一些相关词的处理上。我们知道汉语的人名和地名一般是两个字到三个字的居多，但是，英语是多音节词，它的人名和地名的音节繁多，有时可以达到四、五个音节以上。而且，现在的人名和地名的翻译一般都有固定翻译，译者在翻译中没有多少选择的余地。因此，在翻译这类人名、地名和相关词汇的时候，处理不好，可能会破坏诗行的音节和韵律，影响诗歌翻译的音美和形美。

　　总体来说，诗歌在翻译的过程中会损失许多东西，而诗歌翻译的特殊性又使译者很难弥补这方面的损失。在诗歌翻译中，要想做到完全忠实的移译，显然是不太可能的，我们在诗歌翻译的时候，要有所取舍，有所得失。如何处理好诗歌的"可译"与"不可译"，如何在诗歌翻译中有所"取"，有所"舍"，是诗歌翻译中的关键技巧问题。

　　著名诗歌翻译家许渊冲在多年的诗歌翻译实践中，结合前人的翻译理论实践，提出了"翻译的创作论"。现在，笔者根据个人的实践经验，总结如下：①从事文学翻译，首先要忠于作者的原意。②要运用与原作相适应的译入语的文学语言。③对于诗歌的翻译，译者应发挥其创造性来传递作者的"意、音、行"美。④真正优秀的翻译创作不能随心所欲，而应用心来传达作者的原意。

　　在这段文字说明中，我们注意到许渊冲先生所强调的"忠实于原作的意图"，而不是"忠实于原作"。这种说法表明翻译作品不一定要"忠实于原作的形式"，而更应该"忠实于原作的精神"，也就是要力求"神似"。

但是，对于诗歌翻译的"神似"，我们怎么来理解？这种翻译的"神似"怎么样才能达到？闻一多对这个问题，曾有自己独到的见解。他在评论日本著名诗歌翻译家小烟薰良翻译的李白诗时，表达了不满，他说，"太白的长处正是译者的难关……去掉了气势，等于去掉了李太白"。他认为诗歌真正难译的不是具体的语言问题，而是原来诗歌中的"气势"，原来诗歌中的"神韵"。

但是，在翻译的过程中，他也提醒译者要特别注意自由度的把握。他提倡译者要有创造性，但是在创造的自由度方面要小心，不要伤害了原作的精神内容。

闻一多的评论也许是比较尖锐的，但是他直率地道出了译诗中应该注意的问题。诗歌翻译要注意原来诗文中的精神气质，不能只顾译文的通畅流利，而损害了原来诗文的内在神韵。因此，许渊冲先生在谈到"翻译创造论"的时候，在强调译者主观性和自由度发挥的同时，也强调不能"随心所欲"，而是要"从心所欲，不逾矩"，也就是要把握好创造性翻译中的尺度问题。我们说，翻译之所以成为一门艺术，就在于这种"从心所欲，不逾矩"的微妙之处，如果只要求一个整齐划一的标准和原则，那么翻译实际上就沦为了一种技术性工作了，那么对于文学翻译，特别是诗歌翻译而言，就不再具有艺术的魅力了。

发挥译者自由度，发挥译者在诗歌翻译中的创造性和主动性，而又不危害原作的精神内容和神韵，这是诗歌翻译的一个重要原则。在具体的诗歌翻译实践中，我们可以观察到很多著名的诗歌翻译家，不管有意还是无意，都在自觉实践这条翻译原则，或者向这样的原则靠拢。其实，这些翻译家自觉追求的就是创造出诗歌翻译的语言美感，传达出原诗的境界和神韵。

（三）诗歌翻译的生态环境

一直以来人们关注的焦点都是诗歌。孔子曾说，"书以道事，诗以达意"。诗歌文学艺术的结晶不难理解的是，此处的"意"和我们日常所了解的"情感"是相一致的，由此可知两者表达的是一个相同的观念，即情感的载体是诗歌。但是，无论是英语诗歌还是汉语诗歌，除情感、节奏是不能缺少的成分，这通常表现在诗体的韵律和结构上。对诗歌翻译来说，为了让源语读者和目的语读者能感受到相同的情怀，那么原诗具备的特征，翻译的诗歌自然也要有所体现。所以，译者在进行诗歌翻译的过程中，译者要忠于原作，尽可能的在形、音、意三个角度上重新展现原诗之美。诗歌是人类文明的瑰宝，诗歌能够集中地将人类智慧体现出来，诗歌具有激发情志、观察社会、交往朋友的功能，通过诗歌还可以了解很多鸟兽草木的名称。然而怎样跨越时空来翻译这些诗歌对于译者来讲是对中英语言能力的挑战，同时也是对译者所具备的中西方文化内涵的挑战，是对中西文化差异感和自觉度的考验。诗歌是最基本、古老的文学形式，诗歌是一种让人神往的文学体裁。翻译是为了相互理解，力求在翻译过程中尽可能地表达原文的内容和意义。诗歌翻译在跨文化交流中有着崇高的地位和不可磨灭的功劳，是异国读者了解和体会原诗所反映的风俗习惯、人文景观和情感意蕴等方面的有效手段。在翻译的过程中各因素之间会涉及到多维转换、整体互动和有序关联，这是生态翻译学提出的，把核心理念定义为"以译者为中心"，将译者的地位和能动性突出出来，为诗歌翻译提出了有效的理论指导。

翻译生态环境和翻译理论应相结合是生态翻译学所主张的，生态翻译学理论引入了达尔文生物进化论中"适应/选择"学说，并且一直构建和论证了"翻译适应选择论"，将这一理论定位为"一种生态学的翻译研究途径"。在翻译适应选择论的基础上，基于达尔文的生态进化论的启发，在整个翻译生态系统中生态翻译学研究，译者享有中心地位，译者的选择行为和适应行为的关系的变化规律，以选择和适应作为新的角度，对翻译活动进行重新解释。从生态学的角度出发，生态翻译学以全新的视角出发对翻译活动进行解释和阐述，对翻译生态系统整体性的重要性进行强调，将评判的依据定义为"三维"，三维就是语言维、交际维和文化维，系统地解释和描述对翻译的本质、原则、过程、翻译现象和方法等。由此，翻译活动有了一个全新的理论指导。

生态翻译学提出，翻译是"译者适应翻译生态环境的选择活动"的过程。翻译生态环境指的是"源语、原文和译语所展现出的世界，即文化、语言、交际、社会，还有读者、作者、委托者等相互关联的整体"。从生态翻译学角度出发，翻译的过程被分为两个阶段——译者的选择和译者的适应。译者适应的过程是翻译生态环境选择译者的过程。译者要不断地适应翻译生态环境，接受翻译生态环境的制约和选择，进而不被翻译生态环境所淘汰，融入其中，争取成为其主要的一部分。为了达到"求存、生效"的目的，进而采取"优化选择"的方法，"汰弱留强""适者生存"是选择的法则，"多维适应与适应性选择"是翻译的原则。

翻译是民族交流与文化沟通的纽带，是不一样的语言信息之间的转换，努力推进文化进步和人类文明走向高峰，而诗歌翻译在跨文化交流中有着较高的地位。

（四）诗歌翻译中的"三维"适应性转换

翻译活动通过语言维、文化维和交际维三个层次之间的转变得以实现，翻译活动的原则是"多维度适应与适应性选择"，"整合适应选择度"最高的翻译是最佳翻译。

1. 语言维适应性选择转换

语言维适应性选择转换指的是译者在翻译过程中注重语言形式在不同方面和层次上开展适应性选择转换。从翻译生态环境的角度出发，译者是生态环境的适应者，对整体性进行充分考虑，逐渐选择调整词汇，转换语言形式，这是语言维适应性选择转换的观点。

2. 文化维适应性选择转换

双语文化内涵的诠释和传递是在翻译过程中译者比较看重的，这也是文化维适应性选择转换的概念。译语文化和源语文化两者的内涵差异和性质差异是文化维的适应性选择转换所关注的，防止译者通过译语文化对原文进行曲解和误解，强调译者在翻译活动中重视源语语言的文化系统的适应性转换。

3. 交际维适应性选择转换

在翻译过程中译者看重双语交际目的的适应性选择转换，这是交际维的适应性选择转换的概念。交际维的适应性选择转换要求译者关注文本信息所传达的文化内涵的转换，要求译者关注交际层面的选择转换，同时要求文本信息自身的转换，就是重视原文文本信息的交际目的是否一致。

诗歌翻译工作富有挑战性和艰巨性，译者需要极大的勇气和耐力去完成这项工作。在诗歌翻译活动过程中，译者是译文的作者和创造者，同样译者也是原文的诠释者和读者。因为翻译，跨文化交流不再是困难；因为翻译，世界一家的梦想更近一步；因为翻译，一个国家才能走向世界；因为翻译，不同民族之间才会熟悉。翻译伴随语言而产生，语言的多样化凸显着翻译的独特地位，翻译的重要性不言而喻。在全球化的背景下翻译的重要性也随之增强，翻译的理论也更为多样化和全球化。新兴的生态翻译学就是翻译学进步的体现，随着生态翻译学理论日趋成熟，运用将会越来越广泛。

二、生态翻译学视阈下的新闻翻译

新闻英语翻译是译者用一种不同于源语的语言对英语新闻进行转换与再现的主观能动性活动。在生态翻译学视阈下，这种翻译行为可被解读为新闻译者的适应与选择过程，这一过程始终是以译者为中心的，译者在语言维度、文化维度、交际维度上均主导着适应与选择；同时作为翻译主体的译者，也面临着"优胜劣汰"自然法则的考验。译者应在适应翻译生态环境变化的前提下，优化翻译策略与技巧，产出整合性、适应性最高的译语新闻，从而推动新闻翻译生态系统的和谐发展。

（一）新闻翻译阐述

新闻翻译属于跨文化信息传播，绝不只是一般意义上的文字翻译，需要将信息重塑、编辑、合成和转型，以方便读者理解和接受。① "一个新闻文本的转换过程的任何阶段都不可能是传统意义上的翻译。更有可能的是，新闻文本的翻译会采用各种不同的方法，包括摘要、解释、增删，为适用目的语文化习俗而进行的改编以及用报社的特殊风格进行的改写等。换言之，新闻报道所经历的是一系列文本的转换，这些转换的策略全部是同化策略。不管一个文本是如何产生、产生于何处，其目的都是以其语言方式为一批特定的读者呈现那个文本。关于译者自由的争论在这样一个语境中没有任何意义"。② 翻译只是新闻编辑中的一个因素、一个环节，新闻翻译以"编"和"述"为主，"译"是"编"的基础和前提，"述"是"编"的结果，"述"就是改变源新闻稿的叙述风格和口吻，将语言形式归化为目的语，确保稿件简明扼要、通顺流畅。某个新闻事件往往十分复杂，有多个来源，仅靠一则报道，带有主观性和片面性，因此，报刊、电视新闻对国外的报道会综合各种新闻来源，加工整理，形成一个连贯的、自然的、无任何翻译痕迹的语篇。如果编译者对某一新闻事件不做铺垫，不掌握相关报道、相关的背景和知识，对目的语语体不具敏锐的感悟力，仅凭新闻稿中的文字翻译，就无法交代前因后果，语言无法简洁顺畅。即使是某一则报道，译者也不会全译，仍然通过编辑的方式，根据自身的判断，变易标题和导语，删除多余信息，增加背景知识，重排段落顺序等。不同的文体习惯意味着大量的改写，调整为国内读者习惯用的语体风格，"在某些语境中，读者期待新闻报道包含有直接引语，从而传递更多的真实意向。这是英国的一个标准惯例，大报、小报都习惯采用。而在欧洲其他国家，用直接引语则被认为是媒体失语，所以文中引语多用转述代替。如意大利的新闻报道好用夸张，这同英国媒体的冷嘲热讽和轻描淡写形成强烈对照，再如法国报刊喜欢篇首来一段论证充分、讲解透彻的评述，而英美报纸则喜欢在文章开始藏而

---

① 朱天文. 美国新 N. N-N 中汉英翻译采用的策略和方法 [J]. 上海科技翻译, 2003.

② 余也鲁. 从"传理"论新闻翻译//中国翻译工作者协会《翻译通讯》编辑部编. 翻译研究论文集（1949—1983）[C]. 北京：外语教学与研究出版社, 1984.

不露，最后给你一个有分量的结论，这两种风格也完全不同"。①

"还有政治、权力、文化等多重因素，需要在新的背景下重新编辑、改写、再包装，翻译只是这个复杂过程的一部分"。原新闻撰稿人总会从自身的角度、从他所处国家的意识形态、价值观念，描述和评论新闻事件，而编译者所服务的新闻机构不能不受制于一个国的主流意识形态，所以一个国家的意识形态客观上要求新闻报刊在报道世界新闻事件的同时，必须符合主流政治所需的舆论导向，就连美国这个声称"人权""自由"的国家，新闻报刊对一国所采取的态度取向也基本由国家的主流政治所控制。如美国发行量最大的《时代周刊》（Time）和颇具影响的《新闻周刊》（Newsweek）基本成了美国政府利用的工具、政治喉舌。由于受到美国政治制度、意识形态和价值观等因素的影响，导致美国《新闻周刊》在编辑策略上带有明显的倾向性，对中国报道和美国报道的态度明显不同。有关中国的负面报道数量大大超过了正面报道，主要集中在人权、天灾人祸、动乱、不同政见者、"中国威胁论"，即使有正面报道，也主要集中在朝着他们所赞许的经济改革，正在接受他们所谓的民主观、价值观，而对中国人民在中国共产党领导下所取得的建设成就，及人民生活水平的大幅度提高却视而不见。译者在翻译国外报刊对中国政府和人民带有偏见的评价时，应该予以舍弃或做淡化处理，或者作出评价。

新闻翻译者可以是一个人，也可以是一群人组成的翻译组。在电讯的选择方面，有与电讯编辑几乎相同的运作规律。他们每天收到的外电与选择的比例非常大，他们需要依据自己的经验和读者预期来做价值判断和取舍。新闻翻译者的工作好比"消化机能"，把"外界输入的食物加以揉碎、选择，重新组合成新的成分，由肠壁吸收，成为血液，以便将不利于人体的废物排出"。在互联网时代，民众要求新闻及时、准确、快捷，这意味着分配给编译者的时间极其有限，对源文字斟句酌的可能性大为减少，他们的注意力更多地放在怎样创造性地运用新闻语言，以读者和观众期待的风格来发布新闻。

---

① 苏珊-巴斯内特. 把消息带回家：同化策略与异化策略//辜正坤，史忠义. 国际翻译学新探［M］. 曹明伦，译. 天津：百花文艺出版社，2006.

新闻语言的运用与人们的生活方式有着十分密切的关系，而生活方式使人们对信息的选择、接受逐渐"快餐化"，新闻正逐步进入"读题时代"①。一条好的新闻标题以其简洁、醒目、趣味的表达方式来吸引读者的眼球，快速准确地传递信息，可见标题在新闻传播过程中地位极其重要。

例：How to remember Koxinga.

译文：如何纪念国姓爷？

在 2012 年 7 月的《经济学人》上，报道了有关中国第一艘航空母舰开始海试航行，引发了人们对新名称的关注。

第一次交际过程：作者—源语读者。

正文内容提供以下关键信息：2012 marks the 350th anniversary since that breakaway kingdom was founded；by Zheng Chenggong，who is better known outside China as Koxinga；Koxinga remains a controversial figure in China；Taiwan and Japan；Japan has always treated him as a greatnative warrior；textbooks remember Koxinga as a patriotic Chinese hero. "How to remember Koxinga" 激活了源语读者的语境假设：国姓爷是个值得纪念的历史人物；不同国家对国姓爷评价不同。将以上假设与标题正文语境结合获得了语境效果：不同立场对国姓爷的纪念方式不同。

第二次交际过程：作者—译者。

面对英语标题，译者找到的语境假设有：人们都以什么方式纪念郑成功？是否纪念郑成功的方式都一样？将以上语境假设和源文标题正文语境结合获得语境效果：郑成功有多个历史形象，立场不同郑成功的历史形象也不同。

第三次交际过程：译者—译语读者。

译者根据得到的语境效果生成译文标题，为译文读者提供语境效果近似源语读者获得的语境效果，此译文恰当。

（二）新闻翻译的生态环境

翻译生态环境是生态翻译学的一个核心概念。源语、原文和译语

① 冯庆华，张健. 报刊语言翻译 ［M］. 北京：高等教育出版社，2008.

系统是翻译生态环境的构成要素，是译文生存状态和译者的总体环境。翻译生态环境伴随着近年来研究的不断深入，翻译生态环境更确切地是指原文、源语和译语所构建的世界，就是文化、语言、交际、社会，还有读者、委托者、作者等相互关联的整体。换句话来说，译者在翻译过程中，原文要表达的社会环境、文化背景和目标语言环境中的语言环境和文化背景，在翻译的生态环境中，也包括了翻译者教育程度、自身的社会背景和语言环境，这是翻译生态环境的概念。伴随着翻译生态环境的建立，语言翻译中的环境和背景的概念也得到了扩展，进而改变了传统的语言翻译局限性在源语境的概念，将过去狭义的语言文化环境拓展到整个源语的语言文化世界。翻译者自身的个人世界和目标语言的文化世界融为一体所建立起来的一个翻译生态环境，根据生态翻译学理念提出的思想，在这样的语言生态环境中，如何将自身的翻译习惯、方式去满足和适应翻译生态环境的需求，这是生态翻译学要研究的，并且在不同的语言翻译生态环境中让翻译者怎样选择翻译过程和翻译方法，让翻译得到的目标语言与目标的语言文化世界、语言环境可以得到进一步汇合，同时又能够准确地映射源语的文化环境和语言世界。翻译者在翻译过程中，其个人的翻译世界也在不断发展，在翻译实践过程中，翻译者可以对自身的翻译习惯、方法进行提高，并不断的进步，所以生态翻译学的核心理论实质上是目标语言的读者、翻译的译者和原文的作者三者之间共同作用的结果。

（三）新闻翻译的适应性选择"三维"转换

生态翻译学的观点是，翻译活动是作为中心的译者对以译者为典型要件的翻译生态环境对译文的"选择"，和以原文为典型要件的翻译生态环境的"适应"，译者产生译文的翻译过程大致被生态翻译学分为了自然选择译文和自然选择译者两个阶段。这里的"自然"实质上是指翻译生态环境，也就是原文、源语和译语所呈现的世界，或者可以说是文化、语言、交际、社会，还有读者、作者、委托者等相互作用的整体。翻译生态环境是制约译者优化选择和最佳适应的许多因素的集合。根据"自然选择"的原理和翻译适应选择理论，在"自然选择"译者的第一个阶段中，以原文和译语为主要要件的翻译生态环境对译者的选择是重点，在"自然选择"译文的第二个阶段里，以译者为主要要件的翻译生态环境对译文的选择是重点，译者要接受以"原文"为关键因素的翻译生态环境的选择，同时在翻译过程中译者进行着对翻译生态环境的选择性的适应。换句话来说，翻译是译者对翻译生态环境进行适应、对翻译生态环境适应程度进行选择和最终产生译文的结果。最佳翻译指的是译者对翻译生态环境适应性选择与选择性适应的累计结果，这指的是"整合适应选择度"最高的翻译。

1. 语言维适应性选择转换

两种语言形式的差别主要表现在新闻翻译中语言维的适应性选择转换。英语关注语法，注重"形合"，用外显形态来标记字词成分之间的关系。

例如，时态、语态、关系代词、副词、连词等，而汉语关注意义和逻辑之间的联系，根据虚词、词序、上下文关系来表达语法关系。两种语言的差异同时也反映了前者为直线式思维方式，而后者为螺旋式思维方式。在语言表达层面上中英新闻标题具有不同的特色：一是语法形式不同；二是提炼程度有别；主要表现在时态选择、省略和语态选择等角度；三是选择不同的词汇；四是修辞格使用各异。在考虑整体生态环境后，翻译首先面对的是语言维的适应性转换和选择，也就是对译语、源语的语言形式进行的适应性选择转换，在新闻翻译活动的不同层次、方面，这种语言维度的适应性选择转换活动也时有发生。

2. 文化维适应性选择转换

新闻翻译是一种语言转换成另一种语言的机械过程，新闻翻译是在一定的社会文化背景之下文化的移植过程。译语读者通过这种第二次的传播，不仅仅是能够获得源语新闻记者所报道的信息，同时能够取得与源语新闻读者含义基本一致的内容。实现这一目标给新闻译者带来一定的困难与挑战。在整个的社会进程中，经过长期共同生活的人们所形成的价值判断、信仰理念、行为规范体系和思维方式，在一定程度上对新闻翻译有所影响。不同的语言都承载着不同的文化，实际上新闻是对发展中的、动态的文化的反应和体现，译者在文化内容上所进行的转换活动，这体现出译者关注对译语原语文化的阐释和解读。由于译语文化和源语在内容上和维度上通常有一定的差距和不同，译者要时刻注意译语和源语之间的语言转换，注重译语要适应整个语言所属的文化系统，同时在翻译过程要注重源语和译语之间文化内涵的传递。在文化层面进行适应性选择与转换的时候，译者要特别关注源语文化和译语文化在性质和内容上的不同，必须对文化差异具有高度的敏感性，避免从译语文化出发而造成对原文的曲解。

3. 交际维适应性选择转换

交际维的适应性选择转换指的是双语交际意图的适应性选择转换是在翻译过程中译者所关注的问题。不难得出是在说明译者除语言信息的转换和文化内涵的传递之外，选择转换的侧重点是交际的层面，关于原文中的交际意图，可以在译文中有所体现。交际维的适应性选择转换是指双语交际意向转换的适应性选择正在翻译中关注的问题。只有深厚的语言文化知识，才能使得新闻翻译顺利进行。新闻译者一定要熟识目的语和源语这两个不同国家所特有的文化，通过表层文化现象来把握深层文化意蕴，进而使得译文能够更好地表达出原著中的文化特质，有效实现跨文化交际。译者不仅仅要进行语句的转换，还要注重信息的准确传递。在选择和转换过程中，译者除了关注语言信息的传递，更要进行思想沟通，要重视转换和传递的文化内涵，要把选择与转换的侧重点放在交际维度上，注意在译文中体现出原文的交际意图。

第六章　生态翻译学与翻译批评研究

翻译批评是以一定的翻译理论和翻译批评理论为背景和基础，对各种翻译现象、翻译作品和翻译思潮进行分析、阐释和评论的科学认识活动。它既是一种高层次的翻译接受活动，又是一种具有独立地位的翻译研究活动。

第一节　生态翻译学理论批评

当前，随着研究理念的多元化、理论的多元化、方法的多样性和手段的现代化，翻译批评实践更为活跃，翻译批评研究不断深化，其跨学科特征日益凸显。以新生的翻译理论为指导开展翻译批评体系研究，顺应翻译批评跨科际性纵深研究的发展态势。

一、批评（生态）环境

环境（environment）指的是围绕现有条件相对于一个中心的事物。环境，包括自然环境和社会环境在内的围绕外界人类的世界。自然环境是指自然，没有人的转移过程，根据环境要素可分为大气环境、水环境、土壤环境、地质环境和生态环境；社会环境是指人与人之间的各种社会关系，包括政治制度、经济制度、文化传统等。翻译批评（生态）环境（以下称为批评环境）泛指以翻译批评为中心的外部世界。翻译是一种社会交际活动，翻译研究和翻译批评不可避免地涉及诸多相互交织、相互依存的环境因素。翻译活动是在一定的翻译环境下进行的。"翻译环境主要是指外部环境（客观环境）中所涉及的活动，包括经济环境、文化、语言以及社会和政治环境的总和。"但这里的批评环境不是类比移植于翻译环境，而是类比移植于生态翻译学中的翻译生态环境。"翻译可以分为生态环境翻译生态学和环境两个方面。"因此，翻译环境只是翻译生态环境中的一部分。

在生态翻译中，生态环境的翻译"原文、原语和译语所呈现的世界，即语言、交际、文化、社会，以及作者、读者、委托者等互联互动的整体"。翻译生态环境是影响翻译主体生存和发展的一切外界条件的总和，是制约译者最佳适应和优化选择的多种因素的集合，具有动态性和层次性特征，具有和谐平衡的生态内涵。对生态环境的翻译批评制度可以表达为，与翻译批评相关的外部因素影响批评环境的生存和发展，主要是指自然环境和社会环境。

批评主体的批评实践与其身处的自然环境相关联。自然环境包括批评要素所处的小自然环境、气候条件、地理位置，以及环绕批评要素的宇宙空间内生态要素构成的大自然环境，时间、空间、批评媒介等都是具体批评环境的一部分。批评主体和对象存在于某种自然环境中。就批评媒介而言，现代媒介和媒介环境都在一定程度上与翻译批评发生关联。媒介在通讯者和服务员之间进行加载、转移，扩展特定符号和材料实体的信息，包括书籍、报纸、杂志、广播、电视、电影、网络等，以及其生产、传输组织。

翻译批评在照顾自然环境的同时，也要照顾社会环境。翻译批评依存于社会环境，批评环境中的社会环境是与翻译批评关联的各种社会关系所形成的环境，总和包括语言文化环境、政治环境、经济环境，乃至语言政策、翻译政策，等等。批评主体在特定的社会环境中从事翻译批评实践，社会环境与翻译批评之间存在着客观的紧密关联。詹姆斯·霍姆斯提出，"社会语境的翻译"问题，并建议高度重视此类研究，丹尼尔·斯密奥尼认为，"翻译长期以来一直依赖于文化，社会和经济条件。翻译者的这一特点是翻译活动评估量表的一部分。"翻译是原语与译语的语言转换，而语言是意识形态的载体，翻译发生在一定的社会政治文化环境之中，与翻译相关联的发起人、赞助人、译者、批评者、译作读者和译评者等，都深受所处社会主流意识形态的影响，进而影响翻译材料和翻译策略的选择、译本发行、译评接受等翻译行为和翻译活动。

翻译批评依存社会环境，也可以从翻译研究的社会转向角度予以考证。翻译研究到社会，是指"注重现实世界翻译实践研究的社会价值，重视与现实世界的翻译、交流，及社会建设融资的影响"。翻译是"不同文化的文字参考，社会行为的语言和人的有目的的活动"。从评价的角度看，翻译是一种社会现象，在社会发展过程中推动社会发展进步；从翻译过程角度观察，源语文本，尤其是文学文本，在一定程度上反映了作者所处的特定现实社会，在一定的社会和历史环境中，翻译的思想和行为将受到社会影响和限制，并且译品的成败优劣也受到以读者为代表的社会检验。陈鸣主张评价译者的翻译策略以文本的对比分析为基础，"翻译者的翻译历史背景，读者对视觉的期望，翻译的文化地位，社会环境对社会和历史背景因素的限制考虑"。可以说，翻译活动的发生和发展与人类社会的发展密切相关。社会转向的翻译研究已渐具雏形，从社会不同角度关注翻译研究的学者越来越多。社会转向的翻译研究超越文本，从社会学中吸收给养，视翻译为社会现象和社会生产活动，并置于社会宏观环境下考察：与之协同发展的翻译批评则借鉴社会转向的翻译研究理论和成果，自然地在社会宏观环境下考察和评价翻译活动。

翻译批评应该考虑包括自然环境和社会环境在内的翻译对比环境，通过翻译活动与现实世界的联系来开展翻译批评实践。翻译批评过程在一定程度上，可以理解为一个批判性的问题，批评环境因素影响选择过程。严谨的科学翻译批评离不开批评环境，批评环境成为翻译批评体系的一个重要构建要素。

二、批评主体

翻译批评的主体是翻译批评的发起者和操作者，也是翻译批评研究的核心问题之一，谁来开展翻译批评在很大程度上影响到批评的目的、过程和结果。批评主体表现出不依赖批评对象而存在的独立性及受到外界（包括批评客体）制约的受动性的双重属性。不同学者关于翻译批评主客体的认识也存在差异。多个权威机构认为翻译批评的主体，包括"翻译公司或公司聘请教授、公司或部门领导、信托人、专业翻译评论家和教师，最后是读者"，即：

A translation may be evaluated by various authorities, (a) the reviser employed by the firm or the translation company, (b) the head of section or the company, (c) the client, (d) the professional critic of a translation or the teaching marking one, (e) finally by the readership of the published work.

关于翻译批评主体问题，一方面要尽可能科学地细化并发挥不同主体的互补作用，另一方面要关注批评者的素养及其形成。杨晓荣总结翻译批评者应该具有的素质，包括"思想道德修养、语言文学成就、理论成果与知识储备"。肖维青基本上持相同的观点，评论家认为翻译应该是"道德修养、理论训练、语言文学成就、知识储备以及富有经验，具有远见卓识"。

类比于生态翻译学中的"译者责任"，生态翻译批评强调"批评主体责任"。生态翻译强调"翻译者的责任"生态伦理原则和翻译在翻译过程中的中心地位和主导作用。批评主体在翻译批评实践中有责任协调批评环境、批评群落、批评客体和批评参照系之间的相互关系，有责任感和批评平等对话，社区其他成员有责任重视对接受和传播的评价，是批评理性实践的责任，是建设生态批评的责任。翻译批评过程可以视为批评主体对批评资源的利用、分配、加工和再生的过程，批评主体在批评实践中能动性地适应或影响批评环境，据实确定批评参照，理性审视比评客体从而有效地生成批评产品。

"批评主体责任"批评主题突出在批评过程中的主导地位和积极作用。类比生态翻译学中的"翻译群落"，生态翻译批评中的"批评群落"指与翻译批评活动的发生、操作、结果等相互影响、相互作用的诸者集合，以批评者为代表，还包括翻译批评的委托者、批评产品的消费者等。批评群落置身于批评环境，在适应环境的同时，其有意识、有目的的活动可以调节、促进、改造或重建批评环境。将批评群落纳入生态翻译批评，彰显生态翻译批评对"人"的关照。人是一切社会关系的总和，以人为本作为关系概念，凸显人与人、人与社会及人与自然的关系。将批评群落纳入生态翻译批评，可以增加批评的维度并拓展批评的范畴。生态反映批评群体在某种自然和社会生存与发展的条件下，反映了群体成员之间的主体与对象之间的批评，批评和批评环境相关的状态，相互作用，其内涵是社区关怀批评的生存和发展之一。批评群落成员为达成共同目标，就必须开展平等对话和协商交流，就必须共同促成和维护动态平衡、和谐的群落生态。这样，人们就可以从批评群落生态视角开展批评群落人际管理方面的研究和批评实践。

三、批评客体

批评客体是批评的对象，具有不依赖批评主体意志而存在的独立性及与主体发生关系而表现出对主体的制约性。杨晓荣认为批评客体包括"译作、译者和其他"。文军认为翻译批评对象包括"译者批评、过程批评、译作批评和影响批评"。温秀颖认为批评客体包括"译者和译作"。吕俊和侯向群探讨了翻译活动的要素批评问题，涉及翻译的主体批评、客体批评、中介批评、中介形式批评、思想批评和环境批评。

生态翻译批评对象可以根据翻译社区的生态环境来定义。在生态翻译中，包括翻译生态与环境在内的翻译，生态环境是原始语言、译语语言、文化、沟通、社会和作者、读者、发起人等互联互动的原始语言和目标语言的一个整体，是影响所有外部条件总和的翻译主体的存在和发展，是文本、文化语境和翻译"社区"以及精神和物质的收集。其中的翻译群落指翻译活动中涉及的以译者为代表的"诸者"，即人，包括作者、译者、读者、资助者、出版者、评论者等。由此可见，批评客体就不仅局限于译者、译作、译事、译论和翻译过程，还应该包括作者、读者、资助者、出版者、评论者等翻译群落成员，及翻译环境、翻译生态、翻译伦理等。翻译被视为翻译主客体共同参与、互联互动的系统，作为原作创作者的作者、决定译作接受效果的读者、出于经济利益或宣传等目的影响翻译的资助者、因为出版资金和政策等原因影响翻译的出版者，以及因为自身素养或评论视角等原因影响批评质量的评论者等都应该纳入批评的对象。

生态翻译批评客体主要包括译作、译者、译论、译事、翻译过程，构成批评客体系统。翻译环境、翻译群落、批评群落、批评产品、批评参照系等，也可以作为批评对象而成为批评客体，其中的批评产品和批评参照系的批评体，反映了"批评翻译批评"的批评实践。批评客体的多元性反映了批评路径的多元性，如环境批评路径、译者批评路径、翻译过程批评路径、译文批评路径、批评群落批评路径、批评产品批评路径等。

四、批评产品消费者

批评产品消费者直接或间接地从获取信息和知识、人员和翻译批评、批评、产品发布相关传输和消费的批评，主要包括委托者、用户、批评者、读者、译者、专业编辑、教师等。委托者或用户驱动翻译批评，为批评主体的生存和发展提供了基础，其中的委托者提出的相关批评要求会对翻译批评活动产生直接影响，而用户则是批评产品的最终消费者。批评者具体实施翻译批评操作，自然也成为批评产品的第一位读者。译者也是批评产品消费者的重要成员，比如某一译者的译作经过自身以外的其他批评主体的评价而生成批评产品，译者自己就成了消费者，可以审视和接受批评产品的合理之处，也可以就批评产品中存在的问题与批评者开展对话和商榷。这里的教师主要指从事翻译教学和研究的教学科研人员，可能将他人的批评产品总结用于教学或科研，也可能自己生产批评产品用于教学示范或作为科研成果。

批评产品消费者是批评体系的重要构件。批评消费者与批评主体、批评参照系、批评客体和批评产品构成一个相对完整的批评体系。批评产品与批评产品消费者相互依存：没有消费者，批评产品就无价值可言；消费者的反应也是评价批评产品质量的重要指标。与此同时，批评产品消费者可以构成批评消费体系。

批评产品消费者也是批评群落的一部分。类比移植在翻译群体中，批评群体指的是关键活动，操作和相关联的相互影响的结果，并相互影响"收集"。批评产品消费者中的委托者、用户、批评者、读者、译者、专业编辑、教师等与批评主体中的翻译家、专业译评者、读者、专业编辑、专业译审等，共同构成批评群落，其中的读者、译者、专业编辑等有可能出现身份重叠，既可以作为批评主体也可以成为批评产品消费者。批评主体与批评产品消费者相互依存。没有批评主体，消费者就不可能获得批评产品，也就不会发生消费行为：没有消费者，批评主体的批评活动也就失去了意义和价值，其生存和发展也就无从谈起。由于翻译群落成员个体在批评理念、思维方式、教育程度、实践经验等方面的差异，也由于批评环境、参照系要素、读者需求等方面的差异，群落成员在批评过程中必须动态地自我调整，共同维护群落生态的平衡稳定。共同努力实现翻译批评任务，批评社区成员之间的对话与互动协调至关重要。

第二节　生态翻译批评体系

在论述了批评体系的构建理论和构建要素之后，生态翻译批评体系就初具框架雏形。翻译批评体系包括环境、批评主体、参考框架、批评对象、批评和批评产品消费者六大要素。

一、体系形态

翻译批评生态系统是双向循环系统，呈现出相对完整的环框构建要素。

系统包括原有的批评制度，对象和批评制度，增加了关键环境，批评产品和消费品。与自然环境和社会环境相关的意识和关键活动成为现实批评体系，注意环境，突出批评实践中的重要环境因素。将批评产品和批评产品消费者纳入批评体系，体现了批评结果，便于开展批评产品研究或批评产品消费者研究，也便于开展批评产品价值和消费者接受等方面的研究。因此，将批评环境、批评产品和批评产品消费者纳入批评体系，不但客观地、更为完整地展现出翻译批评的全貌，而且有助于将批评视野从译内批评引向译外批评从而拓展批评实践的范畴。翻译关照译作的实际效果及其译语读者乃至社会产生的影响，翻译批评也就相应地必须关照批评产品的实际效果，及其对消费者乃至译语社会产生的影响，这也契合翻译批评从译论批评、译者批评、过程批评和译作批评拓展到文化批评和社会批评的发展态势。同时，与批评环境、批评产品和批评产品消费者相关联的还有生态问题，包括批评环境生态、批评产品生态、由批评产品消费者与批评主体共同组成的批评群落生态，以及此三种生态共同孕育的批评生态，都成为生态翻译批评研究的新命题。

翻译批评是批评者按照委托者或客户要求，以批评参照系为中介，对批评对象展开批评并生成批评结果的过程，这就形成了从身处批评环境的批评主体到批评参照系到批评客体到批评产品再到批评产品消费者的批评链，即批评主体—批评参照系—批评客体—批评产品—批评产品消费者，这也可称为自上而下的批评。

而批评产品消费者和批评主体同属于批评群落，他们之间是相互依存、平等对话的关系，这样，顺向的批评链就可以继续延展为，批评主体——批评参照系——批评客体—批评产品—批评产品消费者—批评主体。因此，顺向的翻译批评就形成一个环形。环形批评就可能形成循环的批评。如果批评产品存在不符合用户需求等情况，批评者经消费者反馈等途径获知信息后，那么批评者就必须再次或重新开始翻译批评操作。因此可以说，由批评主体发起的顺向的翻译批评是可以循环的。

二、体系特征

翻译批评生态系统是双向循环运行框架，具有双向循环，多层次，规范性和描述性的结合、整体/关联，动态/开放的特征。

生态翻译批评体系是整体/关联、动态/开放的体系。重点关注生态系统的翻译，生态翻译的相关性，动态平衡与和谐，倡导"注重整体/关联，讲求动态/平衡""倡导多样统一"的生态理性。以生态翻译学理论为指导而构建的生态翻译批评体系涵括了与批评活动相关的多方因素，这些因素相互关联使得系统成为一个有机的整体，体现出对批评活动的整体综观。系统内的因素各尽其责而由彼此关联互动，相辅相成而形成翻译批评的合力。这些因素中的任一因素的变化将引起其他相关因素的变化，继而引发该体系的整体变化效应。生态翻译批评体系是构建各因素关联而构成的聚合网络系统，其中的相关利益者之间存在内在的双向关联互动。体系的动态性来自翻译和翻译批评的动态性。基于生态翻译学视角，翻译活动中的翻译生态、文本生态和翻译群落生态是动态变化的。"既然翻译本身是动态的，以具体的翻译现象为客体的翻译批评也不可能是静止的。"从翻译批评的发展观来看，"不仅语言、意义观和审美观在变化，对翻译活动的认识、对翻译价值的理解、对翻译社会功用的要求处在不断的发展变化中，翻译批评标准也是处于不断修订、不断丰富、不断完善的动态发展过程"。翻译研究是一种跨科际研究，正如专家所说，"翻译研究融合了语言学，文学，历史，人类学，经济学等学科的研究工作。翻译研究涉及不同领域，具有多元性"，跨科际的翻译研究赋予了不同层面的多元性。生态翻译学通过对"翻译—语言与文化—人类/社会—自然界"关系序列链，从翻译语言学、文化科学、人类学、生态学等翻译研究的角度，跨科研研究。开放性的翻译批评通过积极吸纳多学科、多领域的最新研究成果而得以充实和发展。基于生态翻译学研究的开放性和翻译批评研究的开放性，生态翻译批评体系就具有了开放性特征。该系统对生态翻译批评开放，也是对语言学，文化，人文社会学等相关学科的开放。生态翻译学自身尚处于建构之中，生态翻译批评体系也必须具有开放性才能得以不断调整和完善。该体系不是一个自我封闭、自我循环的孤立系统，而是一个可以变化、追求优化的动态系统。

生态翻译批评体系是规定性和描述性相结合的体系。翻译批评是一种评价活动，自有其学科意义上的规定性。翻译批评"从规定性转向描写性"是当前翻译批评三大转向表现之一。"描述/阐释和评价可以看作是翻译批评的两大职能要素。"描述活动是指向客体的，描述的对象是客观存在的事实。评价活动需要言之有据，则必须以描述活动为基础。严肃的翻译批评可以使用描述性方法进行分析，采用规范性方法进行判断。作为体系构建指导理论的生态翻译学本体理论，自身也具有描述性，描述和阐释了"何为译""谁在译""如何译""为何译"等翻译理论的基本问题。翻译批评体系包括翻译批评的环境，批评主体，参考框架，批评对象，批评参照和批评产品消费者六大要素，可以分别描述和分析"批评环境如何""谁来批评""据何批评"（批评理据）"为何批评"（批评目的）"如何批评"（批评方法）"据何评价"（批评标准）"批评什么"（批评客体）"批评结果如何"（批评产品和批评产品消费者）等一系列与翻译批评活动密切相关的基本问题。该体系的描述性为批评实践中的描述活动提供了基础。能够明示批评体系要素的批评纲要就是生态翻译批评实践中描述方法的具体运用。

基于系统的开放性，生态翻译批评体系建设扩大了批评视野的"关联序链"，无论是从生态学、翻译批评研究、语言学、文化学、人类/社会学等方面视角下研究翻译批评，都体现出整体综观、互动关联、多元互补、动态开放、平衡和谐的翻译批评观念。

第三节　生态翻译批评实践

翻译批评是以一定的翻译理论和翻译批评理论，对各种翻译现象、翻译作品和翻译思潮等进行分析、阐释和评论的科学认识活动，是联系翻译理论和翻译实践的纽带。与翻译理论和翻译实践的发展相比，翻译批评发展总体上相对滞后，加强翻译批评研究是翻译学健康发展的客观要求。从翻译研究体系到翻译批评研究体系再到翻译批评体系研究的过程体现出构建整体、系统、动态、开放且具有建构性翻译批评体系的重要性和学术价值。

一、翻译群落人际关系批评

翻译群落是以译者为代表，包括原文作者、译文读者、译品评论者、译著出版者、译事资助者或委托者等，与翻译活动相关的相互作用的"诸者"的集合。翻译群落生态是生态翻译学的重要研究对象之一，而群落成员的人际关系则是群落生态的重要内涵。人际关系是人与人之间在社会生活实践过程中发生、发展并确立下来的一种心理倾向及其相应的行为关系。翻译是原语和目的语之间跨语言文化的交际活动。语言交际的两个主要目的："一是传递信息或施事，即传递特定的涉事信息或以言施事；二是管理人际关系"。因此，人际关系研究是翻译研究中的一个重要方面。翻译群落批评涉及较多层面，本节仅仅是在借鉴翻译主体间性研究和翻译伦理研究成果的基础上探求生态翻译学视域的翻译群落人际关系。本节批评纲要即笔者以翻译群落生态为批评理据，以建构群落人际关系为批评目的，以整体互动/动态平衡的生态理性和共生和谐的伦理原则为批评标准，以定性分析的方法探求生态翻译学视域的群落人际关系。翻译群落人际关系建构即群落成员之间人际关系的建立和维护问题。

翻译群落包括了翻译主体，与翻译主体人际关系研究相关的翻译主体间性研究和翻译伦理研究成果能够为建构翻译群落人际关系提供借鉴。在翻译主体间性研究方面，主体间性主张主体之间是一种亦此亦彼、你中有我、我中有你的共存关系。许均从伽达默尔（Gadamer）"视界融合"视角阐释了如何认识、把握并协调翻译活动中的作者、译者与读者三主体的关系。其认为"各种关系的和谐，是保证影响翻译的各种因素在妥协变通之中发挥积极作用的重要条件。而积极互动的主体间性使作者、译者与读者之间的和谐共存成为可能"。王湘玲和蒋坚松以主体性向主体间性转向为理论基础，探讨了原作者—译者—赞助人—读者等主体之间平等对话的必要性和可能性，其认为"成功的翻译应该充分实现主体间性，即通过翻译各主体之间的沟通做到最大效度的理解、同情和思想的契合"。宋晓春认为翻译中主体间性问题，不仅是译者主体、作者主体、文中人物主体和翻译发起者主体之间对话的必要性和可能性的问题，更重要的是各主体在交往过程中应遵循的规范、准则性问题，并以交往行为理论为基础，提出"翻译主体对话应遵守真实性、准确性与真诚性三大要求"。尹富林以概念整合理论为指导，认为概念整合模式下的翻译主体既包括了原作者、译者、读者，也包括了文本所涉及的原语和译语，相互之间"呈现对话交流的主体间性关系，各主体间的相互交往以和谐的主体间性作为目标"。方兴借用戴维森（Davidson）语言交流的"三角测量"模式探讨翻译主体间性，认为"翻译就是其所涉及的众多因素的主体间的交流与对话"。以上关于翻译主体间性的研究不断夯实了翻译主体人际关系的建构基础。翻译伦理研究也颇有成果。伦理主要是指和谐有序的人际关系。从本质上看，翻译所建立起来的关系其实"是人与人之间的关系，是一种复杂的人伦关系"。自贝尔曼（Anroine Berman）1984 年提出"翻译伦理"概念以来，西方出现了再现伦理、服务伦理、交流伦理、规范伦理、承诺伦理五种伦理观点。美国解构主义翻译理论家韦努蒂（Lawrence Venuti）的存异伦理思想和芬兰学者切斯特曼（Andrew Chesterman）的五种翻译伦理模式，都是代表性的研究成果。国内翻译伦理研究则主要集中在四个方面：国外翻译伦理研究译介、国外翻译伦理研究成果的翻译实践运用、翻译伦理的理论探讨，以及翻译伦理学的建构。其中，葛林认为，"翻译主体间伦理问题的研究不应仅强调译者单方的责任或权利，其他主体同样负有伦理责任"；刘卫东基于交互主体理论具体阐释了作者—译者、译者—委托者、译者—读者、原语文化/原文作者—译者—目的语文化/译文读者，以及译者—译者之间的伦理关系。翻译主体间性研究和翻译伦理研究成果，如以"诚"为基础、共存、协调、和谐、妥协、互动、相互依存、平等对话、沟通、交流等，这对于翻译群落人际关系建构具有重要的借鉴价值。

　　生态翻译学倡导整体互动/动态平衡的生态理念和共生和谐的伦理

原则，翻译群落生态谋求相关利益在集体之间和个体之间平等对话，协调共进和动态平衡和谐。翻译群落是与翻译活动关联的所有成员组成的集合，是一个整体，所有成员都存在共同的利益，所有成员都致力于完成翻译任务并实现翻译目标，所有成员都有义务维持群落生态的动态稳定和平衡。群落成员个体因为翻译理念、翻译实践经验、教育背景、思维方式、审美需求、社会文化环境等主客观因素的多元化而具有具体的个体特征、个体诉求和个体利益，这些个体差异，冲突乃至于矛盾需要通过差异之间的互动交流进行协调和平衡。翻译本身就体现了翻译群落成员之间、翻译主客体之间、翻译主客体与翻译环境之间的互动协调。成员之间的有效互动才能维护群落成为一个有合力的整体。同时，翻译群落不是静止的，而是动态平衡的。翻译群落生态注重群落成员的生存和发展，成员的生存和发展需要和谐的人际关系和和谐的环境。生态翻译学倡导的整体互动/动态平衡的生态理念和共生和谐伦理原则对于翻译群落人际关系构建具有指导作用。

翻译是翻译群落成员共同参与的交际活动，所有成员相互依存，正如陈大亮所言"作者、译者与读者等主体要素是相互依存的"。所有成员又都是平等的，任何一方都没有居高临下的权威，各方都应尊重和维护其他成员平等对话的权利，成员之间互动互惠平等地对话是实现群落人际和谐的保证。这里，平等包括了地位平等、权利平等、义务平等、利益均等多个方面的相对对等和平衡。吴志杰和王育平指出"译者、作者和读者等主体之间是以'诚'为基础的"。这里的"诚"表现的是以诚相待。"诚"是翻译活动得以进行的态度预设，也是翻译任务得以顺利完成的伦理基础。因此，相互依存和彼此平等及以诚相待是翻译群落人际关系建构的基础。

翻译主体间性研究和翻译伦理研究成果中涉及的协调、妥协、互动、对话、沟通、交流等都是群落人际关系建构的手段。翻译群落中的翻译生产者集团和消费者集团的利益需要协调，群落成员个体之间的利益需要协调、群落整体利益和影响群落生态的外部利益需要协调，这些都需要群落成员之间通过平等对话、互动交流、多向沟通、彼此妥协来进行协调。

翻译群落人际关系建构重在群落成员之间人际关系的建立和维护，旨在形成共生和谐的人际关系，或者说，翻译群落人际关系建构以共生和谐为目标。翻译主体间性研究体现出了"语言的多元共生、文化的多元共生和主体的多元共生的互惠伦理"。当然，以和谐为取向的翻译群落人际关系建构可以从多个不同视域来考察，如 Rexroth Kenneth 的"同情翻译观"（Sympathy View of Translation）、Kenneth Burke 的话语修辞观（Rhetoric of Discourse）、Grice 的合作原则（Cooperative Prinaple）、Leech 的礼貌原则（Politeness Prinaple）、Brown 和 Levinson 的面子管理模式（Face Management Model）、Fraser 的会话契约论（Conversational Contract）、Spencer-oatey 的人际和谐管理模式（Rapport Management Model）、James Martin 的评价系统（Appraisal Systems）、和谐翻译观（Harmony-promoting Theory of Translation）等。群落成员的生存和发展是翻译群落生态的核心，成员都有求生求存的本能。生态翻译学做的"译有所为"，首先强调的是"为在求生"。群落成员通过共同参与翻译活动，各司其职、各尽所能，获得其生存和发展所必需的经济和物质等条件。翻译群落是一个整体，群落生态谋求的是所有成员的共存共生，也只有共存共生的成员才能形成翻译合力。和谐取向是人际交往中普遍存在的一种社交愿望和行为驱使，追求人际和谐是翻译作为交际活动的理性表现。和谐是人类交往的理性期待和需求，交际主体通过一定的手段以缩小人与人之间的社交距离，进而实现交际目的并建构和谐的人际关系就成为一种交际常态。翻译主体和谐人际关系建构需要不同分工但协作的各群落成员共同付出努力。译者作为翻译群落的代表，也是翻译活动中最活跃的主体，应该在群落和谐人际关系建构方面发挥积极作用。译者对于原文作者而言是解释主体，对于译文读者而言是译作主体，对于委托者而言是受委托主体，同时还是翻译活动中表现出主动性和能动性的主体，译者的多重身份决定了其在翻译群落和谐人际关系建构中的角色和作用。译者的和谐人际关系意识和人际关系建构能力，在很大程度上影响着群落人际关系的整体态性。但译者的积极作用并不否认其他群落成员发挥应有的作用。群落的和谐人际关系呈现出平等对话、互动共生的生态内涵。

概括而言，实现群落人际关系共生和谐的目标需要群落中的每一个个体都积极地恪守翻译生态理性和生态伦理原则，以互动、互惠、平等地对话来实现群落成员之间的人际和谐，译者应该依据具体实际发挥其在和谐人际关系建构方面的积极作用。以翻译群落生态为批评理据的翻译群落人际关系以共生和谐为建构目标，以相互依存、彼此平等和以诚相待为建构基础，以群落成员之间平等对话、互动交流、多向沟通，彼此妥协为建构手段。共生和谐的翻译群落人际关系有利于群落成员的共同发展和互惠共赢。

二、翻译质量批评

文本翻译质量批评是翻译批评的重要内容，不同学者基于互文性、接受美学、功能翻译理论、文本类型理论、前景化理论、操控理论等理据开展文学文本、政治文本、法律文本、科技文本等不同文本翻译质量批评。董爱华和高越从宏观生态理念和微观文本操作的生态翻译学视角，探讨了实用文本如何通过适应和选择从语言维、文化维和交际维实现语用等效，认为生态翻译学视角下的"实用文本翻译实质就是译者在复杂的翻译生态环境中着重参照'读者反映'，进行选择性适应和适应性选择，达到适应选择度最佳的程度"。邹建玲以翻译目的论为理据，以上海旅游网页为例，分析了"翻译文本存在的功能性、文化性和语言性失误"。

综观国内外文本翻译质量评估研究，翻译质量评估模式多元并存。国外关于翻译质量评估的研究开始于 20 世纪 70 年代，代表性的研究成果包括豪斯提出的功能语言学视角下的评估模式、莱斯提出的文本理论视角下的翻译质量评估模式、威廉斯的论辩理论模式等。豪斯基于功能语言学视角下的翻译质量评估模式，是一种以原语文本为取向的模式，因为该模式建立在详细的原文文本分析的基础之上。该模式从语境出发，基于语境决定语言形式、形式表达意义及功能的角度，分析译文在概念和人际意义上与原文是否对等或偏离。如此，原文和译文皆分为用语比较的八个语境维度，即语言使用者维度的地域、社会阶层和时代、语言使用维度的语言媒介、介入程度、社会职能、社会态度、话题范畴。可见，豪斯的评估模式强调译语文本与原语文本的功能相符，运用对等的语境维度分析原语文本和译语文本的八个维度是否对应相符，是否用同样的方法获得同样的功能。两者相符程度越高，翻译质量越好。莱斯提出的翻译质量评估模式是语篇文本参照的模式，该模式的核心是文本类型学。莱斯以布勒的三种语言功能为基础，将文本类型分为信息文本、表情文本和感染文本。信息文本传递的是信息、知识、观点等，文本侧重于内容或话题；表情文本强调的是作者运用的语言美学特征；感染文本的焦点是呼唤，即劝诱读者采取行动。不同的文本类型应该有不同的翻译评估标准、评估信息文本翻译质量首先考虑的是信息的准确性；表情文本的翻译评估应对信息准确之外的要素给予特别关注，使译文达到跟原文相似的美学效果；感染文本翻译评估的首要标准则是译文是否实现了原文的目的，即对译文读者产生相似的感染效果。威廉斯提出的翻译质量评估模式以论辩理论为依据，认为论辩图式是翻译质量评估的最佳准则，质量的评估主要取决于译文是否准确地反映了原文的论辩图式。该模式的应用步骤即：①确立原文的论辩图式、排列方式、组构关系与核心段；②阅读译义并核查连贯性问题；③对核心段进行翻译质量评估验证，确定译文在多大程度上体现了原文的论辩图式、排列方式和组构关系；④对命题功能、连接词和推理指示词进行对比评估；⑤对论辩类型进行对比评估；⑥对辞格进行对比评估；⑦对叙事策略进行对比评估；⑧做出翻译质量整体评价。以上翻译质量评估模式在国内译学界的译介催生和促进了翻译质量评估研究。国内较具代表性的翻译质量评估模式主要包括范守义提出的数学评估模式、辜正坤提出的最佳近似值评价模式、候国金提出的语用标记等效评估模式、司显柱提出的功能语言学评估模式、何三宁提出的关联理论评估模式等。诸多学者基于不同理论开展翻译质量评估研究，不同的评估模式考量译文质量的侧重点也有所不同，体现出文本翻译质量评估的多元化特点。但与此同时，我们也不得不承认该领域研究中存在的问题，例如，评估模式的操作性不强、评估标准和参数存在一定偏颇、实证研究欠缺等。

本节文本翻译质量评估的批评纲要即以生态翻译学"翻译即文本移植"为批评理据，以文本翻译质量评价为批评目的，以多维生态移植质量为批评标准以文本比较为批评方法，评价"寻隐者不遇"英文译文的翻译质量。

就批评理据而言，生态翻译学在微观的文本层面视翻译为文本移植，即生态翻译就是将一种语言生态系统中的文本移植到另一种语言生态系统中。生态翻译学关注文本生态（文本的生态环境和生命状态），认为原语和译语是不同的文本生态系统，涉及语言生态、文化生态、交际生态等。微观的语言生态指翻译文本内各语言要素间的和谐关系；微观的文化生态指翻译文本内多种文化要素间的和谐关系；微观的交际生态指翻译文本内交际意图和交际行为的互动关系。文本移植强调文本内在的可移植性（transplantability），译者需要基于原作的内在生态结构，对拟翻译作品进行选择，在翻译过程中依循原作固有的生态结构在另一种语言中进行再现，在维持、协调和平衡原语生态和译语生态方面尽责任。

唐代诗人贾岛的"寻隐者不遇"以 20 个汉字的五言绝句构建了一个完整的叙事文本，原诗如下：

寻隐者不遇

贾岛

松下问童子，

言师采药去。

只在此山中，

云深不知处。

就文本比较的批评方法而言，国内翻译界主要运用两种文本批评方法，一种是以等值翻译论为基础的译本检验方法，另一种是以"原则—参数"为框架的译本评析方法（宏观层次的参数是依据原作题材、文体功能和翻译目的等确定的翻译原则；微观层次的参数主要是各种意义的传达，如情感意义、形象意义、逻辑意义、风格意义等）。以等值翻译论为基础的译本检验方法强调翻译批评应遵循对等原则，包括语音的对等、词语的对等、意象的对等、功能的对等、神韵的对等等。

在具体的批评操作步骤方面，不同学者也提出了不同的观点。贝尔曼（Berman）在论述建设性批评方案时，提出了六步走的翻译批评程序，即阅读和再读译文、阅读原文、寻找译者（考察译者的翻译立场、翻译方案和译者视域）、译文分析、译文的接受、建设性批评（催生复译原则、呼唤新的翻译方案、开辟复译的空间）。

与贝尔曼提出的翻译批评程序不同，纽马克（Newmark）提出的翻译批评步骤就是一种典型的文本分析比较方法，批评步骤如下：

I think any comprehensive critiasm of a translation has to cover five topics：（1）a brief analysis of the SL text stressing its intention and its functional aspects；（2）the translator's interpretation of the SL texts purpose，us translation method and the translation's likely readership；（3）a selective but representative detailed comparison of the translation with the original；（4）an evaluation of the translation-（a）in the translator's term，（b）in the critic's terms；（5）where appropriate，an assessment of the likely place of the translation in the target language culture or discipline.

具体而言，以上的五个步骤分别为，分析原文（作者意图、读者对象、原文文本类型、语言特色等）；分析译文（重点分析译者为什么这样翻译）；原文与译文的对比分析（可以只选择有代表性的部分）；评价译文质量（分别从译者的角度和批评者的角度，重点是所指准确性和语用准确性）；评价译文在译语文化中的价值。

基于以上批评步骤，作者依循"翻译即生态移植"的翻译观，首先分析原语文本，厘清语言和文化及交际生态要素，以原语文本为依归，分析译文并进行原文与译文对比，评价原语文本主要生态要素在译文中的移植复现质量。

原文分析重点关注诗作的语言、文化和交际生态要素。语言生态要素聚焦于词语语义及意象、韵律、句读三个层面；文化生态要素聚焦于隐士文化；交际生态要素聚焦于交际叙事结构和叙事情感。

就语义及意象而言，"童子""松""山"和"云"为主要分析对象。"童子"指年龄在 14 岁以下的男童，也兼指未成年的仆人，如门童、书童等。诗人通过诗作向读者讲述了自己寻访隐者的故事，作为故事叙述人的贾岛和作为受话人的读者都与"童子"互不相识，但叙事聚焦人物"隐者"的相关信息都是假借"童子"之口来表述的，文本层面的"童子"充当了故事中介，因此"童子"应该为特指对象。"童子"的英译不能简单地对应 a boy 或 a lad，笔者选用 the page-boy，特指与寻访者对话的未成年的童仆。"松""山"和"云"是诗作中与隐士文化相联系的具体物象。"松"是汉语隐士文化中的代表性视觉符号，既写实景又渲染隐者的身份，象征着隐者出尘卓世的高洁形象；"山"既是隐者当时所居的环境也是隐者心灵的居所和精神的栖居地；"云"是隐者身心自由的代名词。"松"写高洁坚贞、"山"寓隐形遁世、"云"表高洁自在，"松""山"和"云"相联系产生物象叠加，勾勒出高洁幽寂的意境和意象（融入主观情感的物象）。作为诗学概念和主客观和谐统一的产物，意境是诗人的思想情感与描绘的生活图景融合一致而成的艺术境界，通常以情景交融的方式出现，也是衡量诗歌艺术成败的标志（顾正阳和喻萍）。如此，译者就需要认真考虑"松""山"和"云"英译的表达形式。笔者主张以上三个物象的英译采用复数形式，直观展现了松海青翠、群山连绵、白云层叠的代表性隐居环境。

就韵律而言，诗作的平仄和押韵可以分析如下（O 为平，● 为仄，△ 为韵）：

松下问童子，

O●●O●

OOOOO

言师采药去。

OO●●● △

只在此山中，

●●●OO

云深不知处。

OO●O● △

可见，诗作不拘平仄，或者说平仄并不规整；但同时"去"和"处"押的是仄声韵。

就诗句表达形式而言，笔者关注诗作的句读。贾岛以直接引述童子的原话来进行叙事，第一句中的"问"和第二句中的"言"标记了言语过程，"问"引出了三句和四句的隐性问，"言"领起三句答辞，即"师采药去""只在此山中"和"云深不知处"，整个文本为典型的问答诗体。黄国文将诗作语篇结构解析为三个话轮：

话轮1：问句：Where is your master?

话轮1：答句：My master's gone for herbs.

话轮2：问句：Where did he go?

话轮2：答句：He's only in this mountain somewhere around.

话轮3：问句：Where exactly is he now?

话轮3：答句：In heavy mists he's nowhere to be found.

可见，文本呈现的是寓问于答、三问三答的语篇结构，原诗的句读即：

寻隐者不遇

（唐）贾岛

松下问童子，

言："师采药去。

"只在此山中，

"云深不知处。"

这样，译者能否成功移植原诗三问三答的语篇结构和句读特点应该成为评价译文质量的一个重要指标。

文化生态要素的复现重在隐士文化内涵的移植。隐士即隐居不仕之士（士相当于现代社会的知识分子，中国古代把社会成员分为士、农、工、商四类）。虽然"学而优则仕"通常是士人的人生轨迹，但儒道两家的隐逸思想都对古代士人产生过巨大影响。例如，儒家创始人孔子说过，"邦有道则仕，邦无道则隐"；孟子说过，"穷则独善其身，达则兼济天下"。文人得意则仕，失意则隐，自古如此。隐逸成为了一种心态，一种独立、求真、适意的生存方式。隐逸文化的表现是多方面的，最直接的表现就是这一批名士遁迹山林，并且出现了由衷赞美和吟咏隐居生活的隐逸诗。对于古代的隐士而言，隐则为道而立德成名，出则为儒而立功成仕。例如，六朝时期的"竹林七贤"（阮籍、嵇康、刘伶、向秀、王戎、阮咸、山涛）、"山中宰相"之称的道教修士陶弘景，"诗佛"之称而晚年隐居的王维，都是古代具有代表性的隐士。就"隐者"翻译而言，笔者主张选用 recluse 而不是hermit，因为 hermit 可以指隐居的修士（修士只是隐士的一类）或独居之人，而 recluse 则更具体地表达出隐逸文化中的遁世索居的内涵。当然，隐士文化内涵的移植需要将"隐者"与"童子"和"采药"相联系以便帮助读者认知隐逸生活。

交际生态要素的移植重在"寻隐者"交际故事叙事和情感表达。就交际故事叙事而言，一方面需要分析叙事语篇结构，另一方面需要分析叙事策略。哈奇（Hatch）认为完整的叙事语篇包括六个要素：点题（Abstract）、指向（Orientation）、进展（Complicating action）、评议（Evaluation）、结果或结局（Resolution）和回应（Code）。

可见，"寻隐者不遇"这一诗题包括了叙事语篇模式中的"点题"（寻隐者）和"结局"（不遇）两个要素，"进展"显示的是显性"三答"，而整篇诗作又是寓问于答、答有包孕而形成的"三问三答"的语篇结构。另外，基于文本隐性三问、显性三答的语篇特征，省略成为文本最为显著的叙事策略，体现了诗人简约的遣词特点。语篇中省略了三个话轮的三个问句和四个诗句的主语（第一句的主语"吾"，第二句的主语"童子"，第三句和第四句的主语"师"）。文本的语篇结构和叙事策略就可以列为评价译文交际生态移植质量的重要指标。

就情感表达而言，诗作中的情感多次变换。作为寻访者的贾岛慕名探访隐者，满怀期待地乘兴而来，表现的是一种正向高值情感；来到隐者居处，从童子之口得知隐者"采药去"，贾岛顿陷失望，当童子告知"只在此山中"时，贾岛又满怀期盼地重燃希望，而"云深不知处"又让贾岛彻底失望，表现出寻而不遇的遗憾：与叙事故事相联系，文本表达出寻访之前"期待"的期望情感，寻访之中"失望，期盼，再失望"的现实情感，寻访之后"遗憾"的追溯情感。不同时段不同情感及其变化能否复现也是译文质量评价的一个重要方面。

基于以上原文分析，笔者在语言生态维度关注"童子""松""山""云"的语义表达、韵律、句读；在文化生态维度关注隐逸文化的内涵，尤其是"隐者"译词的选用；在交际生态维度关注诗题体现的读者对象和诗题要素、（隐性三问）显性三答的话轮结构、问句和诗句主语省略，以及情感表现。

译文分析对象分别为威特·宾纳（Witter Bynner）译文（译文一）、伯顿·沃森（Burton Watson）译文（译文二）、吴钧陶译文（译文三）、王大濂译文（译文四）、孙大雨译文（译文五）、万昌盛和王僴中译文（译文六）、许渊冲译文（译文七）。

因为译文较多，笔者选取其中的译文一和译文四进行分析。

译文一（威特·宾纳译）

A Note Left for an Absent Recluse,

When I questioned your pupil, under a pine tree,

"My Master," he answered, "went for herbs,

But toward which comer of the mountain,

How can I tell, through all these clouds?"

从语言生态要素分析，该译文使用 pupil 译"童子"，语义不准并淡化了隐逸文化内涵；在"松""山"和"云"三个物象中，只有"云"使用了复数形式，难以复现诗境和意境；韵律不规整；句读也不能契合原诗。从文化生态要素分析，该译文使用 recluse 译"隐者"，但因为对"童子"的误译，总体上损害了隐逸文化的移植；从交际生态要素分析，诗题显示的读者对象错误为"隐者"，且没有包括"点题"和"结局"两个叙事语篇要素；显性三答变成了一句答辞；译文违背了原诗诗句主语省略的叙事策略，I questioned 和 he answered 分别显现了"问"和"答"的发话人；在情感传达方面，译文最后使用的"?"倒是在一定程度上表现出"寻而不遇"的遗憾。

因此，该译文在原诗语言、文化和交际生态的移植方面存在不少缺憾。

译文四（王大濂译）

An Unsuccessful Visit to an Absent Recluse

Beneath pine trees I asked your lad nearby;

"My master's gone for herbs," was the reply.

"He's only in this mountain somewhere around.

In heavy mists he's nowhere to be found."

从语言生态要素分析，该译文使用 your lad 译"童子"，语义不准且接受话人指向错误为"隐者"；在"松""山"和"云"三个物象中，"山"使用了单数形式，淡化了诗境和意境；韵律规整，但第三句诗中的 around 给人一种为押韵而押韵的累赘之感；句读没能完全契合原诗。从文化生态要素分析，该译文使用 recluse 译"隐者"，但因为"童子"的误译，总体上损害了隐逸文化的移植；从交际生态要素分析，诗题通过 Unsuccessful Visit 基本显示了"点题"和"结局"两个叙事语篇要素；显性"三答"变成了一句答辞；译文第二句诗借助于 was the reply 避免了答句发话人"童子"的出现，但第三和第四句诗都又出现了 he；在情感传达方面，译文最后使用的 nowhere 能在一定程度上表现出"寻而不遇"的遗憾。因此，该译文在原诗语言、文化和交际生态的移植方面也存在不足，但相比而言，整体质量略优于译文一。

其他五个译文在原诗语言、文化和交际生态的移植方面也各有优缺。整体而言，译文四的移植质量还是较好的。笔者以原诗为依归，借鉴不同译文的优点，重译该诗如下：

A Visit to the Recluse but Failure to Encounter

Jia Dao

Under pines I asked the page-boy nearby,

"My master's gone for herbs." was the reply.

"Only in the mountains somewhere."

"But in heavy clouds nowhere!"

重译之后，译文诗题的叙事受话对象为读者，含有"点题"（A Visit to the Recluse）和"结局"（Failure to Encounter），借助于 but 来体现寻而不遇的逻辑关联;"松""山"和"云"三个物象皆使用复数形式,营建松海青翠、群山连绵、白云层叠的隐居环境和意境;诗句一、二和诗句三、四分别押韵;在句读方面,一是三次使用引号和话轮结束表达来体现三句答辞,二是使用感叹号结合其前的 nowhere 和诗题中的 but,可以在一定程度上体现寻访不遇的失望和遗憾。在文化生态方面,通过 the recluse、the page-boy、gone for herbs 及"松""山"和"云"共同构成的意境来体现隐逸文化的内涵。三个问句没有出现,并且诗句二、三、四以不同形式省略了主语,尽可能契合原诗诗句主语省略的叙事策略。在情感复现方面,第三诗句中的 Only 和诗题中的 but 及第四诗句中的 nowhere 和"!"基本可以传递寻访时的期盼和寻访后的遗憾。

当然,译文完全移植和复现原诗的语言、文化和交际生态是难以企及的目标。

综合以上所论,本节依据"翻译即生态移植",通过分析原文选取多个语言、文化和交际生态要素,通过分析译文并进行原文与译文对比,评判译文的移植质量并重译。批评结果显示,七个译文在生态移植方面各有优点,尤其在诗题翻译、句读、显性"三答"的文本结构,以及诗句主语省略等方面与原诗体现的生态尚存在一定的偏差,王大濂译文整体移植质量略优。

参考文献

［1］陈娟. 商务英语翻译实训教程［M］. 北京：电子工业出版社，2017.

［2］董晓波. 商务英语翻译［M］. 北京：对外经贸大学出版社，2017.

［3］胡庚申. 生态翻译学建构与诠释［M］. 北京：商务印书馆，2013.

［4］岳中生，于增环. 生态翻译批评体系构建研究［M］. 北京：科学出版社，2016.

［5］贾延玲，于一鸣，王树杰. 生态翻译学与文学翻译研究［M］. 长春：吉林大学出版社，2017.

［6］盛俐. 生态翻译学视阈下的文学翻译研究［M］. 广州：暨南大学出版社，2014.

［7］朱慧芬. 生态视域下的商务英语翻译理论与实践研究［M］. 北京：北京理工大学出版社，2013.

［8］曾利沙. 商务翻译探究［M］. 北京：外语教学与研究出版社，2016.

［9］宿荣江，文化与翻译［M］. 北京：中国社会出版社，2009.

［10］武锐. 翻译理论探索［M］. 南京：东南大学出版社，2010.

［11］魏海波. 实用英语翻译［M］. 武汉：武汉理工大学出版社，2009.

［12］祖毅. 中国翻译简史："五四"以前部分［M］. 北京：中国对外翻译公司，2001.

［13］方梦之. 翻译新论与实践［M］. 青岛：青岛出版社，2002.

［14］张美芳. 翻译研究的功能途径［M］. 上海：上海外语教育

出版社，2006.

［15］王颖，吕和发. 公示语汉英翻译［M］. 北京：中国对外翻译出版公司，2007.

［16］邓李肇. 生态翻译学视域下的电影对白翻译［J］. 电影文学，2011：158－159.

［17］陈志杰. 文言语体与文学翻译——文言在外汉翻译中的适用性研究［M］. 上海：上海外语教育出版社，2009.

［18］陈福康. 中国译学史［M］. 上海：上海人民出版社，2010.

［19］谢天振. 隐身与现身：从传统译论到现代译论［M］. 北京：北京大学出版社. 2014.

［20］陈新仁. 当代中国语境下的英语使用及其本土化研究［M］. 北京：北京大学出版社，2012.

［21］陈雪芬. 中国英语教育变迁研究［M］. 镇江：浙江大学出版社，2011.

［22］朱晔. 中国英汉双语教育研究：现状与规划［M］. 上海：复旦大学出版社，2015.

［23］李娅玲. 中国外语教育政策发展研究［M］. 北京：北京大学出版社，2012.

［24］严明. 跨文化交际理论研究［M］. 哈尔滨：黑龙江大学出版社，2009.

［25］毕继万. 跨文化交际与第二语言教学［M］. 北京：北京语言大学出版社，2009.

［26］于元芳. 中国英语学习者外语学习认知与策略研究［M］. 长春：东北师范大学出版社，2010

［27］白玉寒. 跨文化视角下的对外汉语教学［M］. 北京：水利水电出版社，2017.

［28］朱敏华. 中国英语专业教育的历史沿革及发展展望［M］. 南昌：江西高校出版社，2015.

［29］杨勇萍. 跨文化交际与英语文化教学［M］. 太原：山西人民出版社，2012.

［30］王莉颖. 双语教育理论与实践：中外双语教育比较研究［M］. 上海：上海教育出版社，2012.

［31］胡庚申. 从译文看译论［J］. 外语教学，2006.

［32］刘爱华. 生态视角翻译研究考辨——"生态翻译学"与"翻译生态学"面对面［J］. 西安外国语大学学报，2010.

［33］王治河，杨韬. 有机马克思主义及其当代意义［J］. 马克思主义与现实，2015.

［34］孙致礼. 译者的职责［J］. 中国翻译，2007.

［35］安岩. 商务英语语用翻译简论［M］. 北京：中国社会科学出版社，2016.